우리아이를위한
입시지도

우리 아이를 위한 입시지도

초판 1쇄 인쇄 2024년 3월 5일
초판 2쇄 발행 2025년 1월 15일

지은이 • 심정섭
발행인 • 강혜진
발행처 • 진서원
등록 • 제 2012-000384호 2012년 12월 4일
주소 • (03938) 서울시 마포구 동교로 44-3 진서원빌딩 3층
대표전화 • (02) 3143-6353 | **팩스** • (02) 3143-6354
홈페이지 • www.jinswon.co.kr | **이메일** • service@jinswon.co.kr

책임편집 • 안혜희 | **마케팅** • 강성우, 문수연 | **경영지원** • 지경진
표지 및 내지 디자인 • 디박스 | **종이** • 다올페이퍼 | **인쇄** • 보광문화사

ISBN 979-11-93732-04-5 13370

진서원 도서번호 16008

값 27,000원

우리아이를위한
입시지도

✦ **상위권·중위권·하위권별 입시지도 대공개!** ✦

심정섭 지음

진서원

머리말

'한 아이를 키우는 데 온 마을이 필요하다.'는 아프리카 속담이 있다. 하지만 우리나라 현실에서는 '한 아이를 소신대로 키우기 위해서는 온 동네와 친지들의 참견(?)과 간섭(?)을 잘 견뎌야 한다.'라는 말이 사실에 가까울 것 같다. 학벌 사회와 입시 경쟁이라는 광풍 속에서 부모가 나름의 교육관과 철학을 가지고 아이를 소신껏 키우기가 쉽지 않다.

수많은 엄마가 우리나라에서 아이를 키우면 주변의 도움과 지지보다는 상처 주는 말과 행동을 더 많이 받는다고 한다.

"어머 엄마, 아이 그렇게 자주 안아주면 손 타."

"어머 엄마, 아기에게 벌써 그런 걸 먹이면 어떻게 해요."

"어머, 아기가 자꾸 손을 빠네. 아무래도 엄마가 일하니까 엄마 사랑이 부족한가 보다."

하지만 이렇게 육아하면서 겪는 잠깐의 혼란은 이후 아이를 교육하면서 겪는 무수한 흔들림에 비하면 아무것도 아니다. 문화센터와 유치원에 갈 무렵이 되면 이제 동네 엄마들이나 학교, 학원의 같은 학년 부모들과의 비교 경쟁을 잘 견뎌내야 한다.

"○○엄마, 아직 아이에게 가베 안 시켜? 아직 한글도 못 뗐어? 책은 왜 그렇게 글밥 없는 그림책만 보여줘? 영어는 언제부터 시키려고 그래?"

이렇게 초등학교 시기를 거쳐 본격적으로 입시를 시작하는 중고등학생이 되면 부모가 감당하기 힘든 혼란의 시간이 온다. 입시 제도는 왜 이렇게 매번 바뀌고 이름도 생소한 수많은 용어가 등장하는지…. 정말 학원과 사교육 도움 없이는 아이를 제대로 키워서 대학 보내기도 힘들 것 같다. 하지만 '홍수에 먹을 물이 없다'고 입시 정보는 넘치고 학원 설명회는 많은데, 정작 누구 말을 듣고 어떻게 우리 아이 교육을 해야 할지는 점점 더 막막해진다.

이 책은 이런 막막함이 있는 엄마와 아빠에게 이 책 한 권만 제대로 읽으면 우리나라의 교육과 입시 제도에 대해 대체로 이해하고 우리 아이 교육의 중심을 잡을 수 있게 도움을 주려는 의도에서 집필되었다. 의대, 교대, 음대, 미대 등의 대입뿐만 아니라 특목고, 자사고, 국제중, 예중, 예고 등 중고등학교 입시에도 세부 영역이 있고 매년 입시 정보가 조금씩 바뀌거나 업데이트되므로 입시 개론서를 쓴다는 것이 쉬운 일이 아니다. 하지만 유치원과 초등학교 단계에서부터 입시 교육의 핵심을 파악할 수 있는 기본서를 쓴다는 마음으로 이 무모한 작업에 도전해 보았다.

지난 20여 년 동안 고3 수험생과 대학생의 편입 입시를 지도했다. 고3 입시 설명회와 학부모 설명회만도 수백 차례 진행했고 수천 명의 부모와 학생을 상담했다. 그리고 이 과정에서 부모와 자녀가 잘 소통하면서 주어진 입시 제도를 잘 활용하여 아이와 부모 모두 만족스러운 입시 결과를 얻는 가정도 보았고 10여 년 넘게 엄청난 사교육비를 쓰고도 아이 공부가 제대로 안 되고 부모와 자녀 간의 소통까지 무너지는 안타까운 모습도 많이 보았다.

만족스러운 입시 결과를 얻기 위한 지름길은 아이의 성향과 실력에 대한 객관적인 파악과 올바른 정보, 그리고 아이 중심의 소통이다. 반대로 10여 년 동안 상당한 비용을 치르고도 제대로 된 입시 결과를 얻지 못하는 길은 아이의 실력과 성향을 제대로 파악하지 못하고, 저급 정보에 휘둘리며, 아이와 제대로 소통하지 않는 것이다. 하지만 어느 부모가 처음부터 후자의 길을 걸으려고 할까? 분명한 소신과 제대로 된 내공 없이 여기저기 떠밀려 가다 보면 어느덧 후자의 길에 가까워지는 경우가 많다. 아무쪼록 이 책을 통해 그런 가정이 한 가정이라도 줄었으면 하는 바람이다.

먼저 **준비마당**에서는 최근의 대입 제도 개편안을 중심으로 지금의 입시와 교육의 현안을 짚어보고 이런 변화 속에서 어떻게 각 가정이 중심을 잡을 수 있는지에 대한 이론적인 논의를 제시했다. 그리고 우리 아이의 입시 경쟁력과 성향을 바탕으로 이후 로드맵을 어떻게 짜야 할지에 대한 전체적인 가이드라인을 소개했다.

첫째마당에서는 유치원에서 시작하여 초등학교, 중학교, 특목고와 일반고의 선택에 이르기까지 학년별로 입시와 교육의 주요 쟁점 사항을 정리했다. 특히 겉으로 드러나는 입시 실적 뒤에 가려진 입시의 진솔한 이야기를 많이 담으려고 노력했다.

둘째마당에서는 대학의 학과와 진로를 중심으로 핵심적인 입시 전략을 제시했다. 의대와 공대, 로스쿨, 교대, 사범대, 예체능까지 진로를 중심으로 세부적인 입시 전략과 현실적인 고려 사항을 최대한 정리했다.

셋째마당에서는 대학 입시나 공부로 승부를 볼 수 없는 아이들을 위한 교육 로드맵에 초점을 두었다. 뒤늦게 공부 의욕이 생긴 아이들이 재수, 편입 등의 입시를 통해 학력을 만회하는 방법부터 대안학교와 홈스쿨링까지 현재 나와 있는 대부분의 교육적 대안을 포괄해서 제시했다. 그리고 인공지능(AI) 시대를 대비할 수 있는 미래 교육 모델과 교육의 근본적인 문제에 대한 질문도 던져보고 있다.

부록에서는 전국 100위권 고등학교의 최근 입시 결과, 전국 100대 주요 선호 중학교의 졸업생 진로 현황과 특목·자사고 진학자 수 등 대입과 관련된 주요 관심 통계를 PDF 파일로 정리했다(다운로드 방법은 440쪽, 442쪽 참조).

마지막으로 〈2028 대입제도 개편안 해독법〉을 **전자책**으로 따로 만들어 제공한다. 각 가정에서 입시 개편 핵심 내용을 살펴보고 대응 전략을 모색하는 데 도움이 될 것으로 생각한다.

다운로드 방법은 444쪽 참조

이 책은 우리나라 입시와 교육에 대한 정보를 제공하는 실용서다. 처음부터 차근차근 읽는 것도 의미가 있겠지만, 우리 아이의 학년과 입시, 그리고 교육적 필요에 맞추어 가장 필요한 부분부터 먼저 읽고 시간 나는 대로 나머지 부분을 읽으면서 전체적인 그림을 그려보는 것이 좋다. 또한 사교육이나 주변 '카더라' 통신에 의존하지 않고 나름의 교육적 소신을 갖기를 원하는 부모님들은 학교나 지역 사회의 독서 모임에서 이 책을 기본서로 삼아 일주일씩 일정한 분량을 읽고 모여서 토론하며 우리 가정에 맞는 교육 입시 로드맵을 찾아가는 것도 좋은 방법이다.

아무쪼록 이 책을 읽는 독자들은 이 책의 정보를 바탕으로 자녀들과 잘 소통하여 사랑하는 아이들에게 정말 도움이 되는 교육과 진로 로드맵을 찾기를 진심으로 바란다.

에메랄드빛 바다를 바라보며

심정섭

Special Thanks to

《심정섭의 대한민국 입시지도》에 보여주신 많은 관심과 사랑 덕분에 개정판이 나오게 되었습니다. 무엇보다 이 책을 읽어주신 독자 여러분께 큰 감사를 드리고 전국에 개설된 관련 강의에 참여해 주신 학부모님들께도 감사의 말씀을 드립니다. 그리고 좋은 강의를 마련해 주신 학교, 도서관, 관공서, 신세계, 현대, 롯데백화점과 홈플러스 문화센터 관계자 여러분께 감사의 말씀을 드립니다.

책의 기획부터 방대한 작업에 엄두를 못 내던 필자를 격려하며 이 책이 나오기까지 힘써 주신 진서원의 강혜진 대표님, 복잡한 표 작업과 세부 편집을 훌륭하게 해 주신 안혜희 편집자님, 일러스트와 사진 자료를 멋지게 편집해 주신 디박스와 진서원 가족들에게도 큰 감사를 드립니다.

특히 이번 개정판 작업에서 구체적인 조언과 교육 현장의 생생한 소식을 전해 주신 조미란, 장진철, 진향숙, 최진주, 임성우, 김지양, 이혜린, 윤창호, 최상아 선생님과 진도농촌유학센터의 백미영 센터장님, 마이폴학교의 박왕근 교장선생님, 'IB미래교육' 카페의 박종성, 이혜선 매니저님, 바쁘신 가운데도 우리나라 입시와 교육 문제에 대한 핵심 인사이트를 나눠주신 이범 선생님께도 감사의 말씀을 드립니다.

필자의 교육적 대안에 관심을 두고 유튜브 채널을 통해 많은 부모님과의 접점을 만들어 주시는 '교육대기자TV'의 방종임 편집장님, '웅달책방'의 이웅구 대표님, 남덕현 이사님, 김지현 대표님, '흔한엄마' 채널의 정미진 대표님, '월급쟁이부자들TV'의 너바나님, 정다영 피디님, '부읽남TV'의 정태익 대표님, '다독다독'의 김학렬 소장님, 로사, 드리머 님께도 이번 자리를 빌려 큰 감사의 말씀을 전합니다. 그리고 저의 교육 이론을 몸소 실천하고 많은 분께 알려주시는 강민정, 김은정, 김유라, 김지현 작가님, 성유미, 강소진, 고경희, 이해성, 안선숙 대표님, 정선언, 홍장원 기자님께도 다시 한번 감사의 말씀을 전합니다.

부족한 저자의 글쓰기 고향이자, 따뜻한 댓글로 꾸준히 글을 쓸 수 있도록 격려해 주시는 '텐인텐'의 박범영 소장님과 '텐인텐' 카페(cafe.daum.net/10in10) 회원님들께는 언제나 빚진 마음입니다. '텐인텐'에서 '사교육비 경감' 칼럼과 여러 글을 쓰지 못했더라면 이렇게 많은 책을 낼 기회를 얻지 못했을 것입니다.

만나면 늘 긍정적인 에너지를 주시고 '새로운 세계'를 경험하게 해 주시는 이영석 대표님과 대한민국 최고의 소통테이너 '안목고수' 오종철 대표님께도 감사의 말씀을 드립니다. 대한민국 대표의 가정 행복 코치 이수경 회장님과, 웃음박사에서 '머니패턴' 박사로 진화하시는 이요셉, 김채송화 소장님, 밥딜런 모임을 통해 늘 새로운 인사이트를 주시는 이구환 대표님과 김욱진, 이재훈 대표님께도 감사의 말씀을 드립니다. 또 제 인생의 멘토이자 늘 함께하고 싶은 이용각 생각디자인연구소 소장님과 늘 부족한 후배를 챙겨주시는 스카이아카데미의 소호섭 원장님과 홍준기 교수님께도 큰 감사의 말씀을 드립니다. 이 귀한 선배님들의 격려와 성원이 없었다면 이런 작은 성취도 얻을 수 없었을 것입니다. 그리고 저의 스쿼트 산행 훈련 조교인 백용학 건강독서문화연구소 소장님과 꿈을 현실로 만들어 주신 ENF메딕스의 권영희 대표님, 그리고 현성순 반장님과 건강독서모임 가족들께 감사의 말씀을 드립니다. 또 힘든 독서 여정을 함께해 주신 부모독서모임 회원들과 코로나 이후에도 온라인 북파티를 통해 계속 인연을 이어가는 독서토론 가족들에게도 감사의 말씀을 드립니다.

저와 오랫동안 가정 중심의 더 나은 교육을 실천해 주고 있는 경원이네, 관우네, 규리네, 라온이네, 연재네 가족들과 사자소학실천모임, 부모독서모임, 역사 하브루타 독서토론모임, 자연 출산, 자연 육아 가족, 필리핀과 마다가스카르 후원 가정에도 깊은 감사의 말씀을 드립니다. 여러분들이 있어 이 새로운 길을 걷는 것이 외롭지 않고 늘 즐거웠습니다.

인생의 중요한 고비마다 함께 기도해 주시고 응원해 주신 고수영 선교사님과 우리나라와 필리핀, 유럽에 있는 수많은 하비루 가족들에게도 감사의 말씀을 전하고 싶습니다. 마지막으로 미국에서 늘 응원해 주는 동생 명섭 가족과 언제나 변치 않는 사랑으로 부족한 아들을 응원해 주시는 부모님, 저의 존재 이유인 Esther와 Zion, Joshua에게 감사와 사랑의 말을 꼭 전하고 싶습니다. 감사합니다. 사랑합니다.

입시 지도 로드맵

"지금 입시 지도를 펼치면 대학 레벨이 달라진다!"

성적별 **입시** 로드맵

상위권
20~30%
추천 로드맵

▶ 대학으로 승부를 볼 수 있는 아이들
▶ 문과는 외고, 국제고, 자사고, 명문 일반고 진학
  후 로스쿨, 상경대 진학
▶ 이과는 일반고, 영재학교, 과학고 진학 후 의대,
  이공계 진학
▶ 그 외 공부로 다양한 진로 설계 가능

둘째마당으로
이동(205쪽)

중위권
30~40%
추천 로드맵

▶ 중위권 학생의 일자리가 줄어들고 있는 현실
▶ 아이가 관심 있는 분야를 찾아 전문성 키워야
▶ 고교 학점제를 적극 활용한 강점 강화
▶ 국영수 중 잘하는 과목 더 잘하기 전략

셋째마당으로
이동(349쪽)

하위권
20~30%
추천 로드맵

▶ 사교육비를 아껴 사회생활 기반을 제공해야
▶ 분위기에 휩쓸리지 않고 교육 주권을 가정으로
▶ 부모가 물려준 경제력을 지킬 수 있는 능력을
  키우는 것도 방법

예시 사례로
이동(350쪽)

◆ 우리 아이의 입시 가능성을 확인할 수 있는 '공부 머리 테스트'는 51쪽을 참고하세요.

한눈에 보는 **상위권 이과 진학 로드맵**

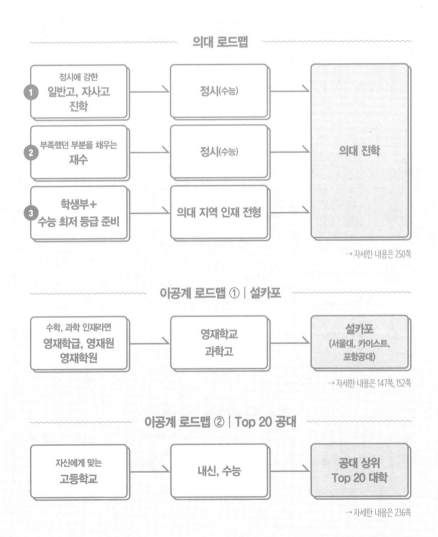

의대 로드맵

1 정시에 강한 **일반고, 자사고 진학** → 정시(수능) →

2 부족했던 부분을 채우는 **재수** → 정시(수능) →

3 **학생부+ 수능 최저 등급 준비** → 의대 지역 인재 전형 →

의대 진학

→ 자세한 내용은 250쪽

이공계 로드맵 ① | 설카포

수학, 과학 인재라면 **영재학급, 영재원 영재학원** → **영재학교 과학고** → **설카포** (서울대, 카이스트, 포항공대)

→ 자세한 내용은 147쪽, 152쪽

이공계 로드맵 ② | Top 20 공대

자신에게 맞는 **고등학교** → **내신, 수능** → **공대 상위 Top 20 대학**

→ 자세한 내용은 236쪽

한눈에 보는 **상위권 문과 진학** 로드맵

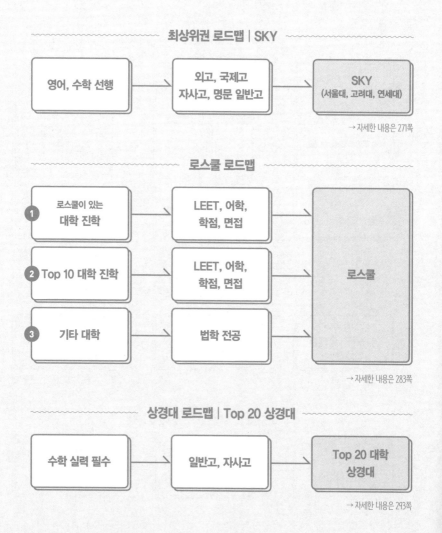

최상위권 로드맵 | SKY

| 영어, 수학 선행 | → | 외고, 국제고
자사고, 명문 일반고 | → | SKY
(서울대, 고려대, 연세대) |

→ 자세한 내용은 271쪽

로스쿨 로드맵

① 로스쿨이 있는 대학 진학 → LEET, 어학, 학점, 면접

② Top 10 대학 진학 → LEET, 어학, 학점, 면접 → 로스쿨

③ 기타 대학 → 법학 전공

→ 자세한 내용은 283쪽

상경대 로드맵 | Top 20 상경대

| 수학 실력 필수 | → | 일반고, 자사고 | → | Top 20 대학
상경대 |

→ 자세한 내용은 293쪽

한눈에 보는 기타 대학 진학 로드맵

교대, 사범대 로드맵

① 내신, 학생부 우수 → 수시 집중 → **교대**
(지역 인재 전형 활용)

② 수능 우수 → 정시 집중 → **교대, 사범대**

③ 자신에게 맞는
고등학교 → Top 30 대학
진학 실력 → **서울권 사범대**

→ 자세한 내용은 302쪽

경찰대, 사관학교 로드맵

일반고에서
내신+수능 준비 → 자체 시험,
체력 검정 준비 → **경찰대, 사관학교**

→ 자세한 내용은 317쪽

예대(음대, 미대) 로드맵

명문 예중 → 명문 예고 → **명문 예대**

→ 자세한 내용은 330쪽

체대 로드맵

① 성적, 체력
검정 준비 → 수능 1~2등급 → **SKY 체대**
(서울대, 고려대, 연세대)

② 성적, 체력
검정 준비 → 수능 2~4등급 → **인서울 중상위권
체대**

→ 자세한 내용은 343쪽

◆ 그 외 중위권 학생의 다양한 진로 선택지는 셋째마당(349쪽)을 참고하세요.

우리 아이 맞춤 학교 찾기 ❶
(ft. 유치원 2유형, 초등 5유형, 중등 4유형)

유치원
(2유형)

| 영어유치원 | · 어릴 때부터 영어에 노출 가능
· 학교와 입시 영어 성적에 효과 의문
· 비싼 학비 | 자세한
내용은 62쪽 |
| 일반 유치원 | · 국공립유치원: 저렴한 교육비, 초등학교 병설
· 사립유치원: 원에 따라 교육비 차이가 큼
· 발도르프: 숲(자연), 인성 중심, 인지 교육 등
  다양한 교육 목표 | |

초등학교
(5유형)

사립초	· 추첨 선발 · 학업 성취도 우수 · 비싼 학비	자세한 내용은 72쪽
국립초	· 추첨 선발 · 저렴하지만 경쟁률 높음 · 사립초와 유사한 다양한 교과 활동	자세한 내용은 75쪽
국제학교	· 내국인도 입학할 수 있는 국제학교 · 영어 노출 · 비입시 교육 · 비싼 학비	자세한 내용은 78쪽
IB 학교(PYP)	· 제주, 대구에 인증학교 · 생각을 꺼내는 교육, 학생 중심 교육	자세한 내용은 81쪽
농·산촌 유학	· 아이들이 마음 놓고 뛰놀며 공부 · 학생 수가 적어 집중 교육 가능	자세한 내용은 97쪽

중학교
(4유형)

국제중	· 추첨 선발 · 높은 학업 성취도 · 문과 인재에게 적격 · 비싼 학비	자세한 내용은 112쪽
서울삼육중 완주 화산중	· 선발권 있음 · 높은 학업 성취도 · 삼육중의 경우 유시험 전형도 있음	자세한 내용은 121쪽
학군지 명문중	· 긴장감을 유지하며 공부 가능 · 사교육 과잉으로 아이가 지칠 수 있음	자세한 내용은 106쪽
비학군지 일반중	· 수월한 내신을 바탕으로 특목·자사고 준비 · 자기 페이스에 맞는 영수 선행 가능	자세한 내용은 122쪽

우리 아이 맞춤 학교 찾기 ❷
(ft. 고등 9유형)

영재학교 특목고 (4유형)

| 영재학교(이과) | · 수학, 과학 영재 교육 → 설카포 핫코스
· 조기 교육으로 아이가 지칠 수 있음 | 자세한
내용은 147쪽 |

| 과학고(이과) | · 수학, 과학에 강점이 있는 상위권
· 이공계 진학 유리 | 자세한
내용은 152쪽 |

| 외고(문과) | · 영어 성적이 좋으면 진학 가능
· 외국어를 좋아하는 문과 학생 로드맵
· 외고 간 학업 성취도에 차이 있음 | 자세한
내용은 157쪽 |

| 국제고(문과) | · 국제 전문 인력 양성 목표
· 국제 계열 사회 과목 이수 | 자세한
내용은 162쪽 |

자율고 (4유형)

| 전국 선발 자사고 | · 전국 대상으로 학생 선발
· 치열한 내신 경쟁, 영어, 수학 선행 필수 | 자세한
내용은 166쪽 |

| 광역 선발 자사고 | · 지역 대상으로 학생 선발
· 학원가를 활용할 수 있는 대도시에 위치
· 학교 간 입시 결과 차이 있음 | 자세한
내용은 179쪽 |

| 개방형 자율학교 | · 일반고 학비로 특목·자사고 입결
· 내신 경쟁 치열   · 충분한 영수 선행 필요 | 자세한
내용은 192쪽 |

| 자율형 공립고 | · 학교마다 수준 차이 있음
· 기숙사가 있는 학교 주목 | 자세한
내용은 198쪽 |

특성화고 (1유형)

| | · 직업 교육 관련 고등학교
· 다양한 분야로 운영 중 | 자세한
내용은 131쪽 |

SKY＋인서울 공략법
(ft. 실력보다 1단계 높은 대학 합격하기)　205

tip

자료 다운로드 방법

변하는 입시 제도 vs 변치 않는 교육 원리

엄마의 정보력이 대학을 결정할까?

우리 아이는 공부로 승부를 볼 수 있을까?

상위권, 중위권, 하위권 맞춤 입시 로드맵

교육 시장의 호구가
되지 않으려면?

우리 아이를 위한 입시 지도

변하는 입시 제도 vs
변치 않는 교육 원리

정부가 바뀔 때마다 어김없이 함께 바뀌는 입시 제도, 대책은?

2023년 12월 교육부는 '2028 대학입학제도 개편안'을 확정했다. 이번 개편안은 고교 학점제와 2022 개정 교육 과정이 전면 도입되는 2009년생 학생들의 첫 입시안이어서 좀 더 일찍 발표한 후 여론 수렴과 구체적인 준비에 들어갔어야 했다. 하지만 정치적인 이해 관계에 밀려 너무 늦게 발표되는 안타까운 상황이 또 연출되었다. '2028 대학입학제도 개편안'의 핵심은 다음 4가지였다.

> ① 통합형, 융합형으로 수능 과목 개편
> ② 수능 이권 카르텔 근절

③ 고교 내신을 5등급 체제로 선진화

④ 내신에 논·서술형 평가 도입 및 교사의 평가 역량 강화

냉정한 태도로 대비하는 자세가 필요하다

안타까운 현실이지만 우리나라는 교육이 정치에 종속되어 정권이 바뀔 때마다 입시 제도가 함께 바뀌고 있다. 새 정권에서는 이전 정권에서 만든 교육 제도가 좋아도 성과를 덮고 무언가 새로운 것을 한다는 인식을 심어주려고 한다. 그래서 그때마다 바뀐 입시 제도의 희생양이 되는 학생들이 나오고 기존 입시 제도가 미처 자리를 잡기도 전에 새로운 입시 제도가 도입되는 악순환이 이어지곤 했다.

이번에도 이렇게 입시 제도 개편이 혼선을 빚자 '계속 바뀌는 입시 제도에 교육 현장 혼란 가중', '우리 아이들 데리고 실험하나?', '학부모 분통, 사교육만 미소'와 같은 선정적인 제목의 기사가 쏟아졌다. 하지만 입시 제도의 변화는 '학벌 사회'라는 '기울어진 언덕'에 '올바른 교육'이라는 제대로 된 집을 세우려는 모순이 존재하는 한, 정권이 바뀌거나 교육 과정이 개편될 때마다 되풀이될 수밖에 없는 문제다.

좀 더 넓게 보면 제도가 바뀌었다고 공부를 잘하는 학생이 갑자기 꼴등이 되거나, 공부에 뜻이 없는 아이가 갑자기 전교 1등이 되어 대학에 들어갈 수 있는 건 아니다. 운이 따라 새로운 기회를 잡는 아이들도 있겠지만, 근본적으로 아이의 성적이 제도에 따라 급격히 변하

지 않는 것도 사실이다. 입시 제도가 변할 때마다 학생, 학부모, 교사
모두 혼란스러운 건 마찬가지다. 따라서 이 제도가 정말 모든 학생을
위한 것인지, 제대로 적용될 수 있는지 등 옳고 그름의 가치 평가는
뒤로 하고 변경된 입시 제도를 냉정하게 짚어본 후 이에 대한 대비책
을 마련하는 것이 가장 현명한 방법이다.

우리나라 입시 제도가 계속 바뀌는 이유

미국은 지난 수십 년간 우리나라의 수능 시험과 같은 SAT(Scholastic
Aptitude Test)와 ACT(American College Testing)를 실시하고 있는데, 점수
는 참조만 하고 결국 대학이 알아서 학생들을 뽑는 시스템으로 운영
되고 있다. 그리고 미국이나 유럽 선진국의 실질 대학 진학률과 최종
졸업률은 30~40% 정도다. 모든 학생이 대학에 가지 않으니 전 국민
이 입시 제도에 목을 맬 필요가 없다. 그래서 대학 입시 제도를 어떻
게 실시하느냐를 두고 우리나라처럼 수많은 예산을 들여 연구하거나
정권이 바뀔 때마다 입시 제도를 바꾸는 등 교육 에너지를 낭비하지
않는다. 그런데 우리는 왜 계속 제도를 바꾸고 제대로 된 대책도 내
지 못하면서 혼란만 가중하는 것일까? 그 이유는 '고교 교육 정상화',
'대입 제도 단순화', '대입 공정성 확보', '현장 적용 가능성', '4차 산업
혁명 시대에 걸맞은 인재 양성'이라는 어찌 보면 상반된 가치를 모두
만족시키려고 하기 때문이다. 그래서 결국 죽도 밥도 아닌 결과만 계

속 만들어 내고 있는 것이다.

공정성과 형평성, 그리고 미래를 대비하는
필요성 사이에서 방황하는 교육

그렇다면 공정하면서도 형평성에 어긋나지 않고, 교육 현장에서
도 쉽게 적용하며, 인공지능(AI) 시대를 대비한 인재를 키울 수 있는
최선의 입시 제도가 과연 존재할까?

입시 공정성을 더 많이 확보하기 위해 '금수저 전형', '깜깜이 전형'
이라는 비판을 받는 학생부 종합 전형†을 줄이고 정시 비중을 높이거
나, 수능 등급제를 폐지하고 원점수제로 돌아간다면 결국 20여 년 전
의 학력고사 체제로 돌아가는 셈이다. 그나마 수시와 학생부 종합 전
형이 있어서 상위권 학생들은 독서나 동아리 활동, 봉사 활동을 하면
서 자기 적성에 맞는 진로를 찾기 위해 노력할 수 있었다. 그런데 수
능 중심으로 입시가 되돌아가면 이른바 '고교 교육 정상화'는 물 건너
간다. 수능에 도움이 안 되는 과목이나 활동은 소홀히 하게 되고 각
학교는 수능 점수에만 신경 쓰면서 '야자(야간 자율학습)'로 상징되는 학
교의 입시 학원화가 진행될 가능성이 있다.

✦ **학생부 종합 전형** | 학교생활기록부에 기재된 교과 성적(내신)뿐만 아니라 동아리 활동, 봉사 활동 등의
전반적인 고등학교생활을 종합적으로 고려해 우수 학생을 선발하는 정성 평가 방식의 전형

더욱이 정치적인 논리에 따라 교육의 공정성과 형평성만 강조한다면 가장 객관적인 점수라고 할 수 있는 수능 점수로만 줄 세우는 시대로 돌아가게 된다. 학생들은 이전처럼 자기 적성이나 전공에 대한 탐구나 고민 없이 점수에 맞춰 대학에 가게 된다. 또한 점수에 승복하지 못하면 재수, 삼수, 편입으로 이어지는 악순환이 반복된다. 대학에 간다고 해도 취업이 보장되는 소수의 최상위권 학과 학생들 이외에는 4년 내내 전공과 적성에 대해 고민과 방황만 하다가 사회에 나오게 될 것이다.

　반대로 백 년을 내다보고 미래를 대비하는 제대로 된 교육을 실천해 보려고 하면 '공정성'과 '현장 적용 가능성'이라는 벽에 부딪히게 된다. 아이들은 정답 없는 세상에서 자유롭게 자신만의 답을 찾아가고 인공지능 시대에도 살아남을 수 있는 문제 해결 능력을 키우기 위해 토론하면서 창의적인 체험을 해야 하는데, 이런 활동을 어떻게 누구나 이해할 수 있도록 점수화하고 정량화할 수 있을까? 그리고 이런 활동을 지도할 수 있는 선생님을 한정된 예산과 인력으로 어떻게 양성할 수 있을까?

　결국 이 모든 것을 만족시킬 수 없는 상황에서 모두가 만족하는 교육을 찾다 보니 입시 제도는 계속 변할 수밖에 없는 것이다. 고치면 고칠수록 망가지는데도 여전히 계속 손을 대는 '성형 중독'과 같은 현상이 우리 교육에서 벌어지고 있다.

끊임없이 변하는 입시 제도에 대응하는 3가지 방법

이런 상황에서 학부모들이 선택할 수 있는 대응 방법은 다음 3가지다.

방법 1 '정부의 혼선에 학부모와 학생들만 대혼란'이라는 언론의 선정적인 보도에 휘둘려 정부를 비판하고 나라를 원망하는 데 에너지를 소진한다.

방법 2 제도가 바뀌면 그러려니 하고 바뀌는 제도에서 우리 가정에 어떤 부분이 유리하고 어디에 틈새가 있는지 잘 파악해서 나름대로 전략을 짠다.

방법 3 어차피 대학을 나와도 졸업생의 절반 이상은 제대로 취업하지 못하는 현실에서 대학이나 국가에 많은 것을 기대하지 않고 대학을 넘어 사회와 세상에 적응할 수 있는 능력을 기르기 위해 자체적으로 노력한다.

물론 가장 궁극적인 정답은 '방법 3'이다. 하지만 '아무것도 모르는 부모들이 어떻게 그런 준비를 할 수 있느냐?'라는 생각이 든다면 '방법 1'과 '방법 2' 중에서 하나를 선택하는 게 현실적이다. 또한 이런 현실을 분명하게 인식하고 지금부터 할 수 있는 노력과 실천 방안을 찾아본다면 '방법 2'와 '방법 3'을 병행해 볼 수도 있다. 필자는 이 책을 읽고 자녀 교육 문제에 대해 좀 더 주체적으로 판단하고 행동하는 부모들이 많이 나오기를 기대해 본다.

입시 제도가 변할 때마다 신경 쓸 것이 많은 게 사실이다. 그때마다 학교나 학원에만 의존하지 말고 우리 가정과 우리 아이에게 맞는 교육 로드맵은 내가 직접 찾아보겠다는 주체적인 자세만이 근본적인 해결 방법이 될 수 있다. 부모 자신이 분명한 신념을 가지고 있고 우리나라 입시의 본질과 제도에 대해 어느 정도 이해하고 있다면 제도가 어떻게 변하든지 크게 흔들리지 않고 자기만의 길을 갈 수 있다.

원래 공부에 뜻이 있어 열심히 공부하는 자녀를 둔 부모라면 제도를 잘 파악하고 아이가 더 잘 공부할 수 있는 학교로 밀어주는 게 좋다. 반면 자녀의 학교 성적이 상위 20~30% 안에 들지 못한다면 '방법 2'와 '방법 3'을 섞어서 내 아이에게 맞는 현실적인 입시 로드맵을 찾는 것이 바람직하다. 하지만 어떤 방법을 선택하든지 내 아이를 이해하는 것이 가장 먼저다.

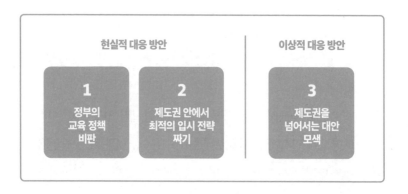

이 책에서는 기본적인 입시 제도에 대한 설명과 함께 인공지능 시대를 살아갈 아이들에게 필요한 다양한 교육적 대안을 제시하고 있다. 내 아이에 대한 이해 없이 무조건 공부만 열심히 해서 점수를 높인 후 좋은 대학에 가면 된다고 생각하고 있다면 51쪽에서 소개하는 공부 머리 테스트와 이 책에서 다루는 현 입시 제도에 대한 글을 읽은 후 아이와 깊이 있는 대화를 해 보기를 권한다. 이런 작은 실천이 어떤 정부, 어떤 제도의 변화에도 흔들리지 않는 우리 아이만의 최적의 입시 로드맵을 준비하는 첫걸음이 될 수 있다.

엄마의 정보력이
대학을 결정할까?

넘치는 입시 정보 속에서 눈덩이처럼 커지는 불안감

대학에 집착하지 말고 아이의 행복에 교육의 초점을 두자고 하지만, 막상 주변을 둘러보면 명문대 나온 사람들이 사회에 나가 많이 성공하는 것만 같다. 게다가 최근 몇 년간 입시 결과를 살펴보면 영재학교, 특목고, 자사고의 서울대를 포함한 명문대 합격자 비율이 50% 전후나 된다. 그리고 일반고 명문대 합격자의 절반 이상이 강남 등 교육특구에 있는 명문 일반고 출신이다. 이러니 대입이나 명문대 입시의 80% 이상은 이미 중학교 때 결정된다는 말이 나오고 특목고나 자사고, 명문 학군 일반고로의 쏠림 현상도 계속 심화되고 있다.

이런 상황에서 친척이나 지인 자녀의 대학 입시 결과를 듣고 최근 입시 분위기를 파악한 부모들은 마음이 조급해지지 않을 수 없다. '입시는 엄마의 정보력'이라는 말도 있으니 부지런히 정보를 파악해서 특목고와 자사고 입시 정보를 아이에게 알려주고 더 늦기 전에 국영수 과목의 진도를 빨리 빼야 할 것 같다. 특목고나 자사고가 어렵다면 수능이나 정시 경쟁력이라도 키울 수 있게 대치동이나 목동 등의 학군지로 빨리 들어가야 할 것 같고 순진하게 정부나 언론에서 하는 이야기만 믿었다가는 우리 아이만 뒤처질 것 같다. 학교 공부만 성실하게 하고 무리하게 사교육을 안 시켜도 원하는 대학에 충분히 갈 수 있다는 일부 교육 전문가들의 말에는 화가 치민다.

입시 정보를 몰라 손해 볼 가능성은 5~10%에 불과하다

물론 가정 형편도 되고 정보력도 있어서 아이에게 특목고나 자사고 입시를 대비시키고 아이도 잘 따라주어 입시에서 유리한 위치를 선점할 수 있다면 이것도 좋은 방법이다. 하지만 그 80%의 길에 속한다고 해서 모두가 좋은 입시 결과를 내는 것도 아니고 20%의 좁은 길에 서 있다고 해서 아이 인생이 끝나는 것도 아니다. 실제로 의대와 서울대 진학률이 높은 자사고나 강남권 명문 일반고의 재수생 비율은 기본적으로 50% 이상이다. 면학 분위기가 좋고 학원 인프라가 갖춰진 곳에서 공부해도 40~50%는 3년 안에 자기가 원하는 입시 결과를 얻지 못하는 것이다.

결국 입시 정보보다 중요한 것은 아이의 근성과 공부 의지다. 그리고 '될 아이는 어떻게든 된다.'라는 자칫 무책임해 보이는 입시 격언이 어쩌면 맞을 수도 있다. 특목고나 자사고에 가서도 극심한 내신 경쟁과 수능 사이에서 갈팡질팡하다 고생은 고생대로 하고 일반고에 간 비슷한 수준의 친구보다 입시 결과가 나쁜 아이도 있다. 또한 특목고에 충분히 갈 수 있는 자원이었지만, 정보가 부족해 평범한 일반고에 간 아이가 전교권 성적을 내면서 학교의 관리를 받아 수시를 통해 특목고에 간 친구들보다 더 좋은 대학에 가기도 한다.

실제 코로나 팬데믹 이후 치러진 2021학년도 입시에서 서울대 지역 균형 선발 전형의 수능 최저 기준을 3개 영역 2등급에서 3개 영역 3등급으로 낮추자, 이전에 서울대 합격자가 1명도 없던 전국 50여 개 학교에서 1명 이상의 합격자가 나왔다. 그리고 수능 최저를 맞추지 못해 불합격한 인원은 2020학년도 144명에서 2021학년도 23명으로 크게 감소했다. 수능 최저 기준이 3개 영역 합 7이었던 2024학년도 입시에서도 지역 균형 선발 전형에서 수능 최저를 맞추지 못한 인원은 5명(총모집 인원 506명)뿐이었다. 특목고나 자사고, 그리고 수도권 학군지로 가지 않고 지역에 남아 중심을 잡고 공부하면서 수능 최저를 맞춘 100여 명의 학생들에게 서울대 합격의 기회가 더 많이 돌아간 것이다.

결국 중요한 것은 어떤 입시 정보를 가졌느냐가 아니라 아이가 얼마나 스스로 공부하려는 근성과 공부 의지를 갖추었느냐이다. 실제로 입시 현장에서 정보가 없어서 손해를 볼 가능성은 5~10% 정도에 불과하다. 운 나쁘게 기회를 놓쳐서 한두 계단 낮은 대학에 갈 수는 있다. 하지만 터무니없이 10~20계단 낮은 대학에 가지는 않는다. 오히려 아이가 근성과 의지만 있다면 대입 이후에도 5~10%의 손해를 보충할 가능성은 100~200%이고 재수, 편입, 유학 등 대학 수준을 끌어올리는 수많은 방법에 도전할 수 있다. 이 경우 물론 추가적인 돈이 들지만, 어릴 때부터 공부가 아닌 아이를 특목고나 자사고에 보내기 위해 무리한 선행 교육과 사교육을 시켜도 돈이 드는 건 마찬가지다.

그래도 부모가 입시 정보에 무관심하고 무지해서 아이 인생을 망치는 게 아닐까 불안해 할 수도 있다. 주변에서는 어려서부터 영어유치원이며 사립초등학교, 초등 영재학원을 보내는데, 바빠서 학원 설명회에도 못 가고 입시 정보도 못 챙겨준다고 죄책감을 느낄 수도 있다. 하지만 이런 정보를 놓쳐서 손해 볼 가능성은 고작 5~10%다. 정말로 특목고나 자사고에 가서도 확실한 성과를 낼 만한 아이라면 학교나 학원에서 선생님들이 미리 이야기해 주었을 것이다. "이 아이는 여기 있을 아이가 아니다."라고. "형편이 되시면 좀 더 좋은 환경에 가서 공부하면 좋을 것 같다."라고 말이다. 중학교 때 기회를 놓쳐 그냥 평범한 일반고에 갔더라도 명문대에 갈 만한 아이라면 역시 학교에서 적극적으로 챙겨줄 가능성이 높다. 가뜩이나 특목고와 자사고에게 상위권 학생들을 거의 빼앗기는 평범한 학교에서는 이러한 인재가 넝쿨째 들어온 복덩이가 아닌가? 결론은 분명하다. 부모의 정보력 부족이 아이의 인생을 망치는 경우는 아주 드물다.

입시 정보보다 중요한 것은 아이의 공부 그릇!

입시에서 가장 중요한 것은 정보력이 아니라 아이의 공부 역량이다. 우리나라에서 성적이 좋아지려면 주어진 시간에 정확하게 하나의 답을 찾아내는 능력, 즉 문제지를 잘 푸는 능력이 있어야 한다. 그리고 이렇게 보이는 성과가 나타나려면 보이지 않는 '공부 그릇'을 먼저 갖추어야 한다.

공부 그릇은 '몸', '마음', '머리'(독서, 토론력)라고 표현할 수 있다. 특히 중고등학교 6년 동안 의자에 엉덩이를 붙이고 앉아서 끈기 있게 공부할 수 있는 체력과 공부에 집중할 수 있는 평안한 마음이 있어야 제대로 성과가 난다. 그런데 이런 이야기는 부모님들의 귀에 거의 들어오지 않을 수 있다. 이렇게 보이지 않는 중요한 요소를 챙기는 것보다 여전히 어느 특강을 더 들어야 하고 어느 전형이 아이에게 유리한가에 관심이 많은 것이 현실이다. 사실 이런 질문에 대한 답은 대부분 부모가 아니라 아이가 스스로 알아보고 결정해야 할 사항이다. 입시 영어 문제 풀이 시간에 필자가 자주 학생들에게 하는 이야기가 있다.

"기본이 있는 상태에서는 찍어도 맞을 때가 있지만, 기본이 없는 상태에서 문제 푸는 요령만 익히면 요령대로 되지 않는 예외만 만나게 된다."

입시에서도 마찬가지다. 공부 그릇이 있는 상태에서는 정보력이 빛을 발할 수 있지만, 공부 그릇 없이 정보만 찾다 보면 예상대로 되지 않는 예외만 만나게 된다. 수십만 원의 돈을 내고 받은 베테랑 입시 전문가들의 입시 지도도 먹히지 않고 '이 정도 스펙이면 작년에는 붙었는데 올해는 경쟁자가 너무 몰려 떨어지는' 수많은 예외에 자기가 속하게 되는 것이다.

부모는 기본적인 입시 정보만 알아도 충분하다

대입 전형은 점점 복잡하고 어려워지는 추세다. 이렇게 된 근본적인 이유는 과거 학력고사 시대처럼 시험 점수로만 학생을 선발하는 게 아니라 다양한 전형 요소를 고려하여 학생을 뽑기 때문이다. 이러한 선발 방법은 나름 점수로 줄 세워 뽑았던 시절의 여러 가지 부작용을 개선하려는 교육적 시도이지만, 오히려 더 많은 혼란과 사회적 비용을 발생시킨다는 비난을 받고 있다. 또한 전형 방법이 복잡해지다 보니 대학을 졸업한 지 20~30년이 넘은 부모들이 새로운 입시 제도를 이해하고 아이들에게 정확한 정보를 제공하는 것이 쉽지 않다.

최신의 입시 정보를 가장 정확하게 알고 있는 곳은 학교와 학원이다. 그리고 최고의 입시 준비 방법은 아이 스스로 학교나 학원에서 가고 싶은 대학이나 학과에 대한 정보를 찾은 후 이를 바탕으로 아이와 소통하며 최적의 길을 찾는 것이다. 아무래도 몇몇 입시 정보는 학교보다 학원에서 빠르게 업데이트되니 진학하려는 분야의 유명한 학원에서 상담하고 자료집이나 안내 자료를 받아서 내용을 검토한 후 아이와 의논하는 방법도 좋다.

부모 노력의 초점은 '부모의 정보력'이 아니라 '아이와의 소통'에 두어야 한다. 또한 이렇게 소통하려면 아이 스스로 자신이 하고자 하는 진로의 방향성을 찾은 후 그 꿈을 이루기 위해 어떻게 하겠다고 할 때 이것을 수용하고 받아 줄 수 있는 부모 내공이 있어야 한다. 그리고 이런 소통을 할 수 있게 떼어 놓은 시간과 여건이 평소에 충분히 확보되어 있으면 더욱 좋다.

'부모 내공'과 '아이와의 소통'이 시중에서 흔히 말하는 '엄마의 정보력'보다 입시에서 더 큰 힘을 발휘한다. 그래도 입시 정보가 아쉬운 부모에게는 인터넷과 유튜브에 수많은 정보가 있으니 활용하면 된다. 최근에는 대학생 선배들이 자신의 공부 방법과 합격 스펙뿐만 아니라 막상 대학 와서 겪어본 자기 전공 등에 대해 솔직히 이야기해 주는 유튜브 채널도 많이 생겼다. 공부에 욕심이 있는 아이에게 이런 정보를 가르쳐 주고 스스로 입시 정보를 정리하게 하는 게 현명한 부모가 할 일이다.

고입, 대입 정보를 제공하는 곳

입시 정보 관련 사이트

사이트	URL	특징
괜찮은 뉴스	www.nextplay.kr	실질적인 입시 진학 정보를 제공하는 언론 매체
대학어디가	www.adiga.kr	대학별 학과 및 전년도 합격자 컷 공개

입시 정보 관련 유튜브

유튜브	URL	특징
교육대기자TV	www.youtube.com/@daegizatv	초중고 입시와 교육 전반에 대한 정보 제공
입시왕	www.youtube.com/@IPSIKINGstudio	펜타킬 등 입시 전문가들이 운영하는 실전 입시 정보
피기맘	www.youtube.com/@piggy-mom	'타임교육' 이해웅 소장이 운영하는 실전 입시 정보

'피기맘' 유튜브

개인 및 대학생 운영 채널

채널	URL	특징
스튜디오 샤	www.youtube.com/ @snu_studiosha/videos	서울대생들이 운영하는 공부법과 입시 정보 채널
연고TV	www.youtube.com/ @yonkotv_official/videos	연고대생들이 운영하는 공부법과 입시 정보 채널

스튜디오 샤

연고TV

입시 정보 관련 카페

카페	URL	특징
상위1%카페	cafe.naver.com/mathall	특목·자사고 입시 정보 관련 회원 수 77만 명 카페
수만휘	cafe.naver.com/suhui	수능, 대입 관련 회원 수 300만 명 카페

* 단 카페는 상업적 정보가 있고 지나친 경쟁심을 조장할 수 있으므로 분위기 파악 정도로 활용하는 것이 좋다.

상위1%카페

수만휘

우리 아이는 공부로
승부를 볼 수 있을까?

아이의 교육 방향에서 어떤 입시 로드맵을 선택할지 결정할 때 가장 중요한 것은 바로 아이의 공부(인지 학습) 능력이다. 여전히 우리 아이의 갈 길은 공부뿐이라고 생각한다면 정말 우리 아이가 공부로 승부를 볼 수 있는지, 공부 머리가 있는지 알아보는 게 중요하다.

직관적인 공부 머리의 기준은 자존감과 자기 통제력이다. 우리나라 공부나 입시의 핵심 역량은 정해진 시간에 주어진 문제를 정확하고 빠르게 푸는 것이다. 따라서 자기 통제력이 있어야 정해진 시간 안에 많은 문제를 정확히 풀 수 있는 집중력을 발휘할 수 있다. 그리고 이렇게 얻은 실력을 학교 시험이나 수능 시험장에서 제대로 발휘하려면 이른바 공부 자신감이 있어야 한다. 생각보다 많은 아이가 불안, 걱정 같은 심리적인 문제로 시험에서 실수하기 때문이다.

초등 저학년의 공부 머리 판단 기준 : 바른 자세와 눈 맞춤

초등 저학년의 경우에는 다음 2가지를 관찰해 보자.

첫째, 앉아 있을 때 바른 자세로 앉아 있는가?
둘째, 어른과 이야기할 때 눈을 맞추는가?

먼저 자세가 반듯하다는 것은 자기 통제력이 있다는 뜻이다. 특히 아직 어린 나이인 초등학교 저학년 때 반듯한 자세를 유지하면서 바르게 앉아 있을 수 있다는 것은 아이의 자기 통제력이 어느 정도 형성되어 있다는 증거다. 다음으로 눈을 맞춘다는 것은 아이에게 자존감이 있다는 것, 즉 공부 자신감을 갖출 가능성이 많다고 볼 수 있다. 눈을 맞추는 것과 공부를 잘할 가능성이 무슨 상관이냐고 생각할 수 있겠지만, 공부는 생각보다 심리적인 문제와 많이 연관되어 있다.

중학교 때까지는 전교권 성적을 유지하다가 특목고나 자사고에 가서 하위권을 벗어나지 못하는 아이들이 공통으로 호소하는 애로 사항이 바로 공부 자신감의 상실이다. 일단 '나는 아무리 해도 안 된다.'는 생각이 들기 시작하면 새롭고 어려운 과제에 도전할 엄두가 안 난다. 이것은 어른들도 마찬가지여서 지금 바로 성과가 나타나지 않아도 '아, 이건 이렇게 하면 되겠다!'라는 자신감이 있어야 공부가 쌓일 때까지 인내하고 견딜 수 있다. 이런 과정에서 몇 번의 성공 경험을 쌓아야 하고 이런 성공 경험을 가능하게 할 수 있는 좋은 습관이 형성되어 있어야 한다. 이 모든 출발점은 '할 수 있다'는 자신감이며 이런 자신감은 자기를 사랑하고 존중하는 자존감에서 생긴다.

사실 교육 현장에서 10년 이상 있으면 대부분의 선생님은 아이들의 자기 통제력과 자존감을 직관적으로 파악할 수 있다. 특히 아이들이 많은 대형 강의에서는 이런 모습이 한눈에 들어오기도 한다. 교단에 서서 강의하다 보면 누가 수업에 집중하고 누가 딴 짓을 하는지 쉽게 파악된다. 자존감이 높은 아이들은 눈을 잘 맞추고, 작은 유머에도 잘 웃으며, 표정이 밝다. 그리고 이런 아이들이 입시 결과도 좋다.

중고등학교의 공부 머리 판단 기준: 내신

중고등학교 때는 학교 내신으로 아이가 공부로 승부를 볼 수 있는지를 판단해 볼 수 있다. 초등학교 때 얼마나 두각을 나타냈든 입시 경쟁의 첫 단계인 중학교 내신이 좋아야 그다음 단계로 갈 수 있다. 내신이 좋아야 특목고나 자사고도 갈 수 있고 고등학교에 가서도 수시 전형 기회를 얻으면서 다양한 입시 전략을 구사할 수 있다.

고등학교 3년 동안 열심히 입시 공부에 매달려서 본인이 생각한 대학에 가려면 중학교 절대 평가 내신으로 국영수 모두 A등급, 고등학교 내신으로 상위 30% 안에는 들어야 한다. 물론 초등학교나 중학교 때는 평범하다가 고등학교 때 갑자기 치고 올라오는 아이들도 있지만 소수다. 그리고 지난 20여 년 동안 조기 인지 교육 경쟁이 더 심화되면서 고등학교 때 치고 나오는 아이들은 점점 줄어들고 있다. 왜냐하면 이런 아이들이 일찍 사교육을 안 받아서가 아니라 기다려 주면 치고 나올 아이들의 공부 에너지를 어려서부터 다 빼놓았기 때문이다. 그래서 나중에 치고 나올 아이들의 씨가 마르는 것이다.

공부 머리 테스트 활용하기

51쪽에서 소개하는 공부 머리 테스트를 활용하여 아이가 공부로 승부로 볼 수 있을지 학년마다 확인해 볼 수 있다. 초등학생은 문제지에 있는 단원평가를, 중학생은 내신 시험 문제를, 고등학생은 내신 시험 문제나 수능 모의고사(고1, 고2, 또는 고3 실전) 문제지를 활용해서 테스트하면 된다. 공부 머리 테스트를 통해 의미 있는 결과가 나오지 않는다면 공부가 아닌 다른 분야에 에너지와 비용을 들여야 할지를 냉정하게 판단해야 한다.

우리 아이 입시 역량을 알 수 있는 공부 머리 테스트

공부 머리 테스트는 앞으로 공부를 계속할 때 얼마나 성적이 오를 수 있는지 확인하는 공부 타당성 조사(feasibility test)로, 아이가 주어진 기간 동안 공부했을 때 얼마나 성과를 얻을 수 있는지 파악할 수 있다. 테스트 방법은 다음과 같다.

> ① 시험 기출 문제를 2세트 복사한다.
> (초등학생의 경우 단원평가, 중학생은 내신 시험 문제, 고등학생과 대학생은 해당 입시 모의고사 문제)
> ② 첫 번째 시험지를 실제 시험 시간에 맞춰 푼다.
> ③ 첫 번째 시험지를 채점하지 않은 상태에서 충분한 휴식을 취한 후 가장 좋은 컨디션에서 같은 시험지를 시간 제약 없이 자유롭게 푼다. 이때는 오픈북으로 사전이나 문법책, 다른 교과서를 찾아볼 수 있다.

이렇게 같은 시험지로 2번 시험을 본 후 처음 본 시험 점수는 A, 두 번째 본 시험 점수는 B라고 하자. 어떤 학생은 A 점수는 50점인데 B 점수는 80점이 나올 수 있다. 그러면 이 학생은 정해진 기간 마음먹고 공부하면 80점까지 점수를 올릴 수 있다. 반면 어떤 학생은 A 점수는 40점인데 B 점수는 60점이 나왔다. 이 경우에는 노력해서 20점을 올릴 수는 있지만, 그 이상은 힘들 수 있다. 영어로 이야기하면 노력해서 단어를 외우고 문법 개념을 어느 정도 이해할 수 있지만, 독해가 안 되고 출제 의도를 제대로 파악하지 못해 더 이상의 점수를 받기 힘든 상황이다. 이렇게 사전을 찾고 문법책을 참고해도 해석이 안되고 문제 풀이가 안 된다는 것은 노력이 부족해서가 아니다. 영어 공부 이전에 세상에 대한 배경 지식이 부족하고 출제 의도를 파악할 수 있는 고도의 사고 훈련이 안 되어 있다는 의미다. 또한 대부분의 입시 시험에서 60점은 큰 의미가 없는 점수이고 최소한 80점대는 나와야 자신이 원하는 목표를 이룰 수 있다.
이런 오픈북 테스트에서 결과가 좋지 않게 나온 학생들은 정해진 시간 동안 정말 공부에만 매달려야 할지를 심각하게 고민해 봐야 한다. 이런 학생들은 대부분 1년 동안 열심히 공부해도 목표한 점수를 받기 어렵기 때문이다.

이외에도 교육부 '커리어넷'(www.career.go.kr)에 있는 중고등학생용 진로 심리 검사를 해 보면 다중 지능적인 본인의 강점을 수치화해서 볼 수 있다. 여기서 언어, 수리 논리, 공간 지각, 자기 성찰 능력 등을 측정†해 보면 학생의 수능 시험 경쟁력도 어느 정도 가늠해 볼 수 있다.

본격적인 입시 레이스를 시작하기 전에 반드시 이런 검사 도구를 통해 객관적으로 아이의 인지, 비인지 능력을 파악해 둘 필요가 있다. 그런 다음에 아이의 능력에 맞는 입시, 진로 로드맵을 찾아가는 것이 행복한 중고등학교 시절을 보내는 가장 좋은 방법이다.

교육부 '커리어넷' 사이트

✦ 공부 머리 테스트와 다중 지능 검사 결과를 활용한 수능 경쟁력 파악, 회복 탄력성 검사를 통한 마음 근력이나 정신력 확인, DiSC 행동 유형 검사를 통한 진로, 적성, 공부법 파악에 대한 자세한 내용은 필자가 집필한 《공부 머리의 발견》에 자세히 정리해 두었다.

상위권, 중위권, 하위권
맞춤 입시 로드맵

희망 고문 속에 학원을 떠도는 아이들

지금은 중위권이지만 조금만 더 열심히 공부하면 우리 아이도 충분히 상위권으로 올라갈 수 있다고 생각하는 부모들이 많다. 하지만 실제로 중위권에서 상위권으로 올라가는 아이들은 소수다. 모두 열심히 공부하는 고등학교 입시 레이스에서 대부분의 입시 결과는 빠르면 고등학교 1학년 내신과 수능 모의고사에서 나오고 늦어도 고3 첫 번째 모의고사에서 거의 90% 이상 나온다고 볼 수 있다. 하지만 대부분의 부모는 이런 엄연한 사실을 인정하지 않고 남은 10%의 가능성에 모든 것을 걸곤 한다. 학원을 더 보내고 과외를 더 붙이는 등

물량 공세를 펼치면 어떻게든 점수가 더 올라갈 것이라는 희망의 끈을 놓지 않는다. 그리고 이런 희망 고문 속에서 결국은 실패의 경험만 안고 대학에 가거나 사회에 나오는 아이들이 상당히 많다.

이렇게 공교육을 받는 12년 동안 오로지 공부만 열심히 해서 조금이라도 높은 대학에 들어가면 사람 대접받고 돈 많이 벌 수 있다고 세뇌당한 아이들의 대입 이후의 삶은 어떨까? 12년 동안 공부해 봤지만 그 길은 아니었으니 이제부터라도 여행을 가고 사회 경험도 하면서 네가 좋아하고 잘하는 무언가를 찾아보라고 할 수 있을까? 12년 동안 공부만이 살길이라고 들어온 아이들이 선택하는 길은 돌고 돌아 다시 학원에 앉아 있는 것이다.

재수학원과 편입학원, 공무원학원에는 여전히 공부만이 살길이라고 생각하는 아이들이 넘친다. 여전히 그 학원에서 목표를 이루는 아이들은 상위 20% 미만이고 나머지는 이전의 삶으로 돌아가야 하는데도 말이다. 필자는 이런 현상을 아이들의 '학원 낭인(浪人)화'라고 말한다. 아이들은 20년 동안 경험해 본 것이 문제지 풀고 학원 다닌 것밖에 없으므로 학원 밖을 벗어나 더 큰 세상으로 나올 수가 없다. 10여 년 후에 우리 아이도 이런 전철을 밟게 해 주고 싶지 않다면 아이가 1살이라도 어릴 때 정말로 적합한 진로 로드맵을 제시해 주고 공부 쪽이 아닌 아이들에게는 다른 길도 있다는 것을 빨리 가르쳐줄 필요가 있다.

1 │ 상위 20~30%에게 맞는 입시 로드맵

이 책의 '둘째마당. SKY + 인서울 공략법'에서 소개하는 입시 로드맵은 전체 중고등학생의 상위 20~30%에게 의미가 있는 이야기다. 우리 아이가 40만 명 출산 세대든, 30만 명 출산 세대든 이 비율은 변함이 없을 것이다. 30만 명 출산 세대가 대학에 갈 때는 지금보다 Top 10 대학에 들어가기가 더 쉬울 수 있지만, 상위권 대학에 가려고 하는 경쟁은 더욱 치열해질 것이다. 또한 졸업 후 취업할 수 있는 화이트칼라 일자리는 더욱 줄어들 것이다. 그러므로 공부 머리 테스트나 다중 지능 검사를 통해 아이가 스스로 입시 경쟁력을 체크한 후 자신에게 맞는 진로를 선택하고 구체적인 전략을 짜는 것이 현명하다.

2 │ 중위 30~40%에게 맞는 입시 로드맵

《심정섭의 대한민국 입시지도》라는 제목으로 처음 이 책이 나왔지만, 필자가 제일 강조하고 싶은 부분은 공부로 확실히 승부를 볼 수 없는 애매한 아이들의 진로와 교육 로드맵이었다. 여기에서는 상위 20~30%에는 들지 못하고 그렇다고 하위 20~30%도 아니어서 공부를 포기하기도 애매한 많은 아이를 위한 교육적 대안을 소개했다.

우리는 이미 중위 30~40%의 역량으로 어중간한 대학을 졸업해서는 사회에 나와도 뾰족한 답이 없다는 것을 지난 20년간 충분히 경험했다. 그런데 왜 계속 다른 대안이 없다고만 하면서 지금 이 순간에도 수십만 명의 아이들이 자신의 역량과 상관없이 문제지만 열심히 풀고 학원에 멍하니 앉아 있으면서 시간을 낭비하고 있는 것일까? 지금의 부모들은 이전 세대처럼 대학을 다녀보지 못했기에 어떻게든지 자식을 대학에 보내고자 했던 세대도 아니다. 본인도 대학을 나온 후 쉽지 않은 사회생활을 해 보고 우리 대학과 사회의 실체를 경험해 보았는데, 왜 대학만이 살길이라고 희망 고문을 하며 귀한 자녀를 힘들게 하는지 잘 생각해 보아야 한다.

이런 아이들은 자기가 관심 있는 분야의 책을 찾아 읽고, 스스로 몰입해서 진짜 자기만의 공부를 하며, 자기에게 주어진 문제를 해결할 수 있는 능력을 길러주면 행복하게 살 수 있다. 아이에게 맞는 교육 로드맵을 통해 관심사를 찾아주고 강점을 길러준다면 앞으로 훨씬 의미 있고 풍성하게 살 수 있을 것이다. 그리고 이 길이야말로 진정 인공지능(AI) 시대를 대비하는 제대로 된 교육일 수 있다. 이런 대안교육과 강점 강화 교육에 대해서는 '셋째마당. AI 시대, 중하위권 틈새 공략법'에 자세히 소개했다.

3 | 하위 20~30%에게 맞는 입시 로드맵

미안한 이야기지만, 이 책을 더 읽기 전에 먼저 짚어봐야 할 대목이 바로 여기다. 이미 중학교 내신을 기준으로 하위 20~30%에 들어 있다면 입시가 답이 아니라 입시를 넘어서는 더 큰 교육에서 답을 찾아야 한다. 우리 아이가 공부로 승부를 볼 것 같지 않다면 사교육비를 최대한 아끼면서 공교육의 틀 안에서는 기본적인 교육만 받게 하고 각 가정에서 자체적으로 진로 교육과 인생살이 교육을 해야 한다. 이것이 필자가 말하는 '교육 독립'이다. 현재 교육 시스템에서 공부로 승부를 보기 어려운 아이들의 진로를 학교나 학원에서 제대로 지도해 줄 수 없으니 부모들이 공부해서 다시 교육의 주권을 가정으로 찾아오자는 것이다.

단순하게 경제적으로만 따져도 공부에 뜻이 없는 아이를 억지로 학원과 대학에 보내느라 들이는 공교육비와 사교육비가 최소 수천만 원에서 많게는 수억 원이다. 최소한 이 돈을 아껴두었다가 아이가 사회생활을 시작할 때 원하는 일을 할 수 있도록 지원해 주는 게 훨씬 도움이 되지 않을까? 잘 알려진 대로 유대인 가정에서는 12살 아이의 성인식 때 걷은 축하금을 20살 전후까지 모아 두었다가 이 목돈으로 아이 대학 학비를 지원하거나 사회생활의 출발 비용으로 준다고 한다. 그런데 우리 아이들은 초중고 12년에 대학 4년을 마치고 나면 학자금 대출을 안고 신용불량자로 사회에 나오고 있는 경우가 흔하다. 2022년 한국장학재단에서 국회에 제출한 자료에 의하면 2017년부터 2021년까지 5년간 6조 4,325억 원이 학자금 대출로 쓰였다. 졸업생 중 학자금 대출이 있는 학생은 2019년 대학생 138,585명, 대학원생 22,005명에서 2021년에는 대학생 189,410명, 대학원생 32,965명으로 늘었다. 2,000만 원이 넘는 빚을 가지고 졸업하는 대학생도 2019년 8,583명이었지만 2021년에는 10,975명으로 늘었다.

공부 머리가 없다면 합리적 판단이 중요하다

너무 직설적으로 한 가닥 남은 희망을 꺾는 것 같지만, 이렇게 우리 아이가 공부로 승부를 볼 수 있을까에 대해 진지하게 생각해 봐야 하는 이유는 분명하다. 우리의 시간과 재화가 한정되어 있기 때문이다. 조금만 정신 차리고 이성적으로 생각하면 금방 그림이 그려진다. 4년제 대학을 졸업해도 절반 이상이 제대로 된 일자리를 구하기 힘든 상황에서 중고등학교 때 전체 상위 20~30%에 못 든다면 초중고 사교육에 쓸데없이 돈을 많이 쓸 필요가 없다. 그 돈을 아껴서 아이가 경제적으로 독립할 수 있는 종잣돈을 준비해 주고 이후에 집 한 채라도 마련해 주는 게 아이 삶을 위해 더 나을 수 있다.

하지만 현실적으로 아이 교육에서는 이런 이성적인 판단을 하기가 쉽지 않다. 그리고 대책 없는 사교육비 지출에 부모들의 노후는 물 건너가고 아이들은 신용불량자가 되어간다. 그런데도 대학을 나온 대부분의 부모가 아이가 공부가 되든, 안 되든 문제지 풀고 대학에 가는 것만이 자녀 교육의 유일한 방법이라고 생각한다. 그리고 그 경쟁에서 조금이라도 앞서기 위해 어려서부터 학습지를 풀게 하고 영어유치원과 각종 학원에 보내면서 정작 자신들의 노후는 포기하고 있다.

이제 '첫째마당. 우리 아이 맞춤 학교 찾기'에서는 유치원부터 시작해서 대학 입시까지 수많은 정보와 전략을 제시할 것이다. 첫째마당으로 넘어가기 전에 부모 내공과 지금의 현실, 그리고 앞으로의 미래를 생각하면서 우리 아이의 올바른 교육 로드맵에 대해 배우자뿐만 아니라 자녀와 함께 진지하게 이야기할 수 있는 시간을 가져보기를 바란다. 그런 다음 첫째마당에서 제시하는 입시와 교육 정보를 보면 어떤 것을 선택하고 어떤 것을 버려야 할지에 대한 분명한 안목이 생길 것이다.

우리 아이
맞춤 학교 찾기
(ft. 성적+가정 형편)

우리 아이를 위한 입시 지도

학원비가 대학 등록금 2배인
영어유치원, 입시 영어 효과는?

사실 이 책을 읽는 독자 가정 중 상당수는 자녀가 이미 영유아 시절을 지나 이후 초중고 공부 로드맵을 짜야 하는 시점에 있을 것이다. 하지만 이 책에서 영어유치원을 다루는 이유는 다음과 같다.

> 첫째, 비용이 많이 드는 조기 인지 교육의 출발이 우리나라에서는 대부분 영어이기 때문이다.
> 둘째, 이러한 조기 인지 교육이 입시적 성과로 얼마나 이어지는지를 객관적으로 볼 수 있는 과목도 영어이기 때문이다.

사실 요즘 입시의 대세는 영어보다는 수학이다. 하지만 자식만큼은 영어의 고통에서 벗어나게 해 주고 싶다는 부모의 열망이 더해져서 일찍부터 교육에 거품이 생기는 과목이 바로 영어다. 그리고 영유아 보조 교재부터 성인 토익 시장, 성인 기초 회화 시장까지 사교육이 끊이지 않는 과목이 영어이기에 첫 번째 주제로 다뤄보려고 한다.

월평균 123만 원, 영어유치원 성업 시대

통계청에서 발표한 '2022 초중고 사교육비 조사 결과 보고서'에 의하면 영어와 수학이 사교육에서 가장 큰 비중을 차지하는 것으로 나타났다. 사교육 참여 학생 1인당 월평균 사교육비는 영어가 236,000원, 수학이 220,000원이었다. 전국 평균이 이 정도이니 사교육을 하는 가정의 1인당 월 사교육비는 영수 주요 과목당 40만~50만 원 정도일 것이다. 다양한 영상 자료와 영어 동화책 등으로 집에서 직접 교육하는 이른바 '엄마표 영어'에서 학습지, 영어유치원, 초중등 영어학원과 단기 영어 캠프, 어학연수, 수능 영어, 내신 대비 영어 학원, 토익, 토플, 성인 회화까지 영어 사교육은 끝이 없다.

이 중에서 사회적으로 가장 문제가 되는 것이 '영어유치원'이라고 부르는 고가의 영유아 대상 영어학원이다. 국회 강득구 의원 자료에 따르면 2023년 6월 말 기준 전국 영어유치원은 총 840개다. 2018년 562개였던 영어유치원이 5년 사이 1.5배 증가한 셈인데, 그만큼 계속 영어유치원을 찾는 수요가 늘고 있다. 2023년 기준 영어유치원

월평균 교육비는 약 123만 원으로, 연간 1,476만 원대다. 2023년 4년제 대학 연평균 등록금이 630만 원대이니 영어유치원 비용은 웬만한 대학의 1년 치 학비보다 많은 수준이다. 그런데도 저출산으로 아이가 하나나 둘이고 엄마, 아빠가 영어를 10년 이상 배우고도 제대로 영어 회화를 못 한다는 열등감까지 더해져서 영어유치원은 도시나 학군지에서 교육에 관심 있는 가정이라면 거의 필수 코스이다.

영어유치원을 보내면 영어 성적이 정말 좋아질까?

1 | 회화 위주의 영어 교육이 목표라면 OK!

우리는 텔레비전에서 유창하게 영어로 자신의 성공 사례를 인터뷰하는 글로벌 인재들을 보면서 아주 어릴 때부터 영어를 가르치면 우리 아이도 그렇게 될 것으로 생각한다. 하지만 글로벌 인재는 단순히 영어를 잘해서 되는 것이 아니다. 자신만의 경쟁력 있는 글로벌 콘텐츠가 있어야 영어를 지속해서 쓸 수 있는 환경에서 일할 수 있다. 우리나라 안에서 단순히 영어만 잘하면 영어를 못하는 한국인에게 영어를 가르쳐 주는 일을 벗어나기 힘들다.

물론 영어유치원에 다니는 이유가 한국식 입시 영어를 배우는 것이 목표가 아니라 '존(John)'이나 '제인(Jane)' 같은 영어 이름으로 원어민과 즐겁게 놀면서 영어를 배우고 어릴 때부터 회화를 공부해 전 세계를 다니며 불편 없이 지내기 위해서라면 별로 할 말이 없다. 하지만 분명한 글로벌 콘텐츠를 만들기까지 우선 우리나라에서 중고등학교에 다니며 역량을 더 길러야 한다면 원어민 선생님과 즐겁게 공부하는 영어가 아닌 내신과 수능 영어, 토익과 토플이라는 입시 영어, 수험 영어와 맞닥뜨려야 한다.

2 | 영어 회화 능력과 시험 점수는 다른 문제!

결국 원어민과 두려움 없이 회화하고 영어 동화책을 줄줄 읽는 것과 내신 영어에서 A등급을 받고 영어 문법, 독해 문제를 잘 푸는 것이 다르다는 점이 문제다. 먼저 회화나 영어 동화책에서 쓰는 어휘와 이른바 학문적인(academic) 원서에서 쓰는 영어 어휘가 다르다. 그리고 수능 이상의 영어에서는 기본적인 회화 이상의 언어 능력을 요구한다. 우선 왜 이런 주제의 이야기가 나오는지 이해할 수 있는 배경지식이 있어야 한다. 또한 출제 의도를 알 수 있는 고도의 사고 능력이 있어야 정해진 시간 안에 출제자가 원하는 답을 정확히 찾아낼 수 있다.

요즘 점점 중요해지는 중고등학교 내신에서 좋은 점수를 받을 수 있는 핵심 역량은 영어 동화책을 읽고 원어민 발음으로 회화를 하는 능력이 아니다. 수업 시간에 집중해서 선생님 말씀 잘 듣고 수행 평가를 충실히 할 수 있는 겸손과 성실이다. 대치동에서 종종 회화가 되고 《해리 포터(Harry Potter)》를 원서로 읽는 아이들이 영어 내신 A등급을 받지 못하는 모습을 본다. 다 그런 건 아니지만 몇몇 아이들은 "선생님이 좋지도 않은 발음으로 동화책을 읽는 데 도움이 안 되는 부정사와 동명사를 왜 그렇게 오래 설명하는지 이해가 안 된다."고 한다. 외국에서 살다 왔고 《해리 포터》를 영어 원서로 읽지만, 우리나라에서는 겸손하게 수업 내용에 집중하고 시험에 나온다고 하는 내용을 열심히 받아 적는 아이들이 내신 A등급을 받는다.

학교 시험 영어가 목표라면 과잉 사교육이 필요 없다

물론 아이들의 영어 실력은 점점 올라가는데 학교 교육 현장에서는 여전히 문법과 독해 위주의 시험을 내고 있다는 현실이 문제이기도 하다. 하지만 일선 교육 현장의 영어 교육 방식이나 평가 방법을 하루아침에 바꿀 수도 없는 노릇이다. 회화 위주의 수행 평가나 영어 면접 위주로 학생들을 평가하여 대학 입시를 치른다면 더더욱 가진 자를 위한 전형이라는 말이 나올 것이고 좋은 대학에 가려면 영어 유치원이 아니라 영미권 나라에 살다 와야 한다는 말까지 나올 것이다. 또한 이렇게 회화 위주로 대학생을 선발하면 말은 잘하는데 영어 원서 하나 제대로 읽지 못한다고 다시 대학에서 학문적 독해를 위한 어휘 수업과 독해 수업을 해야 하는 악순환이 이어질 것이다. 지금도 수학 포기자가 많아서 수능에서 미적분이나 기하를 빼거나 쉽게 출제했더니 막상 대학 수업을 못 따라가서 대학에서 고등학교 수학을 다시 가르쳐야 한다는 불평이 나오는 현실이다.

그렇다면 어떻게 해야 할까? 결국 회화 위주로 끝까지 재미있게 영어 공부를 시키고 싶은 가정은 나름대로 영어 공부의 목표를 가지고 꾸준히 그 방향으로 가면 된다. 그리고 어쩔 수 없이 우리나라에서 입시 영어 중심으로 가야 하는 대부분의 가정은 전략을 잘 세워 굳이 어려서부터 영어 과잉 교육을 하지 않는 방향으로 나가면 될 것이다.

입시 영어에서 정말 중요한 것

1 | 영어만 잘한다고 성적이 좋게 나오지는 않는다

앞에서 말한 대로 내신이나 수능 영어에는 관심 없고 오직 아이가 영어 회화를 유창하게 하면서 전 세계를 누비는 게 목표인 가정이라면 이런 논의가 큰 의미가 없다. 그냥 하던 대로 하면 된다. 하지만 아이가 어차피 우리나라에서 학교를 다녀야 하는 대부분의 평범한 가정이라면 좀 더 냉정하게 영어 공부의 비중을 생각해야 한다. 우선 다음의 과목 간 상관 관계를 생각해 보자. 2가지 경우 중 어느 쪽이 더 현실적일까?

① 국어, 수학을 잘한다. → 영어를 잘한다.
② 영어를 잘한다. → 국어, 수학을 잘한다.

필자가 20년간 외국에서 살다 온 재외국민 학생들과 대학생 편입생을 지도하며 성적을 분석한 결과 ①의 경우가 80~90%였다. 영어 회화는 논외로 하고 일반적으로 국어와 수학을 잘하는 아이들은 대부분 내신이나 수능 영어 성적도 좋다. 즉 어느 정도 다른 과목을 공부할 수 있는 '공부 역량'이 되어 있으면 영어도 잘할 확률이 높다. 물론 10~20%의 정도는 예외적이어서 다른 과목은 어떻게든 하겠는데 영어만은 안 된다는 아이들도 있다. 하지만 국어와 수학 성적은 최고인데 영어 성적이 바닥인 경우는 아주 드물다.

②의 경우는 대략 50~60%다. 영어를 잘한다고 해서 반드시 국어와 수학을 잘하지는 않는다. 필자가 오랫동안 지도한 고3 학생들은 외국에서 5~6년 정도 국제학교에 다니다가 귀국해서 정원 외로 특례 입시를 치르고 대학에 가는 아이들이었다. 국제학교에 다닌 아이들은 대부분 영어 회화는 어느 정도 하지만, 시험 영어 성적이 영어 회화와 별개인 경우가 많다. 해외에서 6년을 살았는데 iBT 토플(120점

만점) 점수가 100점이 안 되는 학생들도 있고 수능을 봐도 영어 1등급 점수가 안 나오는 아이들도 있다. 우리가 한국말은 잘하면서도 수능 국어에서 1, 2등급을 받기 힘든 것과 마찬가지다.

2 | 시험에 유리한 영어 실력이 중요하다

이런 현상은 이전부터 영어 교육계에 꾸준히 보고되어 왔다. 커민스(J. Cummins)에 따르면 영어 실력에는 2가지가 있다. 기본적인 의사 소통 능력(BICS; Basic Interpersonal Communication Skills)과 학문적 영어 구사 능력(CALP; Cognitive Academic Language Proficiency)이다. 우리나라에도 말은 유창하게 하지만 고난도의 지문을 읽거나 논리적으로 글을 잘 쓰지 못하는 사람이 있는데, 영어도 마찬가지다. 필리핀이나 남미권에는 외국인을 만나면 길을 가르쳐주거나 택시 운전을 하면서 대화를 나눌 정도의 영어 실력은 있지만, 원서를 읽고 문법적으로 어떤 것이 맞는지를 구분하지 못하는 사람들이 더 많다. 즉 시험을 잘보는 영어를 하려면 회화를 잘하는 유창성(fluency)이 아니라 다른 능력이 필요한 것이다.

조기 교육이 아닌 적기 교육으로
생각하는 힘을 기르는 것이 중요!

이런 의미에서 어차피 우리나라에서 입시를 치러야 할 어린아이들이 먼저 해야 할 것은 원어민과 대화를 많이 하고 영어 영상을 많이 보는 게 아니다. 남들보다 좀 더 일찍 영어를 배우고 유창하게 발음하는 것보다는 자기를 절제하는 능력을 길러 공부를 지속할 수 있는 힘을 길러야 한다. 또한 국어를 비롯한 다른 지식을 습득할 수 있는 '공부 그릇'을 만들어야 한다. 그런 다음 자기가 영어 공부를 하고 싶을 때 몰입할 수 있도록 아이를 도와주는 교육이 가장 효과적이다. 필자를 비롯한 수많은 교육 전문가가 한결같이 하는 이야기지만, 같은 또래 엄마들의 커피숍 토크에서는 잘 수긍되지 않는 이야기일 것이다.

3~5세에는 놀이 교육과 인성 교육이 중요하고 6~12세에는 뇌를 자극할 수 있는 다양한 체험과 독서 활동을 통해 깊이 생각하는 힘을 기르는 게 더 중요하다. 굳이 영어를 가르치고 싶다면 초등학교 이후에 시작해도 늦지 않다. 그리고 대부분의 평범한 아이들은 지금 공교육에서 하는 영어 교육으로도 충분하고 영어를 재미있어하는 아이들만 더 시켜도 충분하다. 영어라는 도구와 스킬을 유치원 시기의 아이에게 빨리 쥐여주기보다는 그 도구와 기술을 잘 활용할 수 있는 몸과 마음, 머리의 하드웨어를 좀 더 튼튼하게 만들어주는 게 장기적으로

아이에게 더 유익하다.

사교육 대신 해외에 나가 직접 경험하는 것도 강력 추천!

군이 아이 영어 교육을 위해 조기에 돈을 쓰기를 원한다면 아이가 유치원이나 초등학교 때 아낀 사교육비로 초등학교 고학년 때쯤 일주일 이상 장기간 영미권 가족여행을 가볼 수도 있다.

미래 교육의 화두는 책이 아니라 '경험'이다. 물건을 사지 말고 경험을 사라는 말도 있다. 현지 가정집에서 함께 생활할 수 있는 홈스테이도 있고 요즘에는 에어비앤비(airbnb)를 활용해 좀 더 생생하게 다른 나라의 문화를 체험할 기회도 많다. 아이 혼자 학원에 보내는 것보다 가족과 함께 추억을 만들고, 세상 견문도 넓히며, 영어 공부에 대한 분명한 동기 부여까지 될 수 있다면 영미권 가족여행은 일석삼조의 효과를 거둘 수도 있다.

현지 생활을 생생하게 경험할 수 있는 에어비앤비 숙소

초등학교는 어디를 보낼까?
① 사립초와 영미계 국제학교

몇 가지 만족스럽지 않은 부분도 있겠지만 우리나라 초등 교육은 세계적인 수준이다. 교대에 가려면 Top 5 대학 수준의 수능 점수를 받아야 한다. 상위권 학생들을 교사 자원으로 확보하고 있고 교재나 프로그램 수준도 다른 어떤 선진국에 못지않게 높다. 그래서인지 적어도 초등학교 저학년까지는 전국 모든 학교에서 비슷한 수준의 양질의 교육을 제공한다는 믿음이 있다.

공교육 12년 중에서 그래도 어느 초등학교에 보낼까는 학교에 대해 가장 고민이 적은 시기다. 다만 경제적으로 어떤 형편의 아이들이 다니느냐, 어떤 아파트(분양 또는 임대)에 사는 아이들이 다니느냐를 재는 서글픈 사회 문제가 약간 있을 뿐이다. 이런 상황에서 2020년대 이후 일반 공립초등학교 이외에 고려해 볼 수 있는 선택지는 ① 사립/국립초등학교 ② 내국인이 입학할 수 있는 국제학교 ③ 혁신초등학교 ④ IB 과정 초등학교(PYP; Primary Years Programme)다.

무시할 수 없는 사립초등학교의 교육 수요

초등학교 때부터 무언가 다르게 교육해야 한다고 여기는 부모들의 첫 번째 선택지가 바로 사립초등학교와 한국인이 입학할 수 있는 외국계 국제학교다. 일반 서민 가정에서는 비싼 학비나 학교에서 아이가 느낄 위화감 때문에 고려 대상이 아닐 수 있다. 하지만 학군이나 교육 인프라가 좋지 않은 곳에서 외동아이를 키우는 중산층이나 맞벌이 가정에서는 사립초등학교를 고려하는 경우가 많다. 특히 서울 강북에서 거주지 학군이 그다지 마음에 들지 않을 때 셔틀버스를 태우거나 통학을 해서라도 초등학교는 사립을 보내고 아이가 중학교에 갈 무렵에는 학군이 좋은 곳으로 이사하려는 가정도 많다.

대학 등록금 수준의 비싼 사립초등학교 학비

전국의 사립초등학교는 90여 개다. 연예인이나 스포츠 스타, 재벌 자녀, 의사, 변호사 등 전문직 종사자 자녀들이 많이 다니는 것으로 알려진 서울의 유명 사립초등학교에는 영훈초(강북구), 숭의초(중구),

경복초(광진구), 세종초(광진구), 계성초(서초구) 등이 있다.

계성초(가톨릭계 사립초, 서초구 반포)　　　　채드윅송도국제학교(내국인 입학 가능)

　　대부분 사립초등학교의 경우 수업료, 예체능 활동비, 교복비, 셔틀버스 비용 등을 모두 합치면 1년 교육비가 거의 1,000만 원이 넘는다. 2023년 '사교육 걱정 없는 세상'이 발표한 자료에 의하면 서울 38개 사립초 1인당 학부모 부담금은 평균 980만 원이었다. 연간 학비 상위 5곳은 우촌초(1,468만 원, 성북구), 리라초(1,362만 원, 중구), 동광초(1,258만 원, 금천구), 한양초(1,217만 원, 성동구), 화랑초(1,215만 원, 노원구)였다. 일반 서민 입장에서는 "귀족학교다.", "무슨 초등학교 학비가 대학 학비냐?"라면서 불평할 수 있겠지만, 일반적으로 영미계 국제학교의 초등 기본 학비가 연간 최소 2만 달러(약 2,600만 원 이상) 이상임을 생각할 때 고가의 사립초등학교는 우리나라에만 국한된 문제는 아니다.

　　사립초등학교는 추첨으로 선발하는데, 서울시의 경우 2013년부터 2020년까지 경쟁률은 2:1 정도였다. 그러다가 코로나 기간 중 무제한 비대면 지원을 허용하면서 2021년에는 6.8:1, 2022년에는 12:1,

2023년에는 12.6:1까지 경쟁률이 올라갔다. 이에 따라 서울특별시교육청에서는 2024학년도부터는 지원 횟수를 3회까지로 제한했다. 학비가 상위권인 사립초의 위치에서 알 수 있듯이 사립초는 높은 학비에도 불구하고 상대적으로 강남에 비해 학군이 좋지 않은 강북 지역에 수요가 매우 많다.

학비 무료＋사립학교 교육 수준의 국립초등학교

사립초등학교는 아니지만 학생을 추첨으로 선발하는 국립초등학교가 있다. 국립초등학교는 일반 공립초등학교와는 달리 교육대학교와 국립사범대의 부설 형태로 운영되는 국립학교로, 서울에 2곳, 전국에 17곳이 있다. 학비는 일반 공립학교와 마찬가지로 무료지만, 사립초등학교와 유사한 다양한 교과, 비교과 활동을 한다고 알려져서 경쟁률이 아주 높다. 서초구에 위치한 서울교육대학교부설초의 경우 2023학년도 신입생 경쟁률이 20.2:1(일반 전형 98명 모집에 4,748명 지원)이었다. 사립초등학교와 국립초등학교는 양쪽에 동시 접수할 수 없다. 그리고 기숙사가 없어서 당첨되면 학교와 가까운 곳으로 이사하는 가정이 많다.

전국의 국립초등학교

서울(2)   서울교육대학교부설초(서초구), 서울대학교사범대학부설초(종로구)

전국(15)   경북대학교사범대학부설초(대구시 중구), 경인교육대학교부설초(인천시 계양
구), 공주교육대학교부설초(충남 공주시), 광주교육대학교광주부설초(광주시
북구), 광주교육대학교목포부설초(전남 목포시), 대구교육대학교부설초(대구
시 달서구), 대구교육대학교안동부설초(경북 안동시), 부산교육대학교부설초
(부산시 연제구), 전주교육대학교군산부설초(전북 군산시), 전주교육대학교전
주부설초(전북 전주시), 제주대학교교육대학부설초(제주시 화북일동), 진주교
육대학교부설초(경남 진주시), 청주교육대학교부설초(충북 청주시), 춘천교육
대학교부설초(강원도 춘천시), 한국교원대학교부설월곡초(충북 청주시)

사립초등학교에 다니면 좋은 대학에 갈 수 있을까?

보통 사립초등학교를 보내는 가정의 교육열이나 경제력이 높아서
그 자녀의 학업 성취도가 높은 것은 사실이다. 초등학교 서열화를 부
추긴다는 측면에서 지금은 실시하지 않지만, 2012년에 실시한 전국
단위 학업 성취도 평가에서 초등학교 전국 1위는 응시 인원 100%가
보통 학력 이상을 받은 서울 서초구의 계성초와 노원구의 청원초였
고 3위는 보통 학력 이상 비율이 99.5%를 기록한 동작구의 중대부속
초였다. 이와 같이 1~3등이 모두 사립초등학교였다. 참고로 영훈초
(강북구)는 97.7%, 리라초(중구)는 96.8%, 숭의초(중구)는 96.1%, 서울
삼육초(동대문구)는 96.1%의 보통 학력 이상 비율을 기록했다.

이렇다 보니 사립초등학교를 나온 아이들이 명문 중고등학교에 가서 입시 성과가 잘 나올 가능성도 높다. 하지만 이러한 결과는 사립초등학교에서 잘 가르치거나 커리큘럼이 좋아서라기보다 잘하는 아이들, 경쟁력 있는 아이들이 모였기 때문이라고 보아야 합리적일 것이다.

사립초등학교에 대한 서로 다른 만족도

사립초등학교의 만족도는 각 가정에 따라 매우 다양하다. 어떤 가정은 다양한 방과 후 활동이 있어 별도로 학원을 보내지 않아도 되므로 강남의 높은 거주 비용이나 사교육비를 생각하면 강북에서 사립초를 보내는 게 경제적으로도 도움이 된다고 한다. 또한 담임 선생님이 바뀌지 않고 아이를 쭉 지켜봐 주는 게 좋다는 피드백도 있다.

반면 아이를 사립초등학교에 몇 년 보내다가 거주지 근처 공립학교로 전학하는 가정도 꽤 있다. 대개 학비가 비싸서가 아니라 거리가 먼 경우 오랜 시간 통학버스에서 보내는 시간이 아깝고 그 시간에 아이를 좀 더 놀게 하거나 다른 공부를 시키겠다는 이유에서다. 또한 공교육과의 차이를 크게 못 느끼겠다는 의견도 있다.

사립초등학교에 보내는 이유는 많지만 결국 최종 결정은 각 가정의 몫이다. 하지만 사립초등학교에 가야만 입시에 유리하고 좋은 인맥을 유지해서 아이 미래를 보장할 수 있는 것은 아니다. 교육에 돈을 써야 한다면 유치원이나 초등학교 때보다 대학이나 대학원 또는 사회생활을 더 잘할 수 있게 하는 데 투자하는 것이 더 현명해 보인다.

채드윅과 내국인이 입학할 수 있는 국제학교

초등학교 과정만 있는 것은 아니지만 2010년 9월 송도 채드윅송도국제학교(Chadwick)를 시작으로 내국인도 입학할 수 있는 국제학교가 생기면서 경제적으로 여유 있는 가정에게는 또 하나의 초등학교 선택지가 생겼다. 기존의 외국인학교(전국 51개교)는 원칙적으로 부모 중 한 명이 외국인이거나 부모가 모두 내국인이라면 외국 거주 3년 이상 자격을 채운 상황에서 정원 내 30% 범위 안에서 입학할 수 있었다. 이러한 자격 제한 때문에 명문 외국인학교에 자녀를 보내고 싶은 일부 부유층 인사들은 국적을 세탁하거나 해외 거주 자격을 조작하여 부정 입학을 했다가 당국에 적발되기도 했다.

어쨌든 특별법까지 만들고 지자체에서 이들 외국학교에 큰 혜택을 주면서 비싼 땅을 내준 가장 큰 명분은 '해외 우수 인력을 송도국제도시나 제주도에 유치하려면 우수 인력의 자녀들이 다닐 만한 좋은 학교가 있어야 한다.'라는 논리였다. 그래서 송도의 채드윅(미국계, 캘리포니아 명문 사립)과 제주도의 NLCS(North London Collegiate School, 영국계), KIS(Korea International School, 제주특별자치도교육청 설립, YBM 법인 운영), 브랭섬 홀 아시아(캐나다계 여학교), 대구국제학교(미국계)와 같은 국제학교들이 설립되었다. 이들 국제학교는 해외 거주 기간과 관계없이 정원의 40%(송도의 채드윅, 대구국제학교)나 정원 제한 없이(제주) 내국인이 입학할 수 있다. 채드윅의 경우 총정원이 2,080명이므로 내국인은 832명(정원의 40%)까지 다닐 수 있다. 2022년 4월 기준으로 재학생은 1,356명이었는데, 이중 내국인은 816명, 외국인은 540명이어서 전체 재학생 중 60%가 내국인인 셈이다.

채드윅의 경우 학비는 연간 4,000만 원 전후로, 초등학교 4,200만 원, 중학교 4,500만 원, 고등학교 4,900만 원대다. 대략 초등학교나 중고등학교 6년을 보낸다고 하면 기본 학비만 2억 5천만 원 정도이고 초중고 12년을 다 보내면 거의 5억 원이 든다. 사교육이 없을 것 같지만, 방학 때는 토플이나 SAT, AP(미국 대학 선행 과정), IB(국제 바클로레아)의 학원 수업이나 과외를 받는 경우가 많아 별도의 사교육비 예산도 잡아야 한다. 고등학교까지는 이 정도 비용을 쓰고 원하는 대로 해외 대학에 진학하면 자녀 교육비 제2라운드로 접어들어야 한다. 일부 학생들은 국내 대학이나 국내 대학 국제학부에도 진학하지만, 대부분의 국제학교 졸업생은 국내 대학이 아닌 미국, 영국, 캐나다 등으로 진학한다.

프린스턴대, 하버드대와 같은 미국 명문 대학의 등록금은 약 5만 달러 전후다. 여기에 교재비 1,000달러, 생활비 15,000달러 정도를 더하면 1년에 대략 66,000달러로, 환율 1달러를 1,300원으로 계산하면 연간 8,580만 원 정도다. 장학금 없이 다닌다면 4년 동안 최소

3억 원 이상의 예산이 필요하다. 영미식으로 교육할 경우 초등학교부터 대학까지 아이 1명당 거의 8억 원의 학비를 감당해야 한다. 국제학교의 장점 중 하나는 아이들을 성적으로 줄 세우지 않고 문제지 푸는 공부 외에 다양한 공부와 활동을 할 수 있게 해 준다는 것이다. 하지만 이런 이상적인 교육을 하는 데 비용이 너무 많이 드는 것이 문제다.

필리핀과 말레이시아의 국제학교

아이를 우리나라의 입시 경쟁에 내몰고 싶지 않고 부모들도 아이 교육하는 동안 팍팍한 한국 사회에서 벗어나고 싶은 가정의 또 하나의 선택지는 해외 국제학교다. 비교적 거리가 가까운(항공편 4시간) 필리핀의 영미계 국제학교가 2000년대 초반에 주목받다가 최근에는 거리는 좀 멀지만(항공편 6시간) 필리핀보다 치안이 좋고 중국어도 같이 배울 수 있는 말레이시아의 쿠알라룸푸르, 조호르바루 등의 지역에 국제학교나 영어 연수가 주목을 받고 있고 한 달 살기 수요도 많이 몰리고 있다.

필리핀은 마닐라, 클락, 세부 등에 연간 학비 1만 달러에서 2만 달러대의 국제학교가 있는데, 대부분 미국 대학 진학을 목표로 한다. 말레이시아는 연간 1,000만 원에서 4,000만 원대의 국제학교가 있고 학생이 유학할 경우 부모 1명의 가디언 비자를 발급해 주는 국제학교도 있다. 학제는 대부분 영국식 학제와 A-Level 등 영국 입시 프로그램을 진행하는 국제학교가 많다. 동남아 국가의 국제학교에 대한 자세한 유학 정보는 '필리핀 유학', '말레이시아 유학' 등의 키워드로 인터넷 검색을 해 보면 다양한 유학원의 자료와 안내 동영상을 찾아볼 수 있다.

초등학교는 어디를 보낼까?
② 공립학교의 또 다른 선택지, 혁신학교와 IB 학교

혁신초등학교 vs 일반초등학교

혁신학교는 우리나라 교육의 변화를 위하여 교과와 학교 운영에 자율성을 부여받고 정부나 교육청에서 행정과 재정 지원을 받는 학교를 의미한다. 2000년대 경기도 광주의 남한산초등학교와 양평의 조현초등학교 등에서 성공한 혁신 교육 사례를 각 교육청에서 수용하며 혁신학교가 시작되었고 2009년 교육감 선거에서 진보 성향의 교육감들이 확대 방안을 밝히면서 크게 늘었다.

남한산초등학교와 조현초등학교는 폐교 위기의 시골 학교였지만, 의지를 가진 선생님들이 1~2교시를 묶어서 진행한 블록식 수업과 인근 농촌 지역 사회의 지원을 받아 농사와 생태 교육을 접목하면서 큰 주목을 받았다. 무엇보다 아이들이 졸업을 앞두고 학교를 떠나기 싫어 울고 방학이 빨리 끝나 얼른 학교에 돌아가고 싶어 하는 모습이 언론에 보도되면서 '대한민국에서도 이런 교육이 가능한가?'라는 충격을 주었다.

혁신학교를 통해 진보 성향의 교육 관계자들이 이루고자 했던 교육적 이상은 입시 위주의 교육에서 벗어나 창의성과 인성에 중점을 두는 교육적 선택지를 제공하는 것이었다. 하지만 실제로 교육열이 높은 강남이나 분당 지역에서는 혁신학교 지정을 반대하는 학부모들도 있었다. 그리고 혁신 교육에 가장 큰 에너지를 쏟은 경기도도 2022

혁신 교육에 대한 상반된 평가

긍정적인 평가	부정적인 평가
• 아이들이 학교에 가고 싶어 한다. • 블록 수업(80분 또는 90분 연속 수업)이어서 수업의 연속성이나 효율성이 높고 20~30분의 긴 쉬는 시간에 아이들이 운동이나 게임을 하면서 마음껏 놀 수 있다. • 열정적인 선생님들이 다양하고 새로운 교육적 시도를 해 볼 수 있다. • 학생 수가 25명 이하로 적어서 아이 개개인에게 더 많은 관심을 줄 수 있다. • 혁신학교를 잘 모르는 사람들은 놀기만 한다고 생각하는데, 일반 학교와 똑같이 시험도 보고 공통 교과 과정을 배우므로 학력 저하를 염려하지 않아도 된다.	• 이렇게 놀다가 입시 위주의 중고등학교에 가면 적응하기 어렵다. • 교장선생님이나 선생님의 역량에 따라 교육 수준이 차이가 난다. 간혹 무늬만 혁신인 학교가 있다. • 혁신초등학교는 대부분 공립이어서 선생님이 바뀌면 분위기가 바뀌고 이전에 좋았던 혁신 교육의 성과도 흐지부지해질 수 있다. • 혁신학교에 보내는 부모 중에서도 생각 있는 부모들은 모두 아이들을 학원에 보내고 오히려 불안해서 따로 사교육을 더 많이 시킨다.

년 보수 교육감의 당선 이후 이전의 혁신 교육에 대한 지원을 중단하고 있다.

혁신 교육에 대한 가장 큰 비판은 어차피 중고등학교에 가면 결국 입시를 공부해야 하는데, 입시 현실을 무시하고 아이들을 너무 놀게 한다는 것이었다. 다양한 종단 연구를 통해 혁신 교육이 아이들이 학업 성취도를 떨어뜨리지 않는다는 것이 밝혀졌지만, 언론과 정치권에서 혁신 교육을 다양하게 공격하면서 이런 부정적인 이미지는 고착되었다. 또한 경기도의 경우 늘어난 혁신학교에 대해 이른바 '질 관리'가 제대로 되지 않으면서 이런 부정적인 인식이 더욱 확산된 측면도 있다.

어쨌든 2022년 이후 혁신 교육에 대한 논의는 쑥 들어갔다. 그리고 그 자리를 대신해 공교육에서의 새로운 교육적 시도가 이제부터 설명하는 IB 교육을 중심으로 이루어지고 있다.

생각을 꺼내는 IB 교육에 대한 기대와 우려

IB(International Baccalaureate, 국제 바칼로레아)는 국제적으로 인정받는 유치원부터 고등학교까지의 교육 과정이다. 1968년 스위스에 있는 국제기구 종사자 자녀들에게 세계 모든 대학에서 인정받을 수 있는 중등 교육을 제공하여 이들이 원하는 대학에 진학하는 데 도움을 주기 위해 IB 교육이 시작되었다.

IB의 원형이라고 할 수 있는 바칼로레아는 미국 SAT와 같은 객관식 정량 평가가 아닌 논술과 구술 중심의 논리와 사고력을 묻는 프랑스 대입 프로그램으로, 20점 만점에 10점 이상을 받은 학생들에게 대학 입학 자격이 주어진다. IB 교육은 프랑스 바칼로레아를 벤치마킹하여 영어, 프랑스어, 스페인어로 시작했고 이후 독일어, 일본어, 한국어 버전으로 확대되어 2024년 현재 전 세계 160개국에서 IB를 도입하고 있다. 특히 연간 학비 2~3만 달러 이상의 영미계 국제학교 중 IB를 채택하고 있는 학교가 많다. 또한 고등학교 대입 준비 과정이라고 할 수 있는 IBDP(IB 디플로마 프로그램)는 미국과 영국 등 영어권 대학뿐만 아니라 전 세계 주요 대학에서 입학 사정 자료로 사용하고 있다. 만점이 45점인데, 45점 만점은 전 세계에서 200명 이하로 받기 힘들고 44점 전후 성적이면 전 세계 10위권 대학의 입학 허가를 받을 수 있다. 보통 40점대 이상이면 미국 명문대에 가는 데 지장이 없는 점수인데, 경기외고 IB반의 경우 IB 수강생의 최종 시험 평균 점수가 40점대다.

　　우리나라에는 국내에 들어와 있는 외국인 국제학교와 경기외고의 IB반에서 IB 과정을 운영하다가 2019년 대구광역시교육청과 제주특별자치도교육청에서 일반 학교에 도입하기 시작했다. 2024년 현재 대구에는 21개, 제주에는 8개의 IB 인증학교(IB World School)가 운영되고 있다. 또한 교육부와 서울특별시교육청, 경기도교육청, 충남교육청, 부산광역시교육청에서도 관심을 갖고 IB 프로그램 도입을 준비하고 있다.

IB 인증 및 도입 추진 학교 현황

IB 공인 학교로 인정되려면 기초학교 → 관심학교 → 후보학교 → 인증학교(IB 월드스쿨)의 순서를 거쳐야 한다. 보통 IB 관심학교에서 인증학교까지 교사 양성과 프로그램을 정착시키는 데 3년 정도의 시간이 필요하고 초등 과정은 'PYP(Primary Years Programme)', 중등 과정

제주의 IB 도입 현황(2023년 말 기준)

과정	관심학교(1)	후보학교(4)	인증학교(IB 월드스쿨, 8)	합계
초등학교(PYP)	장전초	가마초, 성산초, 시흥초, 한마음초	온평초, 제주북초, 토산초, 표선초, 풍천초	10
중학교(MYP)			성산중, 표선중	2
고등학교(DP)			표선고	1

대구의 IB 도입 현황(2023년 말 기준)

과정	관심학교(4)	후보학교(7)	인증학교(IB 월드스쿨, 21)	합계
초등학교 (PYP)	남덕초, 팔공초	대구초	경북대사대부초, 남동초, 덕인초, 동덕초, 삼영초, 영선초, 월배초, 중리초, 현풍초	12
중학교 (MYP)	서대구중, 팔공중	논공중, 대건중, 사수중, 상서중, 청구중	경북대사대부중, 대구중, 대구중앙중, 대명중, 복현중, 서동중, 포산중	14
고등학교 (DP)		대구중앙고	경북대사대부고, 대구국제고, 대구서부고, 대구외고, 포산고	6

은 'MYP(Middle Years Programme)', 고등 과정은 'DP(Diploma Programme)'
로 부른다.

대구광역시교육청에서는 2023학년도 IB 기초학교도 60개교(초등학교 26, 중학교 24, 고등학교 10)를 운영하고 있고 IB 도입에 가장 적극적이다. 이외에 새롭게 IB 교육 과정을 도입하려고 하는 곳은 경기도, 충남, 서울이다.

경기도의 IB 도입 현황(2023년 말 기준)

과정	관심학교	후보학교	인증학교	합계
초등학교 (PYP)	개산초(안성시), 곡란초(군포시), 광명서초(광명시), 군서미래국제학교(시흥시), 당촌초(성남시), 대명초(김포시), 동두천초(동두천시), 만선초(광주시), 솔뫼초(의정부시), 송라초(화성시), 연곡초(양주시), 왕산초(연천군), 행주초(고양시), 효촌초(양주시)			14
중학교 (MYP)	남문중(양주시), 매양중(광주시), 서해중(시흥시), 신능중(고양시), 신릉중(용인시), 원일중(오산시), 죽산중(안성시), 청명중(수원시), 파주광일중(파주시), 포천여중(포천시), 푸른중(화성시)			11
고등학교 (DP)	없음			

충남교육청에서도 2023학년도부터 충남형 IB 교육 과정 준비학교 14개교(초등학교 4, 중학교 4, 고등학교 6)를 운영했다. 또한 초중고 연계형 시범 교육지원청을 공주시, 아산시, 예산군, 청양군, 이렇게 4개 지역에 지정했다. 마지막으로 서울특별시교육청에서도 IB 탐색 학교로 총 31개교(초등학교 15, 중학교 16)를 2023년 2학기에 운영했다.

우리나라뿐만 아니라 전 세계 많은 선진국이 IB 과정을 인정하거나 도입하려고 하는 이유는 IB가 미래를 대비하는 교육을 제공해 줄수 있을 것이라는 기대 때문이다. IB는 특정 교과 과정(curriculum)이라기보다 비판적 사고력과 표현력을 중심으로 하는 교육의 틀(frame)로, 지식을 단순하게 암기하는 공부가 아니라 학생 스스로 비판적으로 생각하고 자기 생각을 표현하는 힘을 길러준다. 예를 들어 IB 대입 준비 과정이라고 할 수 있는 IB 디플로마 프로그램(IB Diploma Programme)의 국어 문제로 다음과 같은 시험 문제가 나올 수 있다.

> 김소월의 <진달래꽃>에 나오는 '죽어도 아니 눈물 흘리오리다'와 같은 시적 표현이 우리의 일상생활에서 사용된 사례와 그 효용성을 설명하라.

기존의 학교 내신 문제나 수능 문제라면 '위와 같은 문학적 표현을 무엇이라고 하는가?' 1번 반어, 2번 은유와 같은 식으로 묻거나, '다음 중 위의 시 마지막 구절에서 사용된 문학적 표현과 같은 의미로 표현된 시구는?'과 같은 방식으로 학생의 지식을 평가했을 것이다. 하지만 IB 교육에서는 단순히 학생이 알고 있는 지식이 아니라 사고력과 표현력을 묻고 있다.

IB 교육의 이런 여러 가지 장점에도 불구하고 IB 교육 과정의 도

입과 확대를 두고 찬성과 반대 의견이 팽팽하다. 교육 현장에서 창의적인 교육이 안 되는 이유는 교사들이 수업과 평가에 집중할 수 없는 교육 현장의 구조적 모순과 대입 위주의 교육 자체가 문제이지, IB와 같은 프로그램이 없어서가 아니라는 목소리가 나온다. 또한 IB 인증과 교사 교육을 위해 매년 수천만 원의 예산이 들어가는데, 공적 재정을 특정 학교에만 몰아준다는 형평성 문제도 있다.

IB 교육에 대한 현장의 목소리와 전망

필자는 IB 교육 상황을 점검하기 위해 IB 교육의 본산이라고 할 수 있는 제주도 표선 지역에서 학생과 학부모, 선생님들을 직접 만나 보았다. 그리고 교육 현장에서 IB 교육 효과가 허상이 아니라 확실한 실체임을 확인할 수 있었다. 평가 시스템과 교수, 학습 방법론만 바꾸는 것으로 교육이 변할까 싶었는데 확실히 바뀌는 부분이 있었다. 우선 학생과 학부모들의 만족도가 높았고 선생님들도 IB 수업을 준비하려면 많은 희생과 헌신이 필요하지만, 아이들과 함께 더불어 배우는 보람이 크다는 피드백을 주셨다. 하지만 막상 이런 교육적 효과만 보고 당장 제주도로 이사하기에는 현실적인 문제가 많다. 우선 제주도의 교육감이 바뀐 후 IB 교육에 대한 지원이 축소된 상황이다. 지속적으로 교사를 교육하고 재정을 투입하여 막 나오기 시작하는 교육 성과를 이어가려고 해도 IB가 자리 잡고 인증 자격을 유지하기 쉽지 않은데, 앞으로 제주에서 IB 교육이 얼마나 지속될 수 있을지 많이 의심스러웠다.

이에 비해 대구광역시교육청에서는 일관되게 IB 교육을 추진하고 있고 인증학교도 가장 많아서 2023년 11월 기준으로 고등학교 5곳, 중학교 7곳, 초등학교 9곳이나 된다. 하지만 중구의 경북대사대부초와 경북대사대부중, 경북대사대부고 라인 이외에 대부분 지역은 초중고 연계가 쉽지 않다는 한계가 있다. 또한 고등학교에서는 수능반과 IB반이 분리되어 있어 교사들의 수업 준비 부담과 함께 IB 교육의 질 관리와 유지가 우려되었다.

IB 학교를 찾아 대구와 제주로 내려가야 할까?

현실이 이러하므로 IB 학교에 관심이 있는 가정은 우선 IB 관련 카페나 부모 모임을 통해 정확한 현지 상황을 파악해야 한다. 그리고 우리 가정의 교육 목표를 분명히 한 후 무엇을 포기하고 무엇을 얻을지에 대한 분명한 기준을 세울 필요가 있다. IB와 관련해서는 IB 학부모 카페(cafe.naver.com/ibkoreaschool)와 IB 선생님들 카페(cafe.naver.com/ibpyp)에서 많은 정보를 얻을 수 있다.

제주도에서 IB 교육을 위해 표선 지역으로 이사를 가야 하는지 묻는 서귀포에 사는 가정에게는 "다른 많은 교육적 고민과 마찬가지로 가장 확실하게 드릴 수 있는 답은 '무리하지 않는 이사'를 하는 것입니다."라고 조언했다. 아버지 직장이 표선에서 출퇴근할 정도이고, 주변에 IB 교육에 만족하는 학부모들이나 학생들이 많으며, 자연스럽게 IB 카페 회원들과의 인연도 만들어진다면 무언가 순리대로 일이 진행되는 것이다. 그러면 기회가 있을 때 적극적으로 IB 교육을 받아보기를 권하고 싶다. IB 과정의 우수성이나 선생님들의 열정을 봤을 때 기회가 된다면 이런 좋은 교육을 놓칠 이유가 없다. 하지만 무리해서 이사해야 하는데 집도 구하기 힘들고 과연 이런 교육을 받다가 우리나라에서 입시 경쟁력을 갖출 수 있을지 많이 불안하다면 인연이 아닐 수 있다. 그러면 IB 교육이 줄 수 있는 좋은 점은 포기하고 그냥 주어진 환경에서 받을 수 있는 교육을 잘 받다가 부족하다고 생각하는 부분은 나름의 방법으로 보충하는 것이 좋다.

IB 교육이 현재 주류인 주입식 입시 위주 교육을 벗어나 자기의 생각을 기르는 창의적인 교육임은 분명하다. 하지만 현실적으로 IB 교육을 선택할 기회가 그리 많지 않으므로 초중등 과정에서 IB 교육을 경험할 기회가 있으면 적극 활용해 보면 좋다. 그리고 입시에서의 유불리나 교육 행정의 비일관성 등 여러 가지 현실적인 문제와 관계없이 '아이의 성장과 발전'이라는 교육적 목표에만 초점을 둔다면 IB 교육을 큰 고민 없이 선택할 수 있을 것이다.

많은 학부모가 대입을 염려하지만 지금도 4년제 대학은 공부할 마음과 돈만 있으면 누구나 갈 수 있는 시대다. 4년제 대학 정원이 35만 명인데, 지금 태어나는 아이들이 26만 명이지 않은가? 그리고 입시 공부를 해서 중고등학교 6년을 달려도 상위 30개 대학에 갈 수 있는 인원은 재수생과 삼수생을 포함해서 매년 10만 명 미만이므로 우리 아이가 그 안에 들 가능성보다 들지 못할 가능성이 더 많다. 그런데도 여전히 이런 새로운 교육적 시도가 고민되고 염려된다면 아직 때가 아닐 수 있다. 이런 가정이라면 IB 교육에 대해 좀 더 조사해 보고 실제 현장에 가서 목소리도 들어보면서 답사를 한 후 신중하게 결정해야 한다.

혁신학교의 출발점이 된 조현초(경기도 양평군)   초기 IB 인증학교인 표선초(제주도 서귀포시)

혁신학교와 IB 인증학교에 대한 평가와 판단 기준

혁신학교와 IB 인증학교에 대한 다양한 기대와 우려가 있고 아이들을 대상으로 실험하는 것 아니냐는 극단적인 비판도 있다. 하지만 기본적으로 지금 공교육 상황에서 무언가를 새롭게 해 보려고 하는 것 자체만으로도 긍정적으로 평가해야 한다. 기본적으로 공교육에서는 열심히 하는 선생님들에 대한 보상이 너무 부족하다. 또한 일반

학교에서는 한두 선생님이 너무 열심히 해서 수업 수준이나 부모들의 기대를 너무 높여 놓으면 다른 선생님들이 부담스러워지는 어쩔 수 없는 현실이 있다. 그렇기에 무언가 새로운 생각을 갖고 새롭게 시도해 보려고 하는 선생님들이 모여있는 학교가 필요하다.

학교나 학원에서는 AI 시대를 헤쳐 나갈 지혜 교육이 불가능하다

현실 교육의 답을 찾는 과정에서 사립초나 혁신초에 대해 이야기하고 있지만, 좀 더 깊이 생각해 보면 좋은 프로그램을 가진 학교에 보낸다고 지금 있는 수많은 교육적 문제가 근본적으로 해결될 수 있는 것은 아니다.

조만간 인공지능(AI)이 기존 화이트칼라 일자리의 절반 이상을 대체하는 시대가 올 것이고 우리 아이들은 그런 시대에서 대부분의 삶을 보내야 한다. 미래 시대의 핵심 역량은 남보다 많은 정보를 알아서 문제를 빠르고 정확하게 푸는 스킬이 아니다. 이것을 해야 할지의 여부를 판단할 수 있는 '비판적 사고 능력'과 내가 왜 해야 하고 나는 어떻게 살아야 하는지를 답할 수 있는 '인문학적 소양'을 기르는 것이 중요하다. 이 2가지가 되지 않는 아이들은 인공지능 시대에 자신의 존재 의미를 찾기 힘들 것이다. 아이들이 인공지능에게 일자리를 빼앗겼을 때 자신이 사는 이유와 어떻게 살아야 할지에 대해 답할 수 없다면 앞으로 남은 수십 년을 어떻게 살아야 할까?

이런 '비판적 사고 능력'과 '인문학적 소양'과 같은 중요한 지혜 교육은 학교나 학원에서 가르쳐 주지 못한다. 결국 기본적인 독서 토론 교육과 인성 교육을 다시 가정이나 가치관이 같은 공동체로 가져와야 근본적인 답을 얻을 수 있다. 어릴 때부터 가정에서 아이들에게 독서와 토론을 통해 생각하는 힘을 길러주고 인성 교육을 통해 삶의 가치를 찾을 수 있도록 도와주어야 한다. 부모와 가정에서의 교육이 빠진 채 소위 전문가라는 사람들에게 교육을 분업적으로 아웃소싱하므로 아이들의 상태가 점점 더 안 좋아지고 있는 것이다. 이것이 바로 수많은 교육 프로그램과 방법론의 발달에도 불구하고 아이들의 학력과 인성이 점점 저하되는 모순이 발생하는 이유다.

필자는 이런 취지에서 《사자소학》이나 《명심보감》과 같은 고전을 통한 인문학 지혜 독서를 강조하고 뜻을 같이하는 가정들과 이것을 함께 실천해 보고 있으므로 관심 있는 가정은 필자의 블로그(blog.naver.com/jonathanshim)를 참조하여 동참할 수 있다.

공교육과 사교육을 막론하고 교육 현장에서 보면 아이들의 상태가 생각보다 훨씬 심각하다. 아이들은 이미 수많은 디지털 기기와 미디어를 통한 경박한 즐거움에 익숙해져서 수업 시간에 뭘 해도 별 반응이 없다. 재미있는 이야기를 하면 잠깐 집중했다가 조금만 어려운 내용으로 들어가면 거의 엎드리는 분위기다. 아이들이 가볍고 얻기 쉬운 즐거움에 익숙해지다 보니 전통적인 방식의 강의식 수업으로는 거의 교육이 되지 않을 정도다. 이런 교실 분위기 속에서는 교육적 효과를 떠나 선생님들이 열정을 가지고 뭐라도 하나 더 하시겠다고 하면 격려하고 적절한 보상을 해 드려야 하는 상황이다. 어차피 수동적으로 앉아서 수업 듣고 문제지 푸는 공부는 중고등학교 6년 내내 해야 할 일이다. 적어도 초등학교 때라도 책상에 가만히 앉아서 선생님 말씀만 받아 적는 수업에서 벗어나 토론하고, 체험하며, 그룹으로 문제 해결 능력을 기르는 활동을 해 봐야 하지 않을까?

초등학교 때 가장 중요한 것과 학교 선택 기준

처음에 말한 대로 우리나라 교육에서 그나마 초등학교 고민은 덜한 편이다. 하지만 입시 경쟁의 출발점이 점점 초등학교와 유치원으로 내려오면서 초등학교에서부터 무언가 특별한 것을 해야 한다는 분위기가 대세가 되어가고 있다. 그리고 그 특별한 것은 대부분 '국영수' 과목의 선행이다.

유, 초등 시기는 평생에 걸쳐 유일하게 마음껏 뛰어놀고 편견 없이 친구를 사귈 수 있는 시기다. 전 세계 대부분의 선진국에서는 유, 초등 시절에 아이들이 충분히 놀고, 친구를 사귀며, 운동을 하고, 음악과 미술 등 다양한 예체능 활동을 할 수 있게 한다. 물론 읽고, 쓰고, 계산하는 기본적인 인지 공부를 시키지만, 우리나라처럼 중고등학교에서 배울 내용을 미리 초등학교 아이들에게 선행 학습을 시키고 그래야 좋은 대학에 가고 사회에서도 성공할 수 있다고 가르치지 않는다. 이런 의미에서 초등학교야말로 공교육을 최대한 활용하고 부족하다고 생각하는 예체능 활동만 사교육을 활용해도 되는데, 이게 현실적으로 쉽지 않다. 대부분의 학군지에서는 초등학교 때부터 국영수를 달리는 가정이 너무 많기 때문이다.

어려서부터 문제지 푸는 공부를 시키고 이른바 공부하는 습관을 잡아주어도 모든 아이가 중고등학교 때 공부를 잘하는 것이 아니다. 그리고 이런 공부를 하는 게 의미가 있는 아이들도 초등학교 때뿐만 아니라 중고등학교 6년을 하루 4~5시간 이상 문제지 푸는 자습을 해야 의미 있는 대학에 갈 수 있다. 점수가 아니라 결국 등수와 등급을 잘 받아야 좋은 대학에 갈 수 있는 우리나라 입시에서 상위권 대학의 입시 경쟁은 더 치열해지고 있기 때문이다.

그러면 상식적으로 문제지 푸는 공부가 되는 아이든, 그렇지 않은 아이든 모두 유, 초등 시절에는 충분히 몸으로 놀고 자기 하고 싶은 것을 하도록 배려해야 한다는 결론에 도달할 수 있다. 문제지 푸는 공부를 잘 못하는 아이들은 미리 이런 공부를 하면서 진을 빼놓아 그나마 작은 인지 능력을 바닥낼 필요가 없다. 또 문제지 푸는 공부 역량이 되는 아이들은 앞으로 중고등학교 입시 6년 동안 문제지 푸는 공부를 지치지 않고 할 수 있는 몸과 마음의 근육을 유, 초등 때 길러두어야 한다. 이런 논리를 따른다면 이 시기에 문제지를 푸는 사교육에 너무 많은 돈을 쓸 필요가 없다. 문제지 푸는 공부 역량이 되는 아이들은 중고등학교 6년을 짧고 집중적으로 하는 게 효과적이고, 안 되는 아이들은 미리 시킨다고 나중에 중고등학교 수준을 따라갈 실력을 만들기도 쉽지 않기 때문이다.

학교보다 중요한 담임 선생님

초등학교를 선택할 때 핵심은 어느 학교인가보다 어느 선생님이 우리 아이의 담임 선생님이 되느냐일 수 있다. 급여나 복지가 좋은 사립학교나 국제학교 선생님들이 더 좋은 교사가 될 가능성이 있지만, 반드시 그런 것만도 아니다. 선생님도 사람이기에 여러 가지 이유로 몸과 마음이 힘든 상황에서 아이들을 맡을 수 있다. 또한 공립학교이지만 열정적이고 아이들을 위해 하나라도 더 가르쳐주고 배려해 주려는 진정한 스승을 만날 수도 있다. 선생님이 과목별로 다르게 들어오는 중고등학교와 달리 1명의 담임 선생님이 교과뿐만 아니라 생활 지도 전반을 같이하는 초등학교의 경우 담임 선생님의 역할이 아주 중요하다.

　이런 점에서 상식적인 질문을 던져보자. 학생이 많고 학부모들의 민원이나 요구가 많은 지역에 있는 선생님이 더 열정적으로 근무할 수 있을까? 아니면 학생 수가 적으면서 학부모들이 학교와 선생님을 믿고 신뢰하는 분위기가 강한 곳에서 근무하는 선생님이 더 열심히 근무할 수 있을까? 물론 학생 수는 적은데 결손 가정이 많고 문제 학생이 많은 학급이 있을 수도 있고, 학생 수는 많지만 아이들이 다 온순한 지역이 있을 수도 있다. 하지만 기본적으로 학생 수가 많은 과밀 학교보다는 학생 수가 적정하거나 과소 지역의 선생님이 아이들에게 훨씬 더 많은 관심과 사랑을 줄 수 있을 것이다. 어느 초등학교를 보낼지에 대해 "우리 아이가 어느 학교에 가야 좋은 선생님의 관심과 사랑을 더 많이 받을 수 있을까?"라는 딱 하나의 질문을 던져보는 것은 어떨까?

초등학교는 어디를 보낼까?
③ 시골 학교와 농촌 유학

마지막으로 약간의 발상 전환으로 우리나라에서도 기존의 공교육 시스템을 잘 활용하면서 만족스럽게 교육하는 방법이 있다. 바로 유, 초등 때 최대한 시골에서 아이를 키우며 자연으로부터 충분한 에너지를 얻게 하고 불필요한 입시 경쟁과 사교육비를 줄이는 방법이다.

수도권에서 괴산 시골로 내려온 사례

한 가정은 아빠가 생협에서 일하는데 수도권에 살다가 충북 괴산으로 발령을 받아 내려왔다. 시골 오지 근무라 회사에서 관사도 주고 급여도 더 지급하지만 가장 만족스러운 것은 아이들 학교였다. 시골 학교라 한 반에 아이들이 10명 안팎이었고 선생님이 아이들을 하나하나 다 파악하고 세심하게 돌봐주는 게 확 느껴졌다. 게다가 음악이나 미술 등의 방과 후 활동도 도시와 비교해서 결코 뒤지지 않았다. 무엇보다 학교가 작아 코로나 기간에도 거의 정상적으로 학교에 가서 공부할 수 있었다. 처음에는 시골 가서 아이들을 키우면 나중에 도시에 와서 어떻게 공부를 따라갈지 걱정이 앞섰는데, 지금은 오히려 로또에 당첨된 기분이라고 한다.

"초등학교 2학년 큰애가 학교에 가보더니 처음 한 말이 '엄마, 여기 애들은 욕을 안 해!'였어요. 아무래도 시골 아이들이라 그런지 순진하고 때가 덜 묻었다는 생각도 들고 우선 아이가 학교 가는 걸 좋아하고 학교에 아이들도 몇 없으니까 쉽게 친해지더라고요."

아빠의 유일한 걱정은 시골이라 도로와 보도가 구분되지 않아 아이들이 자전거를 타고 다닐 때 약간 위험하지 않을까이다. 그 외에 나머지는 너무나 마음에 든다고 한다.

"우선 여기서 초등학교 마칠 때까지 지내면서 아이들을 자연 속에서 키우고 저축도 많이 할 수 있을 것 같아 기대가 커요!"

홍천에서 산촌 유학한 사례

필자와 함께 자연 출산, 자연 육아 모임을 같이한 몇 가정은 강원도 홍천에서 농촌 유학을 하고 있다. 전교생 12명의 학생 수가 채워지지 않아 폐교 위기에 있던 홍천 A 초등학교에 필자의 지인들이 들어가 학교를 살려냈고 이후 코로나 팬데믹 기간에 몇몇 가정이 더 들어가면서 이제는 완전히 자리를 잡은 학교가 되었다. 이 지역은 다른 농촌 유학 지역처럼 지자체의 거주 지원이 없어서 초기 정착 가정은 학교 근처의 펜션을 빌려 생활하는 등 어려움이 많았다. 하지만 지금은 지역 사회에서도 도움을 주고 있고 학부모회도 잘 운영되어 새로 정착하는 가정을 잘 돕고 있다.

이 학교도 코로나 기간에 학생 수가 적어서 적절한 거리를 두고 수업을 진행할 수 있었다. 수도권에서 코로나 팬데믹 기간 동안 한 학기를 보내고 이곳으로 전학을 온 가정은 1학년 때부터 학교도 제대로 가지 못하고 학교생활도 잘 적응하지 못했던 아이가 시골 학교에 잘 적응하고 친구들과 자연 속에서 마음껏 뛰어놀면서 밝게 지낼 수 있는 것만으로도 크게 만족하고 있다.

> **tip**
>
> ## 초등학교 교사의 성별 비율
>
> 필자가 아이들을 보내고 있는 시골 초등학교는 남녀 선생님의 비율이 거의 5:5다. 교대 학생 성비나 수도권 지역 선생님 성비를 고려할 때 남자 선생님의 비중이 상당히 높다. 미혼이었을 때 미리 시골 학교에서 근무하고 이후 결혼하고 자녀가 있으면 도심지 학교에 배정을 받기 위해 젊은 시절에 시골 학교로 오는 남자 선생님이 많다고 한다. 도시에서는 선생님들의 성비 불균형으로 아이들이 너무 여성화된다는 우려도 있지만, 시골 지역 초등학교에서는 도시보다 더 많은 남자 선생님을 만날 수 있다.

다양한 농촌, 산촌 유학센터

이런 시골 학교에 부모가 같이 내려가기 힘들다면 아이만 보내는 방법도 있다. 서울 서초동에 살면서 보험회사에 근무하는 K 차장은 초등학생 아이들을 학기 중에 강원도 산촌 유학센터로 보냈다. 일종의 교환 학생 제도로, 전학 없이 한 학기 수업을 할 수 있다고 한다. 지자체와 마을에서 적극적으로 지원해 주어 숙박 시설도 저렴하게 이용할 수 있어서 경제적으로 부담이 적고 주말에는 아이들을 보러 자주 강원도에 가기도 한다.

> **tip**
>
> ### 초등교환교류학생제도
>
> 농촌 유학을 고려하는 몇몇 가정은 초등교환교류학생제도를 통해 한 달 정도 농촌 유학을 경험하고 이후 장기 체류를 결정하기도 한다. 초등교환교류학생제도는 도시와 농촌 학생 교류를 위한 제도로, 농촌에서 도시 학교로의 유학은 정원 등의 이유로 거절되는 경우가 많지만, 시골의 작은 학교나 농촌 유학에 적극적인 지역의 학교는 도시 학생들을 잘 받아주고 있다. 이른바 '한달살이'를 하며 새로운 지역을 경험해 볼 수도 있고 이후 장기 체류 여부도 결정할 수 있다.

2018년 이 책의 초판을 쓰며 실제 필자도 산촌 유학의 대표적인 성공 사례로 꼽히는 단양의 한드미마을을 찾아가서 이장님과 학생들을 만나 보았다. 한드미마을은 학생들을 위한 시설을 거의 기숙사 수준으로 갖추고 마을 전체가 아이들을 돌보고 있었다. 몇몇 아이들은 서울의 공장지대에서 살다가 이곳으로 왔다는데, 자연 속에서 마음껏 뛰어노는 게 너무나 좋다고 한다. 앞으로 인공지능 시대에 빛을 발할 수 있는 중요한 능력은 아날로그 감성과 소통이라고 할 수 있다. 아이들이 이렇게 자연 속에서 마음껏 놀 수 있고 건강한 몸과 깊이 생각하는 힘만 기른다면 시대가 어떻게 바뀌어도 아이들은 자신의 길을 잘 찾아갈 수 있을 것이다.

초창기에 여러 시행착오를 겪었던 농촌과 산촌 유학도 점점 자리를 잡아가고 있다. 2018년 농촌유학전국협의회가 설립되었고 홈페이지(sigol-i.org)에서는 농촌 유학 정보와 전국 센터 운영 현황을 자세히 안내하고 있다. 또한 지자체에 따라 농촌 유학생들에게 재정 지원을 하는 곳도 있다. 보통 농촌 유학센터를 사용하는 비용(숙식, 교육 프로그램 포함)이 월 80만 원 정도인데, 지자체에 따라 30~50만 원 정도를 보조해 주기도 한다. 관심 있는 가정은 102쪽에서 소개하는 전국 농촌, 산촌 유학센터를 방문하거나 문의하여 자세한 사항을 확인할 수 있다.

전국 농촌, 산촌 유학센터 현황(2023년 기준)

지역(센터 수)	유학센터	위치	비고
경기(2)	가평민들레농촌유학센터	가평군 북면	
	말머리농촌유학센터	여주시 점동면	
강원(4)	별별산골교육센터	춘천시 사북면	
	부론자연학교	원주시 부론면	
	사재산농촌유학센터	횡성군 안흥면	
	양구배꼽산촌유학센터	양구군 동면	
경북(2)	시골살이아이들농촌유학센터	예천군 용문면	
	청량산풍경원산촌유학센터(www.punggyeong.com)	봉화군 명호면	
경남(1)	바른몸밝은마음농촌유학센터	하동군 악양면	
울산(1)	소호산촌유학센터(cafe.daum.net/soho-sanchon)	울주군 상북면	
전북(4)	대리마을농촌유학센터	임실군 신평면	
	열린마을농촌유학센터	완주군 동상면	
	산적소굴농촌유학센터	정읍시 반곡리	
	자연학교	정읍시 칠보면	
전남(4)	옴냇골산촌유학센터	강진군 옴천면	
	울스약창조학교	완도군 청산면	섬
	지리산마음살림농촌유학센터	구례군 토지면	
	참살이농촌유학센터	곡성군 석곡면	
제주(1)	어멍아방농촌유학센터	서귀포시 성산읍	
충북(4)	만성당농촌유학센터	괴산군 괴산읍	
	산위의마을산촌유학센터	단양군 가곡면	가톨릭 관련
	한드미농촌유학센터(cafe.daum.net/handemy)	단양군 가곡면	1세대 대표 센터
	희망숲농촌유학센터	제천시 부은면	
충남(1)	도령서당명백제산골유학센터	공주시 의당면	

시골 학교에는 또래 친구가 없다? 위아래 수직 소통으로 해결!

시골에서 아이를 초등학교에 보내거나 사교육에 올인하지 않고 가정 중심의 교육을 추구하는 가정의 고민 중 하나는 바로 친구 문제다. 시골은 학생 수가 적다 보니 같은 학년의 친구 수가 정해져 있다. 또한 도시에서는 아이들이 요즘에는 주로 학원에서 친구를 사귀는 경우가 많아 학원에 가지 않으면 놀이터나 집에서 함께 놀 친구가 없다. 사실 이 문제는 '수평적 또래 친구 찾기'라는 고정 관념에서 벗어나 친구는 같은 나이, 같은 학년이어야 한다는 생각 대신 '친구'에 대한 개념을 새로 정립하면 답을 얻을 수 있다.

산업사회에 접어들면서 같은 나이와 같은 학년의 또래로 친구의 범위가 좁아졌다. 특히 근대화에 뒤처진 독일이나 일본에서는 다른 선진국을 빨리 따라잡기 위해 학교에도 엄격한 선후배 관계라는 군대식 제도를 도입했다. 그리고 일본 제국주의 근대 교육을 답습한 우리나라의 중고등학교도 이런 엄격한 학년 구분을 그대로 따라했다. 그래서 중학교만 가도 한 학년이 하늘과 땅 차이다. 하지만 전근대사회나 시골에서는 학교에만 친구가 있지 않았다. 또한 친구도 같은 학년 친구만이 아니었다. 한 동네에서 3~4살 차이 나는 아이들이 같이 산으로, 들로 뛰어다니며 놀았다. 홈스쿨링하는 아이들도 또래 친구가 많지 않으니 위아래로 5살은 친구로 생각한다고 한다. 한 학년만 차이나도 선후배 예의를 갖춰야 하고 같은 학년만 친구로 생각해야 하는 모습과 3~4살 터울의 아이들이 친구로 같이 노는 모습 중 어느 쪽이 더 자연스러운 모습일까?

사회에서도 '위아래 10살은 친구'라고 한다. 살다 보면 틀린 말도 아니다. 같은 또래로 수십 명 이상이 한 단위로 구성되는 조직은 근대사회에서 학교와 군대뿐이다. 웬만한 기업에서도 한 팀에 40대 부장, 30대 과장, 20대 대리와 사원으로 구성되어 있다. 사회에서도 대부분의 관계가 수평적이 아닌 수직적으로 구성되어 있으므로 사회생활을 잘 하려면 친구와의 수평적 소통보다 위아래 사람들과 수직적인 소통을 더 잘해야 한다.

이런 자연스러운 수직 소통 구조는 교육적으로 상당히 의미가 있다. 명문 국제학교는 대부분 초중고 과정이 같이 있어서 연극이나 체육대회 등 비교과 활동을 전체 학교 차원에서 같이하는 경우가 많다. 그리고 어린아이들은 선생님이나 어른들보다, 또는 자기보다 3~4살 많은 형들이나 언니들을 보고 동기 부여가 되거나 자극을 받는 경우가 많다. 같은 또래 친구를 넘어 형들이나 언니들, 또는 동생들과 자주 놀고 소통하는 경험을 갖게 하는 것이 미래를 위해 더 나을 수 있다.

명문대로 가는 첫 단추,
우수 중학교를 찾는 방법

　대개 초등학교 고학년이 되면 아이가 공부로 승부를 볼 수 있을지, 공부가 아닌 다른 길을 찾아야 할지 서서히 윤곽이 드러난다. 이과 성향의 상위권 아이라면 학교 영재반에 선발되거나 교육청이나 대학 부설 영재원을 다닐 가능성이 높다. 문과 성향의 아이들도 각 학급에서 독서나 글쓰기, 또는 발표 분야에서 두각을 나타내고 선생님의 주목을 받게 된다. 이때부터 부모는 자녀 교육에 대해 본격적으로 고민하기 시작한다.

　이른바 명문 학군에 살면 아이가 그 지역 중학교에 진학하여 특목고나 자사고에 가거나 해당 지역 고등학교에 다니면서 대학 입시를 준비하면 된다. 하지만 시골이나 비명문 학군에 거주하면 아이 공부

를 위해 면학 분위기나 교육 인프라가 좀 더 갖춰진 곳으로 이사해야
할지 고민하게 된다.

명문 학군지 중학교를 선호하는 이유

이론적으로는 입시 경쟁이 지나치게 심하고 과잉 사교육이 우려
되는 대치동이나 목동 등 최상위 학군에서 중학교 시절을 보내는 것
보다, 약간 공부 강도는 낮지만 어느 정도 교육 인프라가 갖춰진 곳
에서 중학교를 다니면서 특목·자사고 진학을 준비하거나 자기 수준
에 맞는 고등학교 과정을 선행하는 것이 나을 수 있다. 서울의 강남
권이나 서초권에서도 핵심 지역이 아닌 곳은 중학교 내신을 A등급
받기가 그리 어렵지 않고 필요하면 대치동이나 주요 학원가를 대중
교통으로 다닐 만한 곳이 많다.

하지만 막상 상담해 보면 전략적으로 이런 선택을 하는 가정은 드
물다. 대부분 아이가 공부가 된다 싶으면 바로 명문 학군, 그중에서
도 최고 선호 학교 배정이 유력한 지역으로 이사하려고 한다. 가장
많이 듣는 말이 "우리 아이는 친구나 주변 분위기에 너무 많이 좌우
돼서 아무래도 면학 분위기가 조성되고 긴장감 있는 지역으로 이사
하려고요."이다. 사실 초등학교 고학년이나 중학교 1, 2학년 중에서
주변 분위기에 흔들리지 않고 자기 페이스에 맞춰 꾸준히 공부할 수
있는 학생은 드물다. 여기에 아이가 비록 공부를 못해도 좀 순하고

착한 친구들 사이에서 키우고 싶다는 부모들의 니즈가 더해져서 명문 학군의 선호도는 더 높아진다. 이런 수요가 몰리니 명문 학군지의 집값은 부동산 상승기에는 더 많이 오르고 조정기에도 어느 정도 방어되는 모습이 나타난다.

명문 학군을 알아보는 방법

그렇다면 '명문 학군'은 어느 지역일까? 간단히 말하면 ① 초등학교 5~6학년 때 교육 때문에 이사를 해야 하는지 고민하지 않아도 되는 곳 ② 전출보다 전입 학생 수가 많은 곳이다. 이것을 쉽게 통계적으로 알 수 있는 방법이 있는데, '학교알리미'(www.schoolinfo.go.kr)를 활용해 초등학교 1~3학년과 4~6학년의 학생 수 비율과 중학교의 졸업생 수를 확인해 보는 것이다.

1 | 명문 학군은 초등학교 4~6학년의 비율이 높다

명문 학군은 항상 선호되지만, 그런 만큼 집값이 비싸서 아이가 어릴 때부터 명문 학군 주변으로 이사 오기에는 부담이 크다. 그러나 아이가 4~6학년쯤 되면 더 늦기 전에 명문 학군으로 이사 가서 적응도 하고 중학교 대비도 해야 하므로 보통 이 시기에 명문 학군으로 가장 많이 이사 온다. 따라서 명문 학군은 초등학교 4~6학년 학생 수가 큰 폭으로 늘어나는 경향이 있다.

실제 대표적인 명문 학군인 대치동과 분당의 초등학교와 강북의 A 초등학교의 2023년 5월 기준 학생 수 비율을 살펴보자. 대치동 대치초의 경우 저학년 대비 고학년 증감 비율이 89%이고 분당 수내초도 56%다. 그런데 강북에 새 아파트가 들어서 신규 입주 수요는 많지만 학군 고민이 있는 서울 강북 B 지역의

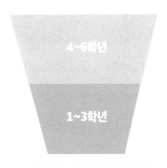

명문 학군의 학생 수 비율

학년이 올라갈수록 학생 수가 많아지는 역삼각형 구조가 나타난다.

A초의 경우 학년이 올라갈수록 학생 수가 줄어드는 모습을 보인다. 중고등학교에 대한 고민으로 고학년 때 목동이나 강남(반포, 대치) 쪽으로 이사하는 가정이 많기 때문이다.

주요 초등학교의 저학년 대비 고학년 학생 비율

학년	대치초	수내초	A초
	대치동	분당	강북 B 지역
1학년	159	112	250
2학년	150	141	265
3학년	196	170	220
4학년	275	212	230
5학년	317	209	250
6학년	364	240	224
1~3학년 평균	168	141	245
4~6학년 평균	319	220	235
저학년 대비 고학년 증감률	+151명(89.3% 증가)	+79명(56.2% 증가)	-10명(4.2% 감소)

2 | 명문 학군은 일정한 중학생 수를 유지한다

초등학교 고학년이 될수록 학생 수가 늘어나는 비율과 함께 중학교 학년별 학생 수도 명문 학군의 기준이 될 수 있다. 지난 20년간 신생아 수는 50만 명(2001년) → 40만 명 → 35만 명(2017년) → 24만 명(2022년) 수준까지 떨어졌다. 따라서 대부분의 초등학교에서 학생 수가 감소하는 게 정상이지만, 명문 학군은 신규 전입자가 계속 발생하므로 연도별 학생 감소 폭이 작거나 거의 없다. 대부분의 명문 학군에서는 각 학년 학생 수가 보통 300명이 넘고 한 반 학생 수가 30명 전후인 경우가 많다. 이런 기준으로 살펴보면 어디에 선호 중학교가 있는지 쉽게 찾아볼 수 있다.

> **tip**
>
> **학군 때문에 이사를 고민하고 있다면?**
>
> 학군 결정은 단순히 해당 지역 학군이 좋으냐, 나쁘냐만의 문제가 아니라 우리 가정의 경제 상황과 학군 분위기, 아이의 성향까지 고려해야 하는 종합적인 문제다. 현재 살고 있는 지역의 학군이 고민되거나 학군 때문에 이사하고 싶다면 필자가 집필한 《심정섭의 대한민국 학군지도》나 《심정섭의 학군상담소》(전자책)를 참조해서 우리 가정의 형편과 아이 공부 상황에 맞는 적절한 지역과 상담 사례를 찾아보자.

전국 명문 학군지의 대표 중학교

그러면 구체적으로 학부모가 아이들을 보내고 싶어 하는 명문 중

전국 지역별 주요 선호 중학교

지역	시/구	중학교	지역	중학교
서울 (44)	강남(11)	단대부중, 대명중, 대왕중, 대청중, 도곡중, 세곡중, 숙명여중, 언주중, 역삼중, 진선여중, 휘문중	인천, 부천(10)	박문중, 부원여중, 부원중(부평), 석천중(부천), 신송중, 신정중, 예송중, 진산중, 청라중, 해송중
	서초(9)	경원중, 반포중, 서운중, 서일중, 서초중, 세화여중, 신반포중, 신동중, 원촌중	경북(1)	포항제철중
	송파, 강동 (7)	명일중, 배재중, 송례중, 송파중, 신천중, 잠실중, 잠신중	대구(5)	경신중, 동도중, 월서중, 월암중, 정화중
	양천(목동), 강서(8)	목동중, 목운중, 목일중, 신목중, 신서중, 양정중, 염창중, 월촌중	부산(7)	부산국제중, 부흥중, 사직여중, 센텀중, 여명중, 해강중, 해운대중
	노원(중계, 4)	불암중, 상명중, 중계중, 태랑중	울산(2)	울산서여중, 학성중
	기타(5)	광남중, 대원국제중, 양진중(광진), 영훈국제중, 용강중(용산)	경남(2)	반송중, 반송여중(창원)
경기 (33)	분당(7)	내정중, 매송중, 보평중, 서현중, 수내중, 양영중, 이매중	대전, 세종, 천안(13)	관평중, 노은중, 대덕중, 도안중, 문정중, 불당중, 불무중(천안), 삼육중, 삼천중, 새롬중, 아름중, 양지중, 탄방중
	평촌, 과천, 산본(9)	과천문원중, 과천중, 귀인중, 궁내중(산본), 대안중, 대안여중, 범계중, 부흥중, 평촌중	광주(3)	문성중, 수완하나중, 장덕중
	일산(4)	신일중, 양일중, 오마중, 정발중	전북(2)	서신중(전주), 완주화산중(전국 선발 자율중)
	용인, 수지(4)	성복중, 신촌중, 이현중, 정평중	강원, 제주(3)	원주삼육중(강원), 한라중, 노형중(제주)
	수원, 광교, 영통, 동탄(9)	다산중, 대평중, 반송중(동탄), 석우중, 솔빛중, 연무중, 영덕중, 영일중, 천천중(수원)	기타(3)	서울삼육중(구리, 각종학교), 선인국제중(진주, 국제중), 청심국제중(가평, 국제중)

학교는 어디에 많이 있을까? 이를 객관적인 기준으로 한눈에 찾아보려면 학업 성취도가 높고 특목고 진학률이 높은 곳을 찾으면 된다. 이전에는 전국 단위 학업 성취도 평가가 있어서 학업 성취도를 객관적으로 비교할 수 있었지만, 2018년 이후에는 없어졌다. 그래서 이전의 학업 성취도 결과와 최근의 국영수 A, E등급 비율, 특목·자사고 진학자 수를 고려하여 필자가 정리한 전국 120여 개 선호 중학교는 109쪽의 표와 같다.

명문 학군지 중학교의 결론

아이 교육을 위해 초등학교 고학년이나 중학교 때 좀 더 나은 학군으로 이사를 해야 하느냐는 질문에 정확한 답을 하기는 쉽지 않다. 아이의 성향, 공부 목표, 가정 형편, 부모의 통근 거리 등 많은 요소를 고려해야 하기 때문이다. 오히려 이럴 때는 교육이나 정서적인 부분을 모두 고려하기보다 경제적인 기준으로 판단하는 것도 하나의 방법이다. 그 기준은 거주 비용과 아이의 사교육비를 감당하고도 부모의 노후나 아이의 추후 교육비를 저축해 둘 수 있느냐다.

예를 들어 지금 비학군지에서 3억 원에 전세로 살고 있는데, 학군지로 이사를 하면 2억 원을 더 대출받아야 하고 사교육비도 지금보다 100만 원을 더 써야 한다면 이런 이사는 그리 바람직하지 않다. 이런 경우 최대한 초중학교까지 지금의 지역에 살고 공부를 탁월하게 잘하는 아이라면 특목·자사고 진학을 목표로 해 본다. 만약 계획대로 안 되면 현재 거주하고 있는 지역에서 최대한 수시로 좋은 대학에 가고 그것도 힘들면 재수하는 입시 전략을 짜볼 수 있다. 그런데 반대로 지금 학군지로 가서 거주 비용과 사교육비를 감당하고도 월 200~300만 원 정도 저축할 형편이 된다면 일단 부딪혀 보고 새로운 환경에서 공부해 보는 것도 괜찮다. 이렇게 단순하게 경제적인 부분만으로 생각하면 학군이나 이사 고민을 크게 줄일 수 있다.

앞으로도 계속 이야기하겠지만 명문 학군으로 옮기느냐의 여부는 하나의 선택이고 한두 번 잘못된 선택을 한다고 해서 평생 그 실수를 만회할 수 없는 것은 아니다. 어차피 공부로 승부를 볼 아이라면 명문 학군이 아니더라도 좋은 상급 학교에 진학하거나 사회에 나온 이후에도 어떻게든 자기 길을 찾아간다. 중요한 것은 실수나 잘못된 결정을 안 하는 것이 아니라 실수해도 다시 일어설 수 있는 내공을 기르는 것이다.

영어를 잘하면
국제중학교에 진학해야 할까?

    우리나라 중학교는 평준화되어 대체로 거주지 근거리 배정으로 학교가 정해진다. 하지만 이 평준화 원칙을 깨고 학생 선발권을 갖고 있는 몇몇 중학교가 있는데, 그중 하나가 국제 인재 양성을 목표로 세워진 국제중학교다. 국제중학교에서는 수업이 대부분 영어로 진행되고 외국어 교과 학습과 원어민 수업이 많이 구성되어 있다.

    2024년 현재 부산국제중(부산광역시 부산진구), 대원국제중(서울특별시 광진구), 청심국제중(경기도 가평군), 영훈국제중(서울특별시 강북구), 선인국제중(경남 진주시)의 5개 국제중학교가 있다. 기존 4개 국제중학교의 학업 성취도는 전국 단위 학업 성취도 평가가 있던 시절 전국에서 항상 1~4등을 도맡았다. 또한 특목·자사고 진학률에서도 일반 중학교

1998년 최초로 설립된 국제중학교인 부산국제중　　　대원국제중 교복(광진구 중곡동)

와 비교할 수 없는 좋은 결과를 냈다.

국제중의 인기가 점점 치솟던 중 2014년도에 영훈국제중이 입시 비리로 국제중학교 지정 취소의 위기를 겪었다. 이후 서울 지역 초등학생들이 지원할 수 있는 영훈국제중과 대원국제중은 2015년부터 학생 선발권을 포기하고 완전 추첨제를 도입했다. 부산국제중도

2023학년도 서울 지역 국제중학교의 졸업생 진로 및 학업 성취 현황

중학교	졸업생 진로 현황*	3학년 1학기 학업 성취 현황 (평균, A, E등급 비율)	비고
대원국제중 (사립, 공학)	167명 졸업(남 71, 여 96) · 과학고 4명(2.4%) · 외고/국제고 63명(37.7%) · 기타 1명(0.6%) · 자사고 53명(31.7%) · 특성화고 2명(1.2%)	국어 91.7, A 73.7%, E 0.6% 수학 87.5, A 62.9%, E 3.6% 영어 87.8, A 64.7%, E 5.4%	· 서울 광역 추첨 · 기숙사 없음 · 학비 연간 900만 원 　(2022년 기준)
영훈국제중 (사립, 공학)	163명 졸업(남 80, 여 83) · 과학고 5명(3.1%) · 외고/국제고 30명(18.4%) · 기타 8명(4.9%) · 자사고 55명(33.7%) · 특성화고 0명	국어 87.9, A 58.2%, E 2.4% 수학 89.7, A 70.3%, E 5.5% 영어 89.8, A 72.1%, E 3.6%	· 서울 광역 추첨 · 기숙사 없음 · 학비 연간 1,000만 원 　(2022년 기준) · 오륜교회 재단

* 일반고 진학자 수 미포함, 특목·자사고 등 이외는 대부분 일반고 진학

2018학년도부터 면접 전형 없이 완전 추첨제로 전환했고 2018년에 개교한 선인국제중(진주)도 추첨제로 선발하고 있다. 유일하게 청심국제중이 1차 2배수 추첨 선발, 2차 면접을 통해 학생들을 모집한다.

서울 지역 국제중의 경우 지나친 인기와 사교육 유발 등의 이유로 교육청에서는 국제중 지정을 취소하려고 했으나 법원 소송에서 패소하면서 2022년 최종적으로 서울 지역 2개 국제중도 유지하게 되었다. 대부분의 국제중학교는 추첨제로 전환된 이후에도 여전히 전국 최상위의 학업 성취도와 특목·자사고 진학률을 보여주고 있다.

2023학년도 비서울 지역 국제중학교의 졸업생 진로 및 학업 성취 현황

중학교	졸업생 진로 현황*	3학년 1학기 학업 성취 현황 (평균, A, E등급 비율)	비고
청심국제중 (사립, 공학)	106명 졸업(남 39, 여 67) · 과학고 3명(2.8%) · 외고/국제고 81명(76.4%) · 기타 4명 · 자사고 2명(1.9%) · 특성화고 0명	국어 97.9, A 98.1%, E 0.0% 수학 87.6, A 61.3%, E 3.8% 영어 97.5, A 96.2%, E 0.0%	·전국 지원 ·기숙사 ·학비 연간 1,500만 원(2022년 기준) ·통일교 재단
부산국제중 (공립, 공학)	43명 졸업(남 20, 여 23) · 과학고 4명(9.3%) · 외고/국제고 11명(25.6%) · 기타 2명(4.7%) · 자사고 6명(14.0%) · 특성화고 0명	국어 86.1, A 52.1%, E 4.2% 수학 87.5, A 62.9%, E 3.6% 영어 87.8, A 64.7%, E 5.4%	·최초 국제중(1998년) ·부산 광역 선발 ·기숙사 ·학비 무상(공립)
선인국제중 (사립, 공학)	24명 졸업(남 9, 여 15) · 과학고 1명(4.2%) · 외고/국제고 2명(8.3%) · 기타 0명 · 자사고 8명(33.3%) · 특성화고 0명	국어 99.3, A 100.0%, E 0.0% 수학 97.7, A 90.0%, E 0.0% 영어 98.3, A 100%, E 0.0%	·경남 광역 선발 ·기숙사 ·학비 연간 1,100만 원 (2022년 기준)

* 일반고 진학자 수 미포함

높아지는 국제중학교 경쟁률

추첨제 전환 이후에도 국제중 인기는 계속되고 있다. 2023학년도 입시에서 일반 전형 경쟁률은 부산국제중 30.8:1, 대원국제중 20.9:1, 영훈국제중 10.4:1, 청심국제중은 17.2:1이었고 선인국제중은 원서 접수 결과를 공개하지 않았다. 2024학년도 입시에서 일반 전형 경쟁률은 대원국제중 24.09:1(128명 선발에 3,084명 지원), 청심국제중 18.94:1로, 국제중 인기는 식을 줄 모르고 있다.

2024학년도 청심국제중학교 1차 전형 지원 현황

전형	세부 전형		모집 정원(명)	지원자(명)	지원 비율(%)
	일반 전형		80	1,515	18.94
정원 내	사회 통합	기회 균등	12	30	2.50
		사회 다양성 A	4	9	2.25
		사회 다양성 B	4	52	13.00
정원 외	특례		2	24	12.00
합계			**102**	**1,630**	**15.98**

추첨제 전환 이후 국제중의 입시 부담은 많이 완화되었다. 청심국제중만 면접 대비를 해야 하지만, 자기소개서와 학교생활기록부 내용을 바탕으로 하는 면접이므로 기본적으로 학원 도움 없이 학생 스스로 충분히 준비할 수 있다.

국제중학교에 진학할 때 고려할 점

국제중학교는 여전히 많은 가정이 관심을 갖고 매년 엄청난 경쟁률을 보이고 있지만, 입시 관점에서는 조금 애매한 위치를 차지하고 있다. 그리고 국제중학교의 학비는 사립 국제중학교를 기준으로 연평균 1,000만 원대로, 무상 교육인 다른 중학교에 비하면 비싼 편이다. 하지만 영미계 국제학교 학비인 연평균 3~4천만 원에 비하면 저렴한 편이다. 아이가 영어를 잘하거나 외국에 살다 온 경험이 있어 영어 실력을 유지하고 싶은 마음에서 국제중학교를 보낸다면 국제학교보다 저렴한 비용으로 공부 잘하는 아이들과 함께 공부할 수 있는 장점이 있다.

그런데 문제는 국제중학교가 국제학교는 아니라는 점이다. 국제학교는 기본적으로 우리나라 입시를 목표로 하지 않고 성적으로 아이들을 줄 세우지도 않는다. 하지만 대부분의 국제중학교 졸업생은 특목·자사고에 진학한 후 결국 국영수를 기본으로 하는 내신과 수능 공부를 잘해서 국내 상위권대 진학을 목표로 한다. 그러면 상식적으로 이런 입시 목표를 가진 학생이라면 굳이 국제중에 가서 많은 과목을 영어로 들을 필요가 있냐는 의문이 생긴다. 따라서 국제중의 설립 취지와 현실을 고려한 후 분명한 교육 목표를 세우고 지원해야 한다.

1 | 영어 수업을 알아들을 수 있는 영어 실력은 필수!

국제중학교에서는 영어로 진행하는 수업이 많아서 기본적으로 영어 수업을 이해할 수 있는 영어 실력이 필수다. 추첨제 이전에는 해외 거주 경험이 있는 학생들이 많았지만, 추첨제 전환 이후에는 아무래도 이런 학생의 비율이 감소했다. 국내에서만 공부해도 해외에서 학교를 다닌 것처럼 영어를 잘하는 학생이 있겠지만, 일반적인 영어 학원에 다니면서 영어를 조금 잘하는 정도로는 국제중학교의 수업을 따라가기가 쉽지 않다. 모 국제중학교의 언론사 인터뷰에서는 평범한 국내파 학생도 3년 후에는 영어로 토론할 정도의 영어 실력이 되어 졸업한다고 하지만, 통계적으로 보면 아무래도 그렇지 않은 학생들이 더 많다.

2023학년도 국제중학교의 학업 성취 현황을 보면 청심국제중과 선인국제중을 제외하고 100% 추첨 선발인 대원국제중과 영훈국제중, 부산국제중의 3학년 1학기 영어 성취도 A등급 비율은 대원국제중 64.7%, 영훈국제중 72.1%, 부산국제중 64.7%이고 E등급 비율도 3~5%나 된다. 물론 국제중학교의 영어 문제가 어려울 수 있고 A등급 비율도 평범한 중학교에 비해 2~3배 높은 편이다. 하지만 모든 학생이 영어를 수행 평가를 포함해서 90점 이상 받는 실력은 아니라는 것도 확실히 알 수 있다. 따라서 우리 아이가 별 준비 없이 국제중학교에 진학했다가 D, E등급 성적을 받을 수 있다는 사실도 기억해야 한다.

2 | 영어와 수학 과정이 요즘 입시에 적합한지 고려한다

아이가 영어 실력을 갖추었다면 국제중학교의 교육 과정이 우리 아이 입시 목표에 얼마나 부합하는지에 대해 검토해야 한다. 국제중학교는 문과 성향의 학생들이 많지만, 지금 입시에서는 문과생도 이과생과 경쟁할 만한 수학 실력을 갖추어야 원하는 입시 결과를 얻을 수 있다. 2022학년도 수능에서 문·이과 수학이 통합된 이후 수능 1등급의 90% 정도를 이과(미적분, 기하, 과학탐구 선택) 학생들이 가져가고 있다. '2028 대학입학제도 개편안'에서도 수학은 문·이과 공통으로 미적분 I과 확률 통계가 포함된 시험을 보아야 한다. 그래서 대부분의 학군지에서는 중학교 때부터 과도할 정도의 수학 선행을 하고 있는데, 수학 교육보다 영어와 글로벌 마인드를 강조하는 국제중학교의 교육 과정이 앞으로 충분한 입시 경쟁력을 확보할 수 있을지도 지켜봐야 한다.

물론 국제중학교에 진학한 학생들 중 상위권은 학습 역량이 좋아서 영어로 수업 듣고 수학 선행도 자체적으로 진행하거나 방학 때 집중적으로 공부하는 학생이 많을 것이다. 하지만 영어와 수학을 모두 잘할 수 있는 탁월한 학생이 아니라면 학교 수업 부담을 줄이면서 중학교 때 자기 페이스에 맞는 영수 선행을 적절히 해 두고 고등학교에 진학하는 것이 현재 입시에 더 유리할 수 있다. 국제중학교에서도 매년 3~4명의 과학고 진학 학생이 나오지만, 아무래도 국제중은 수학과 과학을 중점적으로 공부하는 학교가 아니므로 학교의 설립 취지에 맞게 진학을 고려해 볼 필요가 있다.

3 | 경제적으로 교육 예산이 충분해야 한다

사립 국제중학교의 연간 학비는 1,000만 원 이상이다. 또한 상위권이면 상위권 학원으로, 하위권이면 학교 수업을 따라가기 위한 학원을 다니게 된다. 여기에 고등학교 과정을 선행하는 사교육까지 더해지면 경제적 부담이 만만치 않다. 국제중학교에 돈으로 가치를 매기기 힘든 특별한 교육이 있을 수 있지만, 사교육비를 학군지에서와 똑같이 써야 한다면 무상 교육인 중학교 과정에서 굳이 많은 학비를 내면서까지 국제중학교에 다닐 필요가 있는지 회의가 들 수 있다. 또한 국제중학교뿐만 아니라 부유한 동네도 마찬가지지만, 친구들의 경제적 수준이 높으므로 이를 맞추기 위한 추가적인 '사회적' 비용이 더 들 수 있다. 따라서 국제중학교에 지원하는 것이 우리 집의 가정 형편에 맞는 선택인지를 냉정하게 따져보아야 한다.

4 | 지원 동기를 다시 한번 점검한다

마지막으로 국제중학교에 아이를 보내려는 동기를 다시 한번 솔직하게 점검해야 한다. 정말 아이를 위한 선택인지, 교육적 성과를 빨리 내서 주변 사람들에게 보여주고 싶은 욕심인지, 또는 명문대를 보내는 지름길로 활용하기 위함인지 등을 냉정하게 점검할 필요가 있다. 영훈중은 영훈초라는 명문 사립초와, 대원국제중은 대원외고라는 전국 최강 외고와 같은 재단이다. 청심국제중도 청심국제고라는 명문 외고와 같은 재단이어서 교육 인프라를 공유한다는 장점이 있고 자체적으로 좋은 교육 프로그램을 갖추고 있다. 하지만 유명한 학교에 다닌다고 다 좋은 입시 결과가 나오지 않는다는 것은 중학교나 고등학교나 마찬가지다. 후회 없는 결정을 위한 첫걸음은 이 모든 것을 '왜' 해야 하는지에 대해 분명한 자기만의 답을 갖는 것이다.

　마지막으로 서울권 국제중학교의 장점 중 하나는 집에서 통학할 수 있다는 점이다. 대원국제중과 영훈국제중은 모두 강북에 있지만, 강남으로도 셔틀버스가 다닌다. 청심국제중이나 부산국제중, 그리고 이후 소개할 완주 화산중은 수업 분위기와 명문 고등학교의 진학 결과가 좋지만, 중학교 때부터 기숙사 생활을 해야 하는 부담이 있다. 자기 주도 성향이나 독립심이 강한 아이들은 중학교 때부터의 기숙사 생활에 도전해 보려고 하지만, 대부분의 아이는 부모 곁을 떠나 홀로 낯선 시골에서 기숙사 생활하는 것을 두려워한다. 국제중학교와 같은 분위기에서 공부하고 싶은데 기숙사 생활이 힘든 아이들에게는 대원국제중이나 영훈국제중 또는 서울삼육중(구리)과 같은 서울 및 수도권에서 통학할 수 있는 학교가 좋은 대안이 될 수 있다.

학생 선발권을 가진
서울삼육중과 완주 화산중

국제중학교와 함께 평준화 대상이 아니면서 학생 선발권도 가지고 있는 중학교가 전국에 몇 곳 더 있다. 서울 삼육중학교와 완주 화산중학교가 대표적인 학교로, 이들 학교 모두 학업 성취도와 진학 실적이 뛰어나 중학교를 고민하는 학부모들에게 많은 관심을 받고 있다.

안식교 재단의 명문 중학교 – 서울삼육중

이름과는 달리 경기도 구리시에 있는 서울삼육중은 학력 인정을 받는 일종의 대안학교다. 정식 명칭은 '각종학교'이고 이전에는 '중학교'라는 명칭을 쓰지 못해서 '서울삼육학교'라고도 불렸다.

서울삼육중 외에 같은 안식교 재단의 호남삼육중, 원주삼육중, 대전삼육중도 각 지역에서 최고 명문 중학교의 자리를 지키고 있다. 서울삼육중과 호남삼육중은 '각종학교'로 분류되고 원주삼육중과 대전삼육중은 일반 중학교인데, 원주삼육중은 시험을 치르고 대전삼육중은 '권장학구'(지역 전체에서 지원하고 진학할 수 있는, 지역적으로 좀 더 넓은 개념의 학구)로, 대전 지역 초등학교를 졸업하고 지원한 학생 중에서 추첨을 통해 선발한다. 유시험 전형 학교는 국영수를 기본으로 하는 경우가 많고 안식교회 출석 가정은 특별 전형으로 들어갈 수도 있다.

2024학년도 삼육재단 중학교의 시험 전형 및 전형 방법

중학교	시험 전형	전형 방법
서울삼육중 (사립, 공학, 각종학교)	◆ 일반 전형(125명) · 구리 남양주 95명 · 타 시군 30명 ◆ 특별 전형(70명) · SDA 전형 30명 · 삼육 리더 전형 30명 · 정원 외 10명 (국가 유공자 6, 특례 입학 4)	◆ 일반 전형 · 1단계 100점: 시험 60점+자기소개서 40점 · 2단계 심층 면접 50점 ◆ 특별 전형 · 1단계 100점 · 2단계 심층 면접 70점(성경 20점)
원주삼육중 (사립, 공학)	◆ 일반 전형(94명) 강원도 초등학교 졸업자 ◆ 특별 전형(18명) SDA 전형	◆ 일반 전형 언어(국어 15문항, 영어 10문항) 수학(25문항), 과학(25문항) 논술 면접(2문항)
호남삼육중 (사립, 공학, 각종학교)	◆ 일반 전형(80명) · 전국 지원 · 합격자는 6개월 내 전학 불가 ◆ 특별 전형(40명) SDA I, II 전형, 삼육 리더 전형, 국제 전형	◆ 일반 전형 국어(30문항)+영어(30문항)+수학(30문항)+서류 ◆ 특별 전형 일반 전형 과목+성경

유시험 전형 학교의 경우 서울삼육중은 2023학년도 입시에서 구리시와 남양주시의 일반 전형 경쟁률은 6:1, 다른 시도는 8:1로 알려져 있다. 호남삼육중은 보통 7~8:1, 원주삼육중도 6:1 정도의 경쟁률을 보인다.

서울삼육중은 각종학교여서 학업 성취도는 알 수 없지만, 여전히 특목·자사고 진학 상황이 좋은 편이다. 호남삼육중은 상대적으로 특목·자사고 진학 비율은 높지 않은데, 이것은 광주 지역 안에 특목·자사고가 거의 없기 때문이기도 하다. 광주에서는 과학고나 외고, 자사고 모두 다른 지역으로 지원해야 한다.

원주삼육중은 학업 성취도나 특목·자사고 진학률에서 전국 100위

2023학년도 서울삼육중과 호남삼육중의 졸업생 진로 및 학업 성취 현황

중학교	졸업생 진로 현황	3학년 1학기 학업 성취 현황	비고
서울삼육중 (사립, 공학, 각종학교)	223명 졸업(남 115, 여 108) · 과학고 6명(2.7%) · 외고/국제고 16명(7.2%) · 기타 7명(3.1%) · 자사고 30명(13.5%) · 특성화고 1명(0.4%)	자료 없음	· 기숙사 없음 · 기본 학비 무료(의무 교육)
호남삼육중 (사립, 공학, 각종학교)	92명 졸업(남 55, 여 37) · 과학고 3명(3.3%) · 외고/국제고 0명 · 기타 0명 · 자사고 4명(4.3%) · 특성화고 0명	자료 없음	· 기숙사 · 분기별 학비 약 190만 원 · 월 기숙사비 약 60만 원 (식비 포함)

• 자료 출처: 학교알리미(www.schoolinfo.go.kr), 인터넷 자료

이내의 상위권 실력을 보여주고 있다. 대전삼육중도 대전 지역 최상위 중학교 중 하나였는데, 학업 성취도는 이전에 비해 많이 낮아졌다.

2023학년도 원주삼육중과 대전삼육중의 졸업생 진로 및 학업 성취 현황

중학교	졸업생 진로 현황	3학년 1학기 학업 성취 현황 (평균, A, E등급 비율)	비고
원주삼육중 (사립, 공학)	99명 졸업(남 54, 여 45) · 과학고 6명(6.1%) · 외고/국제고 7명(7.1%) · 기타 0명 · 자사고 5명(5.1%) · 특성화고 0명	국어 97.9, A 98.1%, E 0.0% 수학 87.6, A 61.3%, E 3.8% 영어 97.5, A 96.2%, E 0.0%	· 기숙사 · 기본 학비 무료 (의무 교육)
대전삼육중 (사립, 공학)	92명 졸업(남 55, 여 37) · 과학고 3명(3.3%) · 외고/국제고 0명 · 기타 0명 · 자사고 4명(4.3%) · 특성화고 0명	국어 79.3, A 44.1%, E 18.6% 수학 74.9, A 32.2%, E 2.7% 영어 85.7, A 55.9%, E 10.2%	· 기숙사 없음 · 기본 학비 무료 (의무 교육)

서울삼육중(경기도 구리시)

권장 학구로 무시험 추첨 배정하는 대전삼육중

기숙형 자율 중학교 - 완주 화산중, 고창 영선중

종교 재단인 삼육 계열 학교와는 달리 시골에 위치해서 학생 선발권을 가지고 있는 자율 중학교가 전국에 몇 곳 있다. 가장 대표적인 학교는 전북 완주의 화산중학교로, 전국에서 학생을 선발할 수 있다. 주로 호남과 충청 지역에서 학생들이 화산중학교에 많이 오는데, 90 명대 인원으로 놀라운 학업 성취도와 특목·자사고 진학률을 보여주고 있다. 기숙사 생활과 영어로 수업을 들어야 하는 부담이 있지만, 사교육 없이 자기 주도적으로 공부하고 영어에 관심이 있는 학생들은 한번 도전해 볼 만하다. 이전에는 1단계 추첨, 2단계 면접으로 선발했는데, 2023학년도부터는 원서를 제출한 모든 학생을 면접 보고 선발한다. 영어학원을 중심으로 면접을 대비해 주는 몇몇 학원이 있지만, 어느 정도 영어가 되는 학생이라면 자료를 찾아서 개별적으로 대비해도 충분하다.

전북 고창의 영선중학교도 전국에서 지원할 수 있는 자율 중학교이고 울산광역시 울주군의 서생중학교는 울산 지역 초등학교 졸업생이 지원할 수 있는 기숙형 자율 중학교다. 영선중학교는 적은 학생 수에도 불구하고 학업 성취도와 특목·자사고 진학률이 전국 100위권 안에 들고 있다. 서생중은 초기에는 울산의 상위권 학생들이 많이 오며 입시 결과가 좋았는데, 최근에는 학업 성취도나 특목·자사고 진학률이 많이 떨어진 상황이다. 전북 완주군의 화산중은 경쟁률이

15:1 정도로 알려져 있고 영선중은 2023학년도 일반 전형 53명 모집에 269명이 지원하여 경쟁률이 5.07:1이었다. 화산중과 마찬가지로 연선중은 지원자를 대상으로 전체 면접을 보고 기본 소양 40점, 창의성 평가 60점으로 평가한다.

이들 자율중에 관심이 있는 가정은 아이가 초등학교 4~5학년 때부터 학교에 대한 정보를 주고 6학년 전에 학교에 답사를 가거나 학교 설명회를 같이 다녀오는 것이 좋다. 대부분 부모와 떨어져서 기숙

2023학년도 주요 자율 중학교의 졸업생 진로 및 학업 성취 현황

중학교	졸업생 진로 현황	3학년 1학기 학업 성취 현황 (평균, A, E등급 비율)	비고
완주 화산중 (사립, 공학, 전국 선발 자율중)	87명 졸업(남 48, 여 39) · 과학고 8명(9.2%) · 외고/국제고 1명(1.1%) · 기타 1명(1.1%) · 자사고 22명(25.3%) · 특성화고 5명(5.7%)	국어 93.2, A 81.7%, E 1.2% 수학 89.4, A 67.1%, E 3.7% 영어 85.2, A 58.5%, E 9.8%	· 기숙사 · 영어로 수업 · 기본 학비 무료 (의무 교육) · 기숙사비, 교재비 등 매월 약 100만 원 전후
고창 영선중 (사립, 공학, 전국 선발 자율중)	64명 졸업(남 29, 여 35) · 과학고 2명(3.1%) · 외고/국제고 5명(7.8%) · 기타 0명 · 자사고 3명(4.7%) · 특성화고 7명(10.9%)	국어 86.7, A 55.9%, E 1.7% 수학 85.7, A 61.0%, E 8.5% 영어 84.3, A 50.8%, E 10.2%	· 기숙사 · 기본 학비 무료 (의무 교육)
울주 서생중 (공립, 공학, 울산 광역 선발 자율중)	76명 졸업(남 32, 여 44) · 과학고 3명(3.9%) · 외고/국제고 3명(3.9%) · 기타 0명 · 자사고 0명 · 특성화고 10명(13.2%)	국어 83.6, A 33.8%, E 3.8% 수학 76.5, A 23.8%, E 18.8% 영어 79.3, A 32.5%, E 18.8%	· 기숙사 · 기본 학비 무료 (의무 교육)

사 생활을 해야 하므로 아이가 자기 주도성과 도전 정신이 강해야 좋고 자기가 중학교에 가서 공부하겠다는 마음이 있어야 한다. 또한 부모도 자기 욕심으로 아이를 이런 학교에 보내기보다 DiSC 행동 유형 검사나 회복 탄력성 검사와 같은 비인지 검사 도구를 활용하여 아이가 시골 학교생활이나 기숙사 생활을 잘할 수 있을지 성향과 기질을 잘 파악할 필요가 있다.

마지막으로 자율중은 아니지만 입시보다 인성과 자연 친화 교육에 중점을 두고 있는 김제의 지평선중학교도 눈여겨볼 필요가 있다. 원불교 계통에서 운영하는 학교로, 생태 교육과 인성 교육으로 유명하다. 전국에서 지원할 수 있고 학력 인정도 되는 대안학교이다. 40명 규모로 신입생을 선발하는데, 경쟁률이 10:1에 달하며 해마다 학교 설명회에 300~400명의 학부모가 참석하고 있다.

2023학년도 김제 지평선중의 졸업생 진로 및 학업 성취 현황

중학교	졸업생 진로 현황	3학년 1학기 학업 성취 현황 (평균, A, E등급 비율)	비고
김제 지평선중 (사립, 공학, 전국 선발 인가 대안중)	29명 졸업(남 13, 여 16) · 과학고 0명 · 외고/국제고 4명(13.8%) · 기타 0명 · 자사고 2명(6.9%) · 특성화고 1명(3.4%)	국어 77.3, A 30.0%, E 20.0% 수학 71.4, A 16.7%, E 23.5% 영어 74.8, A 30.0%, E 23.3%	· 기숙사 · 기본 학비 무료 (의무 교육)

고등학교 4개 유형과
입학 전형 방법

　중학교를 거쳐 고등학교에 진학하면서 본격적인 입시 경쟁이 시작된다. 특히 지난 20년간 특목고와 일반고의 양극화 현상이 심해지면서 어느 고등학교에 가느냐에 따라 대학 진학의 절반 이상이 결정된다는 말이 나오고 있다. 우선 어떤 고등학교가 있는지 학교 유형과 전형 방법을 살펴보고 특목고, 자사고, 일반고 등의 여러 고등학교 진학에 대한 구체적인 사항을 점검해 보자.

유형 1 **특수목적고등학교(특목고)**

　특수목적고등학교는 초중등교육법시행령에 따라 설치된 '특수 분야의 전문적인 교육을 목적으로 하는 고등학교'로, 흔히 '특목고'라고 줄여서 부른다. 특목고는 외국어고등학교, 국제고등학교, 과학고등학교, 마이스터고등학교, 예술고등학교, 체육고등학교 등으로 구분하며 전국에 153개 학교가 있다.

'과학고등학교'라는 명칭을 사용하는 영재고(예: 서울과학고등학교)와 과학예술영재학교는 영재교육진흥법에 따라 설치된 별도의 교육 기관이다. 이들 학교는 원래 '특목고'라고 부르면 안 되는데, 일반적으로 과학고와 같은 특목고로 인식된다.

특수목적고등학교의 유형과 전형 방법(2024학년도 기준)

고등학교 유형	모집 시기	모집 단위	전형 방법	비고
외고	후기	시도별	자기 주도 학습 전형	전국 28개
국제고	후기	시도별	자기 주도 학습 전형	전국 8개
과학고(광역)*	전기	시도별	자기 주도 학습 전형	전국 20개
마이스터고	전기	전국	내신, 실기, 면접	전국 55개
예고/체고	전기	전국	내신, 실기, 면접	전국 42개

* 영재학교는 전국에 8곳이 있으며, 이 표에서 과학고는 광역 과학고를 말한다.

원래 외고와 국제고도 다른 특목고와 마찬가지로 전기 선발이었지만, 외고와 국제고의 일반고 전환 정책으로 2019학년도부터 후기 선발로 전환되었다.

자기 주도 학습 전형이란?

자기 주도 학습 전형은 학생 선발권을 가진 고등학교에서 주로 실시하는 '서류+면접' 방식의 전형을 말한다. 학교 설립 취지에 맞는 학생들을 선발하고 과도한 스펙 경쟁이나 학교 자체 선발고사로 인한 사교육을 억제하기 위해 정부에서 전형 방식을 표준화했다.

고등학교 유형	1단계	2단계	비고
외고, 국제고	영어 내신 성적+출결	1단계 성적+면접	
서울 지역 자사고	내신 무관 추첨	면접	미달 시 추첨 없이 전원 선발
서울 지역 이외 자사고	내신 성적+출결	1단계 성적+면접	민사고, 하나고는 체력 검증 포함
과학고(광역)	학교장 추천, 입학 담당관 활동 (입학 담당관이 학교로 방문해 선생님이나 학생 면담)	내신+서류+면접	

유형 2 자율고등학교

자율고등학교는 보통 학생 선발권을 가지고 있으면서 재정 자립도(사립의 경우)를 높여 교과 편성 자율성을 좀 더 가지고 있는 고등학교로, '자율형 사립고'와 '자율형 공립고'가 있다. 자율형 사립고는 전국 단위로 학생을 선발하는 10개의 '전국 단위 선발 자사고'와 시도별로 학생을 선발하는 '광역 선발 자사고'로 나뉜다. 자사고도 특목고와 함께 전기 선발을 통해 상위권 학생들을 선점했는데, 2019학년도부터 모집 시기를 후기로 전환했다. 그리고 문재인 정부 시절 외고와 자사고의 일반고 전환 정책이 추진되면서 서울 대성고, 대구 경신고, 광주 숭덕고와 같이 자발적으로 일반고로 전환한 학교들이 있다. 이들 학교는 자사고 시절에도 입시 실적이 좋았으므로 일반고 전환 과정에서 교육 이해 당사자들의 반발이 컸다.

자율고등학교의 유형과 전형 방법

고등학교 유형		모집 시기	모집 단위	전형 방법	비고
자사고	전국	후기	전국	자기 주도 학습 전형	전국 10개
	광역		시도별	자기 주도 학습 전형	서울 16개, 비서울 8개
자율형 공립고	평준화	후기	시도별	평준화 일반고와 같은 방식으로 선발	충남고(대전시 서구), 진주고(경남 진주시) 등
	비평준화		시도별	내신 성적	운정고(경기도 파주시), 포산고(대구시 달성군) 등

유형 3 특성화고등학교

특성화고등학교는 이전에 '실업계 고등학교'로 부르던 직업 교육 관련 고등학교를 말한다. 현재는 만화-애니메이션, 요리, 관광, 통역, 금은보석 세공, 인터넷, 멀티미디어, 원예, 골프, 공예, 디자인, 도예, 승마 등 다양한 분야의 특성화고등학교가 설립되어 운영 중이다.

마이스터고등학교(Meister School)는 기존의 실업계 고등학교를 발전시킨 학교로, 해당 분야의 기술 장인을 육성하려는 것이 목적이다. 서울에도 서울로봇고등학교(강남구), 수도전기공업고등학교(강남구) 등이 있고 바이오, 반도체, 자동차, 전자, 기계, 로봇, 통신, 조선, 항공, 에너지, 철강, 해양 등 다양한 기술 분야의 마이스터고등학교가 전국에 있다. 마이스터고는 특성화고등학교가 아니라 '특수목적고등학교'로 분류되고, 기숙사가 있는 학교도 있으며, 성적이 상위권인 학생들도 많이 진학한다. 대학 진학보다 취업을 우선시해서 특성화고 전형으로 대학 진학을 생각하는 학생들은 일부러 특성화고로 진학하는 예도 있다.

유형 4 일반고등학교

1 | 평준화/비평준화 고등학교

일반고등학교는 앞에서 소개한 유형 외의 나머지 일반적인 고등학교를 말한다. 보통 대학 진학을 목표로 하고 선발 방법에 따라 '평준화 고등학교'와 '비평준화 고등학교'로 구분한다. 평준화 지역에서는 희망 고등학교를 여러 개 지원하고 컴퓨터 추첨 등을 통해 배정한다. 비평준화 고등학교는 보통 시도 교육청의 내신 산출 방식에 따라 산출된 점수를 바탕으로 학생을 선발한다. 비평준화 지역 중에서도 우수 학생들이 몰리는 학교는 전국 100위권 이내의 명문고가 되기도 한다. 대표적으로 경기도 화성의 화성고, 파주의 운정고, 남양주의 동화고, 시흥의 함현고 등이 비평준화 지역의 명문 일반고다.

고등학교 평준화 지역

서울특별시, 부산광역시, 인천광역시, 광주광역시, 대구광역시, 대전광역시, 세종특별자치시	
강원도	강릉시(일부), 원주시, 춘천시
경기도	고양시, 과천시, 광명시, 군포시, 부천시, 수원시, 성남시 분당구, 성남시 수정구, 성남시 중원구, 안산시, 안양시, 용인시, 의왕시, 의정부시
경상남도	김해시(일부), 진주시(일부), 창원시(일부)
경상북도	포항시(일부)
전라남도	목포시, 순천시, 여수시
전라북도	군산시(일부), 익산시(일부), 전주시
충청남도	천안시(일부)
충청북도	청주시(일부)
제주특별자치도	제주시(일부)

2 | 농어촌 자율학교

농어촌 자율학교는 일반고로 분류되지만, 전국이나 광역 단위 학생 선발권을 가지고 있다. 이 학교는 농어촌 지역의 교육 역량을 강화하기 위해 지정된 학교로, 자율형 사립고등학교처럼 교장 임용과 교육 과정 운영, 교과서 사용, 학생 선발 등에서 자율성을 가진다. 하지만 일반고여서 자사고 대비 등록금이 훨씬 저렴하다. 전국 선발 자율고인 공주사대부고나 공주의 한일고, 경기 선발 자율고인 양평의 양서고는 전국 선발 자사고 급의 입시 성적을 내고 있다.

모집 단위별 농어촌 자율학교

모집 단위	농어촌 자율학교
전국 선발	거창고, 거창대성고, 공주사대부속고, 한일고(충남 공주시), 남해해성고, 풍산고(경북 안동시), 영양여고(전북 영양군), 익산고(전북), 창녕옥야고(경남)
광역 선발	경주고, 능주고(전남 화순군), 양서고(경기도 양평군), 양일고(양평), 양평고, 장안제일고(부산시 기장군), 장성고(전남)

일반고등학교의 유형과 전형 방법

고등학교 유형	모집 시기	모집 단위	전형 방법	비고
평준화 일반고		시도별	선지원 후추첨	
비평준화 일반고	후기	비평준화 지역	내신	
농어촌 자율고		전국/도별	내신	전국 선발 9개 광역 선발 7개

특성화 교육의 붕괴와 기형적인 대학 진학률

2023년 교육통계서비스 자료에 따르면 해당 연도 중학교 졸업생 453,186명의 14.7%인 66,712명이 특성화고등학교에 진학했다. 따라서 우리나라 중학교 졸업생의 80% 이상은 대학을 목표로 하는 일반고등학교나 특목·자사고에 진학한 것으로 볼 수 있다. 그리고 특성화고등학교에 진학해서도 대학이나 전문대에 진학하는 학생들 비율이 2022년 48.3%, 2023년 50.6%로 매년 높아지고 있다. 고졸 취업 학생들의 급여나 대우, 사회적 편견 등으로 매년 특성화고등학교의 진학

비율이 떨어지고 정원을 채우지 못하는 학교들이 늘고 있다.

교육평론가 이범은 우리나라 일반고 붕괴의 주된 요인 중 하나를 특성화고등학교에 가서 직업 교육을 받고 사회에 나와야 할 상당수의 학생이 대학을 목표로 일반고로 진학하는 사회 구조적 모순과 특성화 교육의 붕괴 또는 소홀로 뽑았다. 우리나라도 유럽과 같이 중학교 졸업생의 20~30%만 대학 진학이 목표인 고등학교에 진학하고 나머지 학생은 직업 교육과 민주 시민 교육을 받고 사회에 나오게 하는 것이 가장 이상적이다. 하지만 여러 가지 사회적, 정치적, 경제적 문제가 꼬이면서 특성화고 진학률은 계속 떨어지고 대학 진학률 70~80%라는 전 세계 유례없는 현상이 우리나라에서 나타나고 있다.

"모두가 의사이고 변호사이면 소는 누가 키우고, 집은 누가 짓고, 하수도는 누가 수리하냐?"는 말이 있다. 상식적으로도 고등학생들 70~80%가 평생에 한 번 쓸까 말까 하는 지수·로그함수와 삼각함수를 다 공부할 필요가 없고 가정법 과거완료와 시제가 혼합된 가정법을 모두 알 필요가 없다. 그런데 우리나라의 수많은 고등학생은 좀 더 나은 대학 진학을 목표로 자기 삶에는 별 효용이 없는 문제지 푸는 공부를 하는 데 3년의 세월을 보내고 있다. 게다가 그게 제대로 되지 않아 귀한 청년의 시간을 낭비하며 학교와 학원에서 엎드려 자는 학생들도 많다. 대학을 안 나와도 사람 대접받고 차별받지 않는 건강한 사회를 이루면서 학생들이 자신의 강점을 살리는 교육을 받을 수 있도록 해야 하는데 어른들이 그런 사회를 만들어주지 못해서 너무 안타깝다.

고등학교 선택의 갈림길,
특목고 vs 일반고

　우리나라 입시 여정에서 고등학교 선택은 많은 부모와 학생이 밤잠을 못 이룰 만큼 가장 힘든 주제다. 앞에서 특별한 일부 중학교를 설명했지만, 우리나라 초등학생의 99% 가량은 자기가 사는 지역에 있는 평준화 중학교에 진학한다. 학군지냐, 비학군지냐의 차이가 있지만 중학교에 진학할 때는 많이 고민하거나 선택할 필요가 없다. 하지만 고등학교는 특목고, 자사고, 일반고, 그리고 일반고에서도 학군지나 비평준화 지역 명문 일반고와 그렇지 않은 평범한 일반고의 대학 입시 결과가 크게 다르므로 대부분 어느 고등학교에 가느냐가 어느 대학에 가느냐를 결정한다고 생각한다. 그러므로 절박한 마음으로 특목고, 자사고 진학 준비에 올인하거나, 학군지로 이사하거나,

사교육비에 투자하는 등 이 시기에 중요한 교육적 결정을 하는 경우가 많다.

특목고와 일반고의 심각한 양극화:
중상위권이 사라진 일반고

안타까운 현실이지만 우리나라 대학 입시는 의대와 서울대를 정점으로 하는 등수 경쟁이다. 그래서 각 고등학교의 의대와 서울대 진학 현황을 살펴보면 해당 학교의 나머지 대학 진학 현황을 대강 파악해 볼 수 있다. 서울대에서 국회에 제출한 '2023학년도 서울대 합격자 출신 고교별 현황(정원 내 모집, 최종 등록 기준)'을 보면 영재고(10.21%), 과학고(4.05%), 외국어고(7.16%), 국제고(1.99%), 자율형 사립고(17.91%), 예술고(5.68%) 등 이른바 특목·자사고 출신의 합격자가 47%다.

주요 특목고와 자사고는 전국 70여 개이고 학생 수가 14,000여 명이지만 서울대 합격자 중 50% 가까이 차지하고 있다. 여기에 일반고로 분류되지만, 공주사대부고와 같은 전국 선발 자율고나 화성고나 파주 운정고 같은 학생 선발권이 있는 비평준화 지역 명문고는 거의 준 특목고라고 볼 수 있다. 또한 일반고에서도 서울대 합격자가 많이 나오는 곳은 대치동, 목동, 대구 수성구, 분당 같은 교육특구다. 결국 서울대 합격자를 7명 이상 낼 수 있는 전국 100위권 학교 중에서 70~80%는 이런 특목·자사고나 명문 학군지의 일반고라고 볼 수 있다.

2023학년도 서울대 합격자 출신 고교별 현황
(정원 내 모집, 최종 등록 기준)

(단위: 명)

고등학교 유형	수시		정시		합계	전체 비중 (%)
	지역 균형	일반	지역 균형	일반		
영재고		298		40	338	10.21
과학고		117		17	134	4.05
외국어고		196	5	36	237	7.16
국제고		55	3	8	66	1.99
일반고	512	362	107	636	1,617	48.84
자공고	32	27	2	36	97	2.93
자사고	13	251	18	311	593	17.91
예술고, 체육고		93		95	188	5.68
특성화고		1	1	9	11	0.33
검정고시		8		17	25	0.76
기타(해외)		4		1	5	0.15
합계	557	1,412	136	1,206	3,311	
전형 유형별 비중(%)	16.82	42.65	4.11	36.42		

이렇게 되니 중학교 때 공부 좀 한다고 하는 상위권 학생들은 대부분 특목·자사고나 명문 학군지의 일반고로 진학하고 전국 1,500개의 평범한 일반고에는 수능 성적 기준 상위권 학생들이 거의 남지 않는 기형적인 모습이 나타난다. 물론 각 학교에 나름 최상위권은 남아있다. 일반고에서 서울대 지역 균형 선발 전형이나 학생부 교과 전형과 같은 수시 전형을 노리고 남아 있는 학생들이다. 또한 의대나 교대의 지역 인재 전형을 노리고 내신 경쟁이 수월한 지방 학교로 전략

적으로 진학하는 최상위권 학생들도 있다. 하지만 이들과 함께 열심히 공부하며 학교의 면학 분위기를 만들어줄 만한 대부분의 상위권 학생들은 특목고나 자사고, 명문 학군지의 전국 100~200위권 일반고로 빠져나간 상황이다. 상황이 이렇다 보니 특목고, 자사고와 명문 학군지에 있는 일반고의 입시 실적은 점점 더 좋아지고 지역 일반고는 점점 황폐해질 수밖에 없다. 다음의 표를 보면 이런 입시 결과의 양극화를 분명히 볼 수 있다.

2022학년도 서울 주요 고등학교의 입시 결과(중복, 재수생 포함 합격 건수)

고등학교(졸업생 수)	서울대	의약 계열	연세대	고려대	서강대	성균관대	한양대
휘문고(401명)	39	220	93 (서울)	63 (서울)	35	43	46
보인고(349명)	21	66	45	42	22	28	55
100위권 A고(331명)	2	21	17	14	3	6	5
200위권 B고(288명)	3	4	4	10	2	6	2
300위권 C고(184명)	1	4	3	3			
300위권 D고(232명)			3	2		1	

• **자료 출처 : 학교 홈페이지, 언론, 평촌 드래곤영어 블로그 등**

전국 100위권의 최상위 고등학교인 휘문고(강남구)와 보인고(송파구)는 의대와 SKY 합격 건수만 해도 415건, 174건이다. 중복과 재수생을 고려하면 재학생 기준으로 내신 2~3등급 안에 들면 재수해서라도 의대나 SKY 대학에 진학한다고 볼 수 있다. 하지만 같은 서울에 있는 300위권 이하 C, D 고등학교는 중복 합격을 빼고 최종 진학 대학을 기준으로 입시 결과를 살펴보면 내신 1등급도 Top 10 대학에 가지 못하는 모습을 볼 수 있다. 또한 같은 서울권 학교인데 100위권 학교는 300명대가 넘어가는데, 300위권 학교는 200명대를 못 넘기는 학생 수 양극화 현상도 나타나고 있다. 결국 서울에서도 입시 자원의 부익부, 빈익빈 현상이 더욱 심화되고 있는 것이다. 그리고 이런 현실은 형편만 된다면 어떻게든 아이를 특목·자사고에 보내거나 명문 학군으로 이사 가야 좋은 대학에 갈 수 있다는 분위기를 만들어서 학군지 쏠림 현상으로 집값이 상승하는 사회·경제적 문제로 이어지고 있다.

특목·자사고에 가도 입시가 다 해결되는 것은 아니다

특목·자사고나 강남급 일반고에 갔다고 모두 입시에서 원하는 결과를 얻을 수 있는 것은 아니다. 전국 100~200위권 고등학교에는 상위권 학생들이 많이 모이고 면학 분위기가 좋은 만큼 내신 경쟁이 치열하고 학업 스트레스도 많을 수밖에 없다.

141쪽의 표는 '학교알리미'(www.schoolinfo.go.kr)에 있는 통계를 바탕으로 학교 유형별 대표 고등학교의 졸업생 진로 현황을 정리한 것이다. '학교알리미'의 졸업생 진로 현황에서 '기타'는 재수생 인원으로 볼 수 있는데, 대치동의 100위권 일반고의 재수생 비율은 50% 이상이다. 수시 위주의 입시 결과를 내는 하나고나 대원외고도 재수생 비율이 30~40%에 이른다. 상위권대 정시 비중이 40%로 늘면서 그만큼 수시 인원이 줄었으므로 이전에 비해 내신과 수시를 통해 원하는 대학에 가는 문이 더 좁아졌다고 볼 수 있다.

2023학년도 유형별 대표 고등학교의 졸업생 진로 현황

(단위: 명)

고등학교(유형)	졸업생	졸업생 진로 현황
서울과학고 (영재학교)	128 (남 114, 여 14)	대학 108(84.4%) 해외 대학 1(0.8%) 기타 19(14.8%)
한성과학고 (과학고)	132 (남 102, 여 30)	대학 108(81.8%) 기타 24(18.2%)
외대부고 (용인, 전국 자사고)	364 (남 124, 여 240)	대학 180(49.4%) 해외 대학 36(9.9%) 기타 148(40.7%)
하나고 (전국 자사고)	196 (남 97, 여 99)	대학 131(66.8%) 기타 65(33.2%)
대원외고 (광역 외고, 공학)	265 (남 97, 여 168)	대학 156(58.9%) 해외 대학 3(1.1%) 기타 106(40.0%)
단대부고 (사립, 일반, 남)	378(남)	대학 146(38.6%) 기타 225(59.5%) 전문대 7(1.9%)
숙명여고 (사립, 일반)	391(여)	대학 174(44.5%) 기타 209(53.5%) 전문대 8(2.0%)
휘문고 (광역 자사고, 남)	401(남)	대학 218(54.4%) 기타 181(45.1%) 전문대 2(0.5%)

100위권 고등학교의 중하위권 입시 결과는?

다음은 대치동의 대표적인 일반고인 A 고등학교의 2023학년도 1학년 1학기 국영수 학업 성취 현황이다.

2023학년도 대치동 A 고등학교의 1학년 1학기 국영수 학업 성취 현황

(단위: %)

과목	평균	표준 편차	A	B	C	D	E
국어	73.9	17.7	24.6	20.5	18.7	11.0	25.1
수학	73.6	15.1	16.9	26.7	17.4	17.2	21.8
영어	71.8	16.8	19.2	16.7	20.5	19.2	24.4

* 자료 출처: 학교알리미(www.schoolinfo.go.kr)

이 학교는 시험 문제도 쉽지 않은데, 수학 평균이 73.6점이고 수행 평가를 포함해서 90점대 가까운 점수로 A를 받은 학생이 16.9%(2023학년도 1학년 391명 중 66명)다. 9등급 내신으로 환산하면 1등급에서 2등급 중반 정도 나올 수 있는 성적이고 국어 A는 24.6%(1~3등급), 영어 A는 19.2%(1~2등급 후반)다. 이런 학교에서는 내신 평균 1점대를 받고 학생부 교과 전형을 쓰기는 거의 힘들다고 볼 수 있다. 또한 내신 5~6등급 이하를 받을 수 있는 성취도 D, E 비율의 합은 국어 36.1%, 영어 39.0%, 수학 43.6%로, 중하위권도 상당히 두텁다고 볼 수 있다.

결국 이렇게 내신 경쟁이 치열한 학교에서 내신 3~4등급 이하로 밀리면 수시로 원하는 대학에 가기는 힘들고 재수, 삼수를 해서 정시로 도전할 수밖에 없다. 그리고 잘못하면 재수 이상을 하고도 비학군지에서 내신 1등급 받고 수시로 간 학교보다 훨씬 낮은 수준의 대학에 갈 수 있다. 이렇게 되면 학군지에서 비싼 거주 비용과 사교육을 감당하고 중고등학교에 다닌 게 별 의미가 없어진다. 따라서 고등학교를 선택할 때는 단순히 겉으로 나타나는 입시 결과만 보고 움직이기보다 학생의 입시 역량, 성향, 그리고 가정 형편을 고려하여 종합적으로 판단해야 한다.

공부 머리 테스트로 진학 고등학교 판단하기

고등학교를 결정할 때 제도 변화에 따른 입시 유불리 등 수많은 변수를 고려하다 보면 거의 결정하지 못하는 경우가 많다. 그래서 필자가 제안하는 가장 단순한 방법은 본인이 진학하려고 하는 고등학교의 내신 기출 문제를 바탕으로 공부 머리 테스트를 해 보는 것이다. 공부 머리 테스트하는 방법은 51쪽에서 설명했고 내신 기출 문제는 '족보닷컴'(www.zocbo.com)에서 구할 수 있다.

공부 머리 테스트의 오픈북 점수를 보고 내가 그 학교에 가서 최소한 B 이상, 9등급 내신 기준으로 3~4등급, 5등급 내신 기준으로 2등급 이상을 받을 수 있는 학교에 가는 것이 바람직하다. 어떤 학부모님들은 "그 학교에서 중간 정도만 해도 Top 10 대학은 가던데 왜 그리 빡빡하게 성적을 계산하느냐?"라고 반문한다. 하지만 막상 고등학교에 가서 어떤 일이 있을지 아무도 모른다. 내 학년에 공부 잘하는 아이들이 더 몰릴 수도 있고 뒤늦게 사춘기가 와서 방황할 수도 있다. 또한 공부 자존감이 무너져 생각지도 않은 성적이 나올 수 있다. 그리고 경쟁이 센 학교에서는 한두 문제만 더 틀려도 내신이 1~2등급이나 더 아래로 떨어질 수 있음을 고려해야 한다. 그러므로 내가 상위 20~30%에 확실히 들 수 있는 고등학교에 간다는 느낌으로 학교를 선택하는 것이 가장 안전하다.

수학, 영어 선행 학습이 되었으면 특목고나 자사고로!

사교육을 조장하는 것은 아니지만 현실적으로 중학교 때 충분한 영수 선행이 안 된 상황에서 특목·자사고에 가는 것은 아주 무모한 결정이라고 할 수 있다. 고등학교에 진학하여 차근차근 교과 과정을 따라가면서 공부하겠다는 순진한 마음으로 특목·자사고에 진학한다면 1학년 1학기 첫 중간고사부터 큰 충격을 받기 쉽다. 고등학교 합격 통지서를 받고 입학 예정 학교에서 내주는 겨울방학 과제 목록만 봐도 바로 현실을 알 수 있다. 모 자사고의 겨울방학 과제 목록은 영어 3학년 수능 모의고사 문제지 한 권 풀기, 수학 고1 과정 문제지 풀어오기, 영어 원서 3~4권 읽고 독후감 써오기였다.

적절한 선행 학습이 되어 있지 않으면 중학교 때는 전교권이나 반에서 1~2등 했어도 고교 내신이 6~7등급 이하로 떨어지고 아무리 노력해도 도저히 내신을 올릴 수 없는 벽에 부딪힐 수 있다. 특히 특목·자사고의 영어나 수학의 진도는 고등학교에 가서 따라잡을 수 있는 정도가 아니다. 그러니 어느 수준 이상으로 선행 학습이 되어 있지 않다면 특목고보다는 일반고에서 차근차근 교과 내용을 공부하며 상위권 전략을 짜는 편이 낫다.

최상위권 노력형은 일반고를 적극 활용하자

특목·자사고는 아무래도 선행 학습이 되어 있는 아이들이 많고 경쟁이 심하다. 그래서 한편으로는 특목고나 자사고에 갈 수 있는 실력을 갖춘 상위권 학생이라면 본인의 진로나 공부 성향을 고려해 일반고에 가는 게 더 유리할 수 있다. 예를 들어 천재적인 성향은 없지만 성실하고 꾸준한 노력형 학생이 의대 진학을 원한다면 영재학교나 과학고보다는 일반고에서 최상위 내신으로 수시를 노리거나 수능 공부에 좀 더 집중하는 것이 더 유리할 수 있다. 또한 지방 의대의 지역인재 전형을 노리고 일반고에서 내신과 수능 중심으로 공부하는 전략을 짤 수도 있다. 공부 중심이 잘 잡혀있고 학교 분위기에 크게 흔들리지 않을 학생이라면 충분히 해 볼 만한 선택이다.

중상위권은 아이 성향에 맞춰서 고등학교를 선택하자

사실 최상위권 학생들은 어딜 가도 어느 정도는 하게 마련이다. 입시 현장에서 가장 어렵고 애매한 경우가 중상위권 학생이다. 어떤 학생은 특목고에 가서 다른 아이들에게 자극을 받아 열심히 공부했더니 원하는 대학에 갔다고도 하고 어떤 학생은 너무 잘하는 아이들 사이에서 나는 아무리 해도 안 된다는 좌절감만 안고 입시에서 손해를 봤다고도 한다. 그래서 고입 입시 지도에서도 자주 언급되는 것이 바로 아이의 '근성'이다. 실패를 좀 겪어도 좌절하지 않고 다시 일어설 수 있는 근성을 가진 아이들은 특목고나 자사고에 가서도 어느 정도의 성과를 낼 수 있다. 하지만 '유리 멘탈'을 가진 학생들은 특목고나 자사고에 갔다가 무너지는 일도 많고 일반고로 유턴해도 좋지 않은 면학 분위기에 휩쓸리기도 한다.

결국 아이가 예상치 못한 상황에서도 버틸 수 있는 근성이 있는지가 고등학교 진학에 있어서도 가장 중요하다. 또한 명문 고등학교에서 중상위권 이상을 해야 내가 원하는 대학에 갈 수 있음을 기억하고 이런 성적을 받을 수 있는 학교에 가야 한다. 마지막으로 아이의 멘탈을 객관적으로 알아볼 수 있는 좋은 도구로 KRQ-53 회복 탄력성 검사가 있다. 인터넷에서도 쉽게 검사 도구를 구할 수 있으니 매년 회복 탄력성 검사를 해 보면서 학생의 마음 상태를 객관적으로 살펴보고 필요하면 입시 전략을 바꿔보는 것도 좋은 방법이다.

상위권 학생의 선택
① 영재학교

영재학교 - 서울대 입학의 지름길

우리나라에서 영재학교는 과학영재학교를 의미한다. 영재학교는
현재 입시 체제에서 서울대에 가는 가장 빠른 방법이기도 하다. 다른
명문 특목고나 자사고의 서울대 합격률이 20~30%라면 영재학교는
40~50%에 육박한다.

◆ **전국 8개 과학영재학교(2023년 현재)**
경기과학고등학교, 광주과학고등학교, 대구과학고등학교, 대전과학고등학
교, 서울과학고등학교, 세종과학예술영재학교, 인천과학예술영재학교, 한
국과학영재학교(부산광역시)

최초의 영재학교인 한국과학영재학교(부산광역시)　　　대전의 영재학교인 대전과학고

영재학교의 전형 방법

　보통 영재학교 입시는 5월부터 시작해 8월 정도면 합격 여부를 알 수 있다. 2024학년도 입시에서는 5월 말에 원서 접수, 7월 9일 2차 전형, 8월 초 3차 전형, 8월 말 최종 합격자 발표의 일정이었다. 영재학교여서 전국 선발 인원에는 이론적으로 중학교 1~2학년도 지원할 수 있지만, 대부분 3학년 때 영재학교 입시를 치른다. 전형이 3학년 1학기부터 시작되므로 영재학교에 지원하는 학생들은 중학교 3년 내내 고3 못지않은 빡빡한 일정을 소화해야 한다. 학교 내신도 소홀히 할 수 없어서 학교 수업을 열심히 듣고 수행 평가와 중간고사, 기말고사도 철저하게 준비해야 한다. 또한 영재학교 2~3단계 시험에 대비해 매일 학원에서 수업을 듣고 해당 모의고사 문제를 풀어야 한다. 합격 가능성이 높은 상위권은 면접과 실험 연습도 해야 한다. 고3 못지않은 게 아니라 고3보다 더 힘든 1년을 보내야 하는 것이 영재학교를 대비하는 중3 최상위권 학생들의 삶이다. 학교마다 조금씩 차이는

있지만 전형 방법은 대체로 다음 3단계로 진행된다.

1 | 1단계: 학생 기록물 평가

학생 기록물 평가는 서류 전형으로, 학생부와 자기소개서, 지도 교사 추천서를 바탕으로 학생의 영재성을 검토한다. 1단계 서류 평가 이후 전화 연락이나 별도 면접이 있을 수 있다.

2 | 2단계: 영재성 평가 시험

국어, 수학, 과학 등의 과목 시험을 통해 학생의 융합적, 창의적 문제 해결 능력을 묻는 시험이다. 단순한 지식과 문제 풀이 능력을 확인하는 게 아니어서 일반 내신 시험과는 다르게 대비해야 한다. 그런데 이 영재성 평가 시험이 교재도 없고 학교 수업을 통해 대비해 줄 수 있는 수준이 아니라는 게 문제다. 그래서 대부분의 학생은 영재학교 합격자를 배출한 유명 학원의 영재성 평가 시험 대비반 수업에 의존하고 있다. 주요 영재학교 대비 학원에서는 일부 학교에서 공개한 기출 문제와 응시생의 기억으로 복원한 문제를 바탕으로 연습 문제를 만들어 영재성 평가 시험을 대비하고 있다. 또한 시험에 필요한 중학교 수준 이상의 선행 학습을 진행한다. 이론적으로는 사교육 없이도 자신의 영재성만으로 영재학교에 갈 수 있지만, 현실적으로는 영재학원 대비 학원에서 강한 트레이닝을 받고 면접 대비 수업을 들은 아이들이 영재학교에 합격하는 상황이다.

3 | 3단계: 학교별 영재성 다면 평가

마지막으로 학생들은 하루 또는 2박 3일 캠프에 참석하여 실험과 심층 면접을 한 후 마지막으로 영재성을 평가받는다. 이렇게 3단계 평가 이후 우선 선발을 포함해 최종 합격자를 결정한다.

잠깐! 내 아이가 정말 영재일까?

영재학교에 진학하면 대학 진학이나 졸업 후 취업까지 상당 부분이 해결된다. 그렇기에 많은 학부모가 영재학교에 관심을 두고 어려서부터 아이에게 영재 교육을 시키려고 한다. 이렇게 영재학교 진학 열풍 속에 관련 사교육 시장이 기하급수적으로 커지면서 안타깝게도 영재가 아닌데 영재 흉내(?)를 내다가 낙오하는 아이들도 많이 생기고 있다.

우리 아이가 영재인지를 알 수 있는 기준은 너무나 분명하다. 영재 판별력 검사를 받아야 한다면 그 아이는 영재가 아니다. 영재는 그 나이에 이미 어른 수준의 성취도를 보이고 영재 검사 같은 것이 없어도 누구나 이미 영재라는 걸 알 수 있어야 한다. 영재는 구체적으로 검사해 보지 않아도 이미 암기력이 뛰어나거나 계산 능력이 탁월하고 수학이나 과학적 개념의 이해가 남다르다. 혹시 부모인 내가 잘 몰라서 아이의 영재성을 알아보지 못할까를 걱정할 필요도 없다. 아이가 영재라면 학교 선생님들이나 학원 선생님들이 다 알려준다.

부모가 아이를 끌고 이 학원, 저 학원으로 다니면서 수많은 테스트와 시험을 봐야 한다면 그 아이는 이미 진정한 영재라고 할 수 없다.

안타깝게도 우리나라에서는 영재학교가 서울대나 명문 대학 이공 계열 진학의 지름길이 되면서 영재 교육이 이상한 방향으로 가고 있다. 진짜 영재를 뽑아 창의적으로 교육하는 게 아니라 모범생을 뽑아 수학과 과학 선행 학습을 시키는 모습이 나타나고 있는 것이다. 게다가 영재가 아닌 평범한 아이들도 공부 에너지가 일찍부터 방전되고 사교육비 부담으로 부모까지 힘들어지는 부작용까지 나타나고 있다. 영재학원에 다니면서 지나친 선행을 하고 실제 일반적인 대학 입시에 도움이 되지 않는 심화 수업을 받으면서 공부 자존감만 낮아지는 아이들도 늘어나고 있다. 영재학교 대비 로드맵은 전체 입시에서 상위 0.1% 아이들의 진로이므로 주변 분위기에 휩쓸리기보다 정말 우리 아이에게 맞는 로드맵인지를 면밀하게 검토하는 것이 중요하다.

상위권 학생의 선택
② 과학고

대부분의 영재학교가 '과학고등학교'라는 이름을 쓰고 있어서 자칫 혼동할 수 있지만 영재학교는 전국 단위로 선발하고 중학교 1~2학년도 지원할 수 있는, 말 그대로 영재학교다. 반면 일반 광역 선발 과학고는 해당 지역의 중3을 대상으로 선발하는 특목고다. 이런 과학고등학교는 전국에 20개가 있고 해당 지역에 있는 과학고에만 지

인천과학고(인천광역시 중구)

전북과학고(익산시)

전국 20개 과학고등학교(2023년 현재)

지역	과학고등학교
서울특별시 및 광역시	대구일과학고, 대전과학고, 부산과학고, 부산일과학고, 세종과학고, 울산과학고, 인천과학고, 인천진산과학고, 한성과학고
강원도	강원과학고
경기도	경기북과학고
경상남도	경남과학고, 창원과학고
경상북도	경북과학고, 경산과학고
전라남도	전남과학고
전라북도	전북과학고
충청남도	충남과학고
충청북도	충북과학고
제주특별자치도	제주과학고

원할 수 있다.

이론적으로 과학고는 영재학교에 비해 사교육을 덜 받고 학교에서 과학, 수학 공부를 열심히 한 학생들도 충분히 도전해 볼 수 있다. 하지만 현실적으로는 영재학교에 지원하는 학생들이 영재학교에 떨어지면 대부분 지역 단위 선발 과학고에 지원하므로 보통 영재학교와 과학고 입시 준비를 병행하는 경우가 많다.

과학고등학교의 전형 방법

과학고등학교 입시는 130쪽에서 소개한 자기 주도 학습 전형으로 이루어진다. 학교마다 조금씩 차이가 있지만 보통 3단계로 진행된다.

1 | 1단계: 서류 평가

1단계에서 평가 항목은 교과 성적과 학교생활기록부 II, 자기소개서, 교사 추천서다. 보통 교과 성적은 성취 평가제(절대 평가)로 산출한 중학교 내신 성적을 수학 50%, 과학 50% 등의 비중으로 반영한다. 최근에는 대부분의 중학교에서 자유학기제나 자유학년제를 시행하므로 내신은 2~3학년 4학기 중에서도 최근 것을 더 높게 반영하는 방식으로 산출한다. 1단계 서류 평가를 바탕으로 200~300명 내외의 면담 대상자를 선정한다. 지방의 경우 평균 경쟁률 3:1 내외이므로 2~3학년 수학과 과학이 모두 A등급인 학생들은 충분히 도전해 볼 수 있다.

2 | 2단계: 학생 면담

2단계에서는 소집 면담이나 방문 면담(또는 전화 면담)이 이루어지는데, 보통 제출한 서류의 사실 여부를 질문한다. 필요하면 입학 담당관이 학교를 방문하여 학생이나 추천서를 써준 선생님과 면담하기도 한다.

3 | 3단계: 면접

2단계 면담 결과를 바탕으로 상위 학생들은 인성 면접을 보고 나머지 학생들은 창의 인성 면접과 같은 이름으로 수학, 과학에 대한 창의성 및 잠재 역량을 알아보기 위한 면접을 본 후 모든 단계 결과를 통합적으로 평가하여 최종 합격자를 결정한다. 단 과학고 최종 합격자는 자사고나 일반고 등의 후기 고등학교에 지원할 수 없다.

tip

수학과 과학 교육에 중점을 두는 과학 중점 학교(일반고)

과학 중점 학교는 일반고 중에서 수학, 과학 교육에 중점을 두는 고등학교다. 과학실 4개와 수학 교실 2개를 갖추어야 하고 1학년 때 연간 50시간 이상의 비교과 활동 및 과학 체험 활동과 함께 한국과학창의재단에서 제작한 '과학교양'과 '과학융합' 과목을 추가로 이수해야 한다. 또한 2학년 때부터는 과제 연구와 실험 중심의 교육을 받는다.

2023년 현재 '교육부 지정 과학 중점 학교'와 '경기도형 과학 중점 학교'의 2가지 유형의 커리큘럼이 있다. 과학 중점 학교는 일반고지만 거의 과학고에 준하는 수학, 과학 교육을 받고 학생부에 기재할 수 있는 활동을 많이 할 수 있어서 학생부 종합 전형에 상당히 유리했다. 그래서 한동안 영재학교나 과학고에 떨어진 학생들이 과학 중점 학교에 우선 지원하면서 이들 학교의 수시 실적이 좋았지만, 최근에는 의대 열풍과 상위권대 정시 40% 확대 영향으로 명문 학군지 과학 중점 학교의 서울대 수시 합격자는 이전에 비해 많이 줄었다. 하지만 여전히 수시 위주로 이공계 상위권 대학에 진학하려는 학생들에게는 과학 중점 고등학교가 좋은 선택이 될 수 있다. 다음은 전국의 과학 중점 학교를 정리한 것이다.

전국 과학 중점 학교 현황

지역	고등학교	
서울	주요 선호고	경기고, 대진고, 마포고, 명덕고, 반포고, 서울고, 용산고, 잠신고
	그 외	강일고, 경복고, 무학여고, 미양고, 방산고, 선정고, 성보고, 숭의여고, 신도림고, 용화여고, 여의도고, 영등포고, 창동고, 혜원여고, 휘경여고

지역	고등학교		
경기	교육부 지정 과학 중점 학교	선호고	김포고, 분당중앙고, 오산 세마고
		그 외	고잔고, 과천중앙고, 구리고, 백운고, 보평고, 봉일천고, 부흥고, 시흥매화고, 양일고, 양지고, 용호고, 인창고, 일산동고, 주엽고, 초당고, 태장고, 풍생고, 효양고, 효원고
	경기도형 과학 중점 학교	선호고	낙생고, 수리고, 수지고
		그 외	도당고, 라온고, 배곧고, 백신고, 보영여고, 부천고, 부천여고, 상우고, 솔터고, 송우고, 수원칠보고, 용인백현고, 원미고, 정명고, 정발고, 지산고, 진성고, 청덕고, 퇴계원고, 효성고
인천	선호고		송도고
	그 외		가림고, 계양고, 선인고, 인명여고, 인천고, 인천남고, 인천남동고, 인천산곡고, 인천여고, 인천원당고, 인천효성고
충청권	선호고		대덕고, 대전동산고, 세광고
	그 외		금천고, 서령고, 온양고, 온양여고, 영동고, 천안신당고, 천안쌍용고, 천안중앙고, 청주고, 충주고, 호수돈여고
호남권	광양백운고, 군산제일고, 목상고, 봉황고, 상무고, 순천복성고, 양현고, 여수고, 이리고, 전주제일고, 조선대여고, 풍암고, 해남고, 해룡고		
대구, 경북	경상고, 경원고, 경주고, 계림고, 구미고, 김천여고, 대영고, 도원고, 문경여고, 상주고, 심인고, 영남고, 영천고, 원화여고, 청도고, 포항고, 포항이동고, 함지고, 함창고		
부산, 울산, 경남	선호고		부산장안고
	그 외		김해분성고, 동원고(경남), 마산용마고, 만덕고, 물금고, 방어진고, 부산고, 부산센텀여고, 브니엘고, 삼성여고, 용인고(부산), 울산강남고, 울산중앙고, 진주제일여고, 창원남산고, 창원여고, 혜화여고
강원도	속초고, 원주고, 춘천고		
제주도	남녕고, 대기고, 제주여고, 제주제일고		

상위권 학생의 선택
③ 외고

외국어고등학교는 자사고가 생기기 전까지 과학고와 더불어 특목고 열풍을 주도한 학교였다. 대원외고로 상징되는 명문 외고에서 문과 상위권 학생들을 싹쓸이하다시피 했고 몇몇 외고에서는 불법적으로 이과반을 운영하면서 의대를 비롯한 많은 이과 합격생을 배출하여 서울대 합격자 수를 늘리기도 했다.

대입 공정성 강화 방안 이후 외고의 입시 경쟁력은?

그러다가 2010년 이후 교육부에서 외고의 지필고사 폐지를 유도하고 이과반 운영을 단속하면서 외고 과열 현상은 점차 진정되었다.

또한 외고와 국제고 선발 방법을 개선하여 이제 이론적으로는 과도한 선행이나 대학 논술 수준의 어려운 입시 준비 없이 외국어를 좋아하고 영어 성적이 좋다면 외고에 진학할 수 있게 되었다. 지금은 이전보다 외고에 들어가기 쉬워졌지만 가서 얼마나 잘할 수 있느냐가 문제가 되는 상황이다. 또한 상위권 대학의 정시 비율이 40%로 확대되면서 외고에서 수시로 상위권대에 가는 길은 좁아졌고 재수생의 비율도 높아졌다. 근본적으로 외고 커리큘럼이 수능에는 나오지 않는 외국어 전공 시수와 수행 평가가 많아서 학교를 다니면서 수능 공부할 수 있는 여건이 안 된다는 한계가 있다. 마지막으로 영재학교나 과학고등학교가 여학생들보다 남학생이 많은 남초 학교라면 외고는 여초 현상을 보인다. 여학생 대 남학생 비율이 기본적으로 6:4이고 심하면 8:2까지 되는 학교가 있어서 내신 받기가 절대 만만치 않다.

2019년 대입 공정성 강화 방안 발표 이후 외고 진학에 관해서는 입시 전문가 사이에서도 의견이 갈린다. 외고를 좋게 보는 쪽은 여전히 외고는 문과 상위권이 수시로 상위권 대학에 갈 수 있는 최적의 통로라고 한다. 의대 열풍으로 최상위권 학생들이 이과가 강한 일반고나 자사고로 빠지면서 오히려 문과 상위권 학생들은 이전보다 경쟁률이 덜 치열해서 좀 더 수월하게 상위권 대학에 수시로 갈 수 있다고 말한다. 반대로 안 좋게 보는 쪽은 앞에서 설명한 대로 외고에서 수능 공부하기 힘들다는 점을 지적한다. 어차피 외고에서도 상위권을 유지할 가능성이 없다면 일반고나 정시 위주 자사고에서 수능 공부를 열심히 해 두는 것이 원하는 대학에 갈 수 있는 길을 넓히는 방법이라고 말한다.

결국 수능 경쟁력이 관건이다. 공부 머리 테스트나 다중 지능 검사를 통해 아이의 수능 경쟁력을 살펴보고 수능 경쟁력이 있다면 수능 점수를 1점이라도 더 높일 수 있는 일반고나 자사고에 가는 것이 좋다. 반면 수능 경쟁력이 별로 없다면 외고에 진학한 후 내신과 수행 평가를 열심히 해서 수시로 가는 방법이 자기 실력보다 한 단계 높은 대학에 갈 수 있는 전략일 것이다.

외국어고등학교의 전형 방법

2024학년도에는 전국 28개 외고에서 5,522명을 선발했다. 2015학년도부터 적용되는 외고, 국제고 입시 개선안에 따라 전형 방법은 모두 동일하다.

2015학년도부터 개정된 외고, 국제고 전형 방법(공통)

1단계	2단계: 최종 합격자 선발	면접 관련 서류
· 중2~3학년 영어 내신 성적(160점)+출결(감점) · 정원의 1.5배수 선발	1단계 성적(160점)+면접(40점)	자기소개서, 학교생활기록부Ⅱ

1 | 1단계: 영어 내신 성적+출결

영어 내신 성적은 중2, 중3 성적을 반영하며 중1 성적은 반영하지 않는다. 내신 성적은 2019학년도부터 2~3학년 모두 절대 평가인 성취 평가제로 반영하고 있다. 동점자는 국어와 사회(또는 역사) 과목의 성취 평가 수준을 활용한다. 교육부가 제시한 동점자 처리 기준에 따르면 국어, 사회 과목의 성취도 환산 점수를 3학년 2학기 국어, 3학년 2학기 사회 → 3학년 1학기 국어, 3학년 1학기 사회 → 2학년 2학기 국어, 2학년 2학기 사회 → 2학년 1학기 국어, 2학년 1학기 사회 순으로 반영하게 되어 있다.

성실성을 나타내는 출결 점수도 중요하다. 전 과목이 아닌 영어 내신만 반영하므로 동점자가 많아 출결 점수에 가중치를 두는 학교에서는 출결이 합격에 영향을 미칠 수도 있다.

2 | 2단계: 면접

이론적으로 외고 입학을 희망하는 학생들은 2~3학년 영어 교과 성적을 A등급으로 유지하고 학생부를 토대로 자기소개서 작성에 신경 쓰고 면접에 대비하면 된다. 1단계 영어 내신 성적에서 동점자가 발생할 가능성이 높으므로 2단계 면접이 상대적으로 중요하다. 면접에서는 교과 지식을 묻지 않고 외국어로 대답할 수 없게 하여 선행 학습을 근본적으로 차단하고 있다. 특히 면접에서는 159쪽 표에 나온 자기소개서와 학교생활기록부 II를 근거로 질문해야 하며 개인별 면접 문항 이외에 별도의 공통 문항은 묻지 못하게 되어 있다.

제출 서류를 근거로 면접이 진행되므로 "본인이 활동한 동아리에서 다룬 주요 활동을 몇 가지 말해보고 가장 인상 깊었던 활동은 무엇이었는지 말해보세요.", "외교관이 되고 싶다고 했는데 외교관이 갖춰야 할 자질은 무엇이고 이를 위해 ○○외고에서 어떻게 노력할 것인지 구체적으로 말해보세요.", "번역 봉사 활동을 했다고 했는데 가장 기억나는 책을 소개해 보고 번역할 때 가장 중요한 게 무엇인지 말해보세요.", "독일어과에 지원한 이유가 무엇인가요?"와 같은 질문이 나올 수 있다. 몇몇 자사고와 같이 "인문학의 위기와 이에 대한 해결책은 무엇인가요?"처럼 선행 학습이나 사교육이 필요한 공통 문항이 없으므로 면접 기술보다는 진실한 자기소개서와 일관성 있는 학교 활동이 중요하다. 외고와 국제고의 최근 입시 결과와 경쟁률, 그리고 전망은 277쪽의 '누가 외고와 국제고에 가야 하는가?'에서 자세히 정리했다.

대표적인 명문 외고인 대원외고(서울시 광진구)

한영외고(서울시 강동구)

상위권 학생의 선택
④ 국제고

외고와 비슷한 개념으로 국제고등학교가 있다. 국제고는 외고와 헷갈릴 수 있는데, 간단히 비교하면 다음과 같다.

외고와 국제고의 간단 비교

	외국어고등학교	국제고등학교
설립 목적	외국어에 능통한 인재 양성	국제 전문 인력 양성 (예) 외교관, 국제기구 종사자
이수 과정	영어 이외의 본인 전공 외국어 80단위 이상 이수	국제 정치, 문화와 같은 국제 관련 사회과 과목 80단위 이상 이수
과별 전형	전공 외국어 선택 진학 (예) 영어과, 독일어과, 중국어과 등	과별 전형 아님
선발 방법	해당 지역 광역 선발	국제고가 없는 지역에서는 전국 지원 가능

국제고등학교는 설립 초기에는 외고나 국제반을 갖춘 전국 선발 자사고(외대부고, 민사고)와 내국인이 입학할 수 있는 국제학교(제주, 송도) 사이에서 위치가 애매했지만, 여러 가지 장점이 드러나면서 선호도가 높아져서 상위권 학생들이 계속 모이는 추세다. 2024학년도를 기준으로 전국에는 8개의 국제고등학교가 있다.

전국 8개 국제고등학교(2023년 현재)

국제고등학교	개교일	위치	비고
고양국제고	2011년	경기도 고양시 일산동구 식사동	공립
대구국제고	2021년	대구시 북구 국우동	공립
동탄국제고	2011년	경기도 화성시 반송동	공립
부산국제고	1998년	부산시 부산진구 당감동	공립, 최초 국제고
서울국제고	2008년	서울시 종로구 명륜동	공립
세종국제고	2013년	세종시 아름동	공립
인천국제고	2008년	인천시 중구 운서동(영종도)	공립
청심국제고	2006년	경기도 가평군	사립

국제고등학교의 장점

국제고는 외고와는 달리 대부분 공립이다. 외고는 1인당 평균 학비가 연간 800만 원 전후이고 서울, 경기권에 있는 주요 사립 외고는 연간 학비가 1,000만 원 이상(기숙사비, 식비 등 수익자 부담금 포함)에 달한다. 이에 비해 국제고는 사립인 청심국제고를 제외하고 학비가 모두

800만 원대 전후다. 따라서 국제고는 일반 공립 외고급 학비를 부담하면서도 사립 외고급 실력을 갖출 수 있다는 점이 매력적이다. 또한 외고처럼 전공 외국어를 정하고 80단위 이상 수업을 들어야 하는 규정에서 자유로워서 전공이나 공부의 폭을 좀 더 다양하게 넓힐 수도 있다. 하지만 여전히 수능 시험에 나오지 않는 사회과 심화 과목을 많이 들어야 하는 부담이 있다.

국제고등학교의 전형 방법

국제고의 전형 방법은 기본적으로 외고와 동일하며 영어 성적과 면접 대비 능력이 중요하다. 2024학년도 입시에서 전국 8개 국제고 평균 경쟁률은 1.88:1(1,172명 모집)이었다. 이전의 2:1 이상의 경쟁률에는 못 미치지만 2022학년도 1.43, 2023학년도 1.77에 이어 경쟁률은 계속 상승 중이다. 구체적으로 2024학년도 경쟁률을 살펴보면 동탄국제고(선발 인원 200명) 2.41:1, 고양국제고(200명) 2.32:1, 서울국제고(150명) 1.9:1, 부산국제고(160명) 1.81:1, 인천국제고(138명) 1.74:1, 청심국제고(100명) 1.63:1, 세종국제고(100명) 1.4:1, 대구국제고(120명) 1.13:1이다.

국제고등학교를 선택할 때 고려할 점

국제고도 외고와 마찬가지로 문과 상위권 학생들의 고려 학교 중 하나로, 해당 지역 최상위권 학생들이 꾸준히 진학하고 있다. 또한 여학생들이 많고 졸업생이 대부분 200명 미만이어서 외고보다 내신 받기가 더 어려울 수 있다. 국제고는 대부분 공립이고 개교 10년 내외의 신생 학교가 많아 20년 이상의 역사를 자랑하는 사립 명문 외고에 비해 외형적인 입시 실적은 그리 좋지 않다. 하지만 꾸준히 진학 실적을 올려서 8개 국제고 중에서 6개 학교는 전국 100위권 실적을 내고 있다. 1인당 등록금 대비 대학 진학 실적을 생각하면 공립 국제고는 이른바 '가성비'가 좋다.

마지막으로 '국제고'라는 이름만 보고 해외 대학에 진학하기 위해 국제고에 간다는 순진한 생각을 하면 안 된다. 해외 대학 진학은 비싼 학비, 해외대 졸업 후 우리나라에서의 정착 가능성 등 고려해야 할 사항이 아주 많다. 2023년 졸업생 기준으로 해외 대학 진학률이 높은 학교는 청심국제고(33명, 32.4%), 민사고(32명, 21.3%), 경기외고(30명, 16.0%), 외대부고(36명, 9.9%)), 한영외고(7명, 3.1%) 등으로, 청심국제고를 빼고는 대부분 자사고와 외고다. 해외 대학 진학반이 개설된 자사고와 외고에 가는 것이 국내 학교에서 해외 대학에 갈 수 있는 더 빠른 길이다.

학생 선발권을 가진 자율고
① 전국 선발 자사고

전국 선발 자율형 사립고등학교의 인기

전국에서 지원할 수 있는 전국 선발 자율형 사립고등학교(전사고)는 10곳으로, 대부분 전국 100위권 실적을 내고 있다. 이 중 하나고등학교의 경우 일반 전형은 서울 지역 학생들만 지원할 수 있지만, 사회 통합 전형이 전국 선발이어서 서울 지역 광역 자사고가 아닌 '전국 선발 자사고'로 분류된다. 또한 서울시와 협약에 따라 주소지 기준 강남구, 서초구, 송파구에 거주하는 학생은 모집 정원의 20%(40명) 이내로 입학이 제한된다.

2022년 이후 새 정부에서 자사고 일반고 전환 정책을 포기하면서 전국 선발 자사고의 경쟁률은 계속 상승하고 있다.

전국 선발 자율형 사립고등학교의 대입 결과

매년 대학 입시에서 전국 선발 자사고는 의대와 서울대에서 최상위 입시 실적을 내고 있다. 2023학년도 서울대 입시에서는 254명(수시 141+정시 113)의 등록자가 나왔다. 전국 선발 자사고 졸업생이 2,500명 정도이므로 졸업생 10명 중 1명은 서울대에 가는 셈이다. 여전히 수시 합격자가 많지만, 서울대도 정시 비중이 40%가 되면서 전국 선발 자사고의 정시 합격자가 늘고 있다.

서울대 이외에도 의학, 약학 계열과 Top 10 대학 입시에서는 전국 선발 자사고가 매년 거의 전국 최고 수준의 입시 결과를 내고 있다. 169쪽의 표는 재수생과 중복이 포함된 전사고의 대입 합격 건수이지만, 합격자 명수만 따져도 전사고 내신 2~3등급 안에 들면 의약 계열이나 Top 3 대학 진학이 그리 어려운 일이 아니다. 전국 선발 자사고의 학교 프로그램이 우수한 점도 있지만, 대부분의 진학생이 기본적인 고등학교 영어, 수학 선행을 끝내고 오기 때문이다. 2017년 조사 자료에 의하면 전국 선발 자사고의 수능 1~2등급 비율은 70%에 달했다.

2023학년도 전국 선발 자사고의 졸업생 진로 현황

(단위: 명)

고등학교 (위치)	졸업생	졸업생 진로 현황*
외대부고 (경기도 용인시)	364 (남 124, 여 240)	대학 180(49.4%) 해외 대학 36(9.9%) 기타 148(40.7%)
하나고 (서울시 은평구)	196 (남 97, 여 99)	대학 131(66.8%) 기타 65(33.2%)
민사고 (강원도 횡성군)	150 (남 85, 여 65)	대학 59(39.4%) 해외 대학 32(21.3%) 기타 59(39.3%)
상산고 (전북 전주시)	357 (남 237, 여 120)	대학 127(35.6%) 해외 대학 2(0.6%) 기타 228(63.9%)
광양제철고 (전남 광양시)	203 (남 90, 여 113)	대학 126(62.1%) 기타 63(31.0%) 전문대 14(6.9%)
김천고 (경북 김천시)	200(남)	대학 130(65.0%) 기타 70(35.0%)
북일고 (충남 천안시)	308(남)	대학 169(54.9%) 해외 대학 1(0.3%) 기타 133(43.2%) 전문대 1(0.3%)
인천하늘고 (인천 중구)	207 (남 82, 여 125)	대학 161(77.7%) 해외 대학 2(1.0%) 기타 44(21.3%)
포항제철고 (경북 포항시)	346 (남 160, 여 186)	대학 202(58.3%) 해외 대학 2(0.6%) 기타 129(37.3%) 전문대 13(3.8%)
현대청운고 (울산시 동구)	178 (남 88, 여 90)	대학 75(42.1%) 기타 103(57.9%)

* 취업이나 해외 전문대 진학자 제외 주요 대학 진학자 결과

2023학년도 주요 전국 선발 자사고의 입시 결과(중복, 재수생 포함 합격 건수)

고등학교(졸업생 수)	서울대	의약 계열	연세대	고려대	서강대	성균관대	한양대	특성화대*
외대부고(364명)	68	127	85	86	27	66	40	카, 포 29
상산고(357명)	32	232	52	49		54	36	60
포철고(346명)	23	60	20	28	17	52	25	42
김천고(200명)	12	15	15	16	13	33	38	29
하늘고(207명)	12	23	18	21	4	34	22	47
북일고(308명)	23	31	21	41	20	57	46	45

* **특성화대:** 카이스트 등 과학특성화대학
자료 출처: 학교 홈페이지, 언론, 평촌 드래곤영어 블로그(blog.naver.com/bookijoa)

수시형 자사고 & 정시형 자사고

자사고는 크게 '수시형 자사고'와 '정시형 자사고'로 나눈다. 수시형 자사고는 수능 준비보다 학생부 종합 전형과 미국 아이비리그 대학에서도 입학 허가를 받을 수 있을 정도의 다양한 비교과 활동이 장점인 학교로, 영미계 명문 보딩스쿨을 모델로 설립되었다. 강원도 횡성의 민족사관고등학교(민사고)가 대표적인 수시형 자사고이고 하나고와 인천하늘고가 이런 유형의 학교다. 광역 선발 자사고에는 충남 삼성고가 대표적이다. 하나고와 민사고는 2023학년도 졸업생 대비 서울대 수시 합격률이 각각 21%, 14%였다. 영재학교의 40%대에는 못 미치지만, 특목·자사고 중에서는 최상위다. 또한 김천고, 포항제철고, 천안 북일고도 수시 경쟁력이 있으며 학생부 종합 전형에 유리한 다양한 비교과 활동과 동아리 프로그램을 진행하고 있다.

정시형 자사고는 수능에 강점을 가지고 정시로 의대와 서울대를 많이 보내는 학교다. 전국 선발 자사고 중에는 상산고가 대표적인 정시형 자사고이고 광역 선발 자사고 중에는 서울의 휘문고, 세화고가 해당한다. 울산의 현대청운고는 이전에는 수시형 자사고였지만, 최근에 의대 합격자가 늘면서 정시 서울대 합격자와 재수생 비율이 증가하고 있다. 정시형 자사고는 수시형 자사고에 비해 상대적으로 재수생 비율이 높은데, 2023학년도 기준 상산고는 63.9%, 현대청운고는 57.9%였다.

마지막으로 외대부고는 수시, 정시, 해외 대학 진학을 포함한 전 영역에서 최상위 입시 실적을 보인다. 전국 선발 자사고 중에서도 질적으로 다른 모습을 보이는데, 전국의 전교 1~2등 학생들이 모이다 보니 그만큼 내신 경쟁이 치열한 것으로 알려져 있다. 외대부고의 2023학년도 재수생 비율은 40.7%였다.

민족사관고(강원도 횡성군)

외대부고(경기도 용인시)

1 | 전형 유형과 선발 인원

2024학년도 입시에서 전국 선발 자사고는 10개교에서 2,575명의 학생을 선발했고 전체 경쟁률은 1.86:1이었다. 2022학년도 경쟁률은 1,58:1, 2023학년도 경쟁률은 1,82:1로, 매년 경쟁률이 올라가고 있다.

❶ 일반 전형

일반 전형은 전국에 있는 중학생이면 누구나 지원할 수 있는 전형이다. 경쟁률이 제일 높고 전국 중학교의 최상위 학생들이 모인다.

❷ 지역 인재 전형

지역 인재 전형은 학교가 위치한 지역 학생들을 별도로 뽑는 전형이다. 외대부고는 용인 지역, 인천하늘고는 인천과 영종도 지역, 천안북일고는 충남 지역 학생들에게 선발 기회를 주고 있다. 지역 전형은 일반 전형에 비해 경쟁률은 조금 낮은 편이고 몇몇 학교는 미달일 수 있으므로 일반 전형에 자신이 없는 학생들은 지역 전형을 적극적으로 활용해 볼 필요가 있다.

**2024학년도 전사고의
전국 선발 인원과 경쟁률**

고등학교	선발 인원(명)	경쟁률
인천하늘고	25	4.12
외대부고	196	3.24
상산고	239	2.45
북일고	136	2.11
현대청운고	164	2.05
포항제철고	90	2.01
민사고	160	1.83
광양제철고	70	1.51
김천고	96	1.43

**2024학년도 전사고의
지역 선발 인원과 경쟁률**

고등학교	선발 인원(명)	경쟁률	비고
하나고	160	3.03	서울시
인천하늘고	70	2.60	인천시 영종도
외대부고	84	2.60	경기도 용인시
포항제철고	30	2.43	경북
광양제철고	20	1.85	전남
상산고	67	1.43	전북
김천고	89	0.99	경북
북일고	137	0.81	충남

❸ **임직원 자녀 전형**

일부 학교에서는 재단과 관계가 있는 기업의 임직원 자녀를 위한 전형을 운영한다. 2024학년도 입시의 경우 포항제철고는 150명(1.15:1), 인천하늘고는 85명(1.14:1), 광양제철고는 112명(0.86:1)을 임직원 자녀 전형으로 모집했다. 포항제철고와 광양제철고는 포스코그룹사 임직원 자녀가, 인천하늘고는 인천공항 종사자(항공기 승무원 제외) 자녀가 지원할 수 있고 경쟁률은 일반 전형에 비해 훨씬 낮다.

2 | 전형 방법

전국 선발 자사고도 2019년부터 후기고 입시 일정에 맞춰 진행되고 있다. 전형 방법은 학교마다 조금씩 다른데, 보통 1단계는 서류 전형으로, 교과 성적과 출결을 통해 면접 대상자의 2배수(민사고 1.875배수, 북일고 1.5배수)를 뽑는다. 교과 성적은 주요 과목(국어, 영어, 수학, 사회, 과학)을 반영하며 반영 학기는 3개 학기(상산고, 광양제철고, 3학년 2학기 제외)에서 4개 학기(2학년, 3학년)까지 학교마다 차이가 있다.

2단계에서는 학생부, 자기소개서, 추천서 등의 서류를 평가한 후 면접을 시행하고 민사고와 하나고는 체력 검정이 추가된다. 학교별로 전형 방법이 조금씩 다르지만, 결국 교과 성적, 학생부 관리, 면접이 합격의 열쇠가 된다. 점수가 반영되는 학기의 주요 과목은 거의 A등급을 받아야 하고 학생부와 자기소개서에도 자기만의 스토리가 있어야 한다.

면접 문제도 다른 특목·자사고와 같이 서류 기반 확인 문제가 아닌 경우가 많다. 제시문이 주어지고 수학 문제를 묻는 학교도 있어 사교육 도움 없이 학생 혼자 준비하기 쉽지 않다. 그래서 전국 선발 자사고 진학에 관심이 많은 서울과 수도권에는 전사고 대비 중등학원이 많다. 이런 학원에서는 중학교 내신 관리, 고등학교 영어와 수학 선행, 해당 학교 자기소개서 작성 및 면접 대비를 해 주면서 해마다 수십 명씩의 전사고 입시 실적을 내고 있고 실적이 좋은 학원에 계속 학생들이 몰리기도 한다. 즉 전사고에 가려면 중학교 때부터 상당한 사교육비를 감당해야 하는 것은 부인할 수 없는 현실이다.

2023학년도 전국 선발 자사고 입시 관련 자기소개서 및 면접 내용

고등학교	자기소개서	면접 내용
하나고	자기 주도 및 인성 1,500자	서류 기반 면접
외대부고	나의 꿈과 끼, 인성 1,500자	서류 검증+추가 문항
민사고	자기 주도 및 인성 1,500자, 진로 500자 • 추천서 요구, 학부모 기재서(본교 목표 500자, 자녀 진로 300자)	국어, 영어, 수리, 인성+선택 1(과학, 사회, 역사, 도덕) 20분 동안 5개 면접실에서 진행
상산고	자기 주도 및 인성 1,500자, 독서 3권 300자 • 추천서 요구	창의 융합(수학 지문) 60%, 인성 독서(문학 지문) 40%
광양제철고	지원 동기 진로, 독서 1,200자, 인성 500자	서류 검증, 인성
김천고	건학 이념 500자, 학습 계획 500자, 인성 500자	서류 검증+공통 질문(수과학 논리력, 아이디어)
북일고	진로 계획 및 인성 800자, 학업 역량 700자	자소서 바탕 면접
인천하늘고	나의 꿈과 끼, 인성 1,500자	서류 검증+공통 문항(수학, 영어, 사회)
포항제철고	지원 동기 400자, 학업 역량 800자, 인성 400자	서류 검증+공통 면접(사회 이슈)
현대청운고	지원 동기 800자, 정주영 정신 200자, 인성 500자	서류 검증 및 제시문(수학/창의성) 면접

• **추천서**: 민사고(교사나 지인, 학원강사나 친척 안 됨), 상산고(교사)

전국 선발 자사고를 선택할 때 고려할 점

1 | 상위 20~30%에 들 수 있는지 냉정하게 검토한다

전국 선발 자사고(전사고)에 진학했을 때 상위 20~30%에 들 수 있는지 검토하는 게 가장 중요하다. 선배들이 압도적인 입시 실적을 낸 것은 분명하지만, 내가 이 학교 교복을 입었다고 바로 명문대가 보장되는 게 아니다. 이 학교 안에서도 상위 40~50%에는 들어야 원하는 대학에 갈 수 있다. 일단 자사고에 입학하면 그래도 중간 이상은 할 거라고 생각했어도 내신에서 한두 문제 더 틀리고 수행 평가 발표에서 몇 초 멈칫하면 내신 1~2등급이 내려간다. 수시를 생각해도 해외 대학 진학이 아닌 국내 입시에서 승부를 보려면 국영수를 잘해야 하는데, 특히 수학이 관건이다. 기본적으로 해당 학교 내신 상위 20~30%에 들 수 있도록 고등학교 영어, 수학 실력을 갖추어야 동아리나 봉사 활동 등 비교과 활동도 자유롭게 할 수 있다.

전국 3대 자사고(외대부고, 하나고, 민사고)의 2023학년도 서울대 수시 합격률은 평균 13.9%였다. 상위 15% 안에 들면 서울대 수시 합격권이고 상위 50%는 Top 3 대학 진학이 유력하다. 하지만 이들 세 학교의 2023학년도 재수생 비율은 평균 37.7%로, 졸업생의 40% 정도는 해당 연도에 본인이 원하는 학교에 진학하지 못하고 재수를 선택하는 셈이다. 또한 의대 선호도가 높은 정시형 자사고는 재수생 비율이 기본적으로 50~60%에 이른다.

만약 이런 전사고 하위권 학생들이 일반고나 의대 지역 인재 전형이 되는 지방에 내려갔으면 어땠을까? 모두 해당되는 것은 아니지만, 전사고 중하위권 학생이 평범한 일반고에서는 내신 1등급이나 전교권 성적일 가능성이 크다. 따라서 학생부 교과 전형이나 의대 지역 인재 전형을 통해 본인이 원하는 학교에 갈 가능성은 이론적으로 이쪽이 더 높다.

실제로 필자 지인의 자녀도 3대 전사고에서 내신이 거의 하위권에 머물다가 현역으로 Top 5 대학 경영학과에 수시로 합격했다. 부모나 학생이나 입시 결과에 별 불만이 없는 듯했고, 이 학교 꼴찌도 Top 5 대학에 간다고 놀라워했다. 하지만 이 학생은 해당 지역 중학교에서 전교 1등을 하던 성실한 학생이었기에 안타까운 부분도 있다. 이 가정은 고등학교 3년 동안 학비와 기숙사비로 6천만 원 이상을 지출했고 자사고에 다니면서도 방학 때는 사교육비에 수천만 원을 썼다. 게다가 자사고에 가기 위한 중학교 사교육비에 수천만 원을 쓰는 등 거의 1억 원이 넘는 돈을 자녀 교육에 쏟아부었다. 그리고 이 학생이 중학교 전교 1등 하던 지역에서는 해당 연도에 서울대를 7명 이상 보낸 학교가 2곳이나 나왔고 수능 만점자도 나왔다. 학비가 거의 들지 않는 일반고를 통해서도 서울대나 Top 3 대학에 갈 수 있는 지역에서 왜 굳이 비싼 학비 내고 멀리 떨어진 자사고를 다녔는지는 잘 생각해 볼 문제다.

2 | 경제적 상황을 고려한다

전사고 진학에서는 경제적인 부분을 고려하지 않을 수 없다. 좋은 교육을 위해 당연히 그만큼의 비용을 지불해야 하고 국제학교나 영미권의 보딩스쿨에 비해 훨씬 저렴하게 공부 잘하는 친구들과 함께 좋은 교육을 받을 수 있다는 의견도 있다. 그리고 실제 전국 선발 자사고는 비싼 학비 이상으로 학생들에게 많은 투자를 하는 것으로 알려져 있다.

교육부가 국회에 제출한 '2022년 고교 유형별 학생 1인당 학부모 부담금 현황' 자료에 따르면 전국 10개 전사고의 평균 학부모 부담금은 연간 1,223만 원이었다. 민사고 3,063만 원, 하나고 1,432만 원, 상산고 1,194만 원이었고 가장 저렴한 곳이 광양제철고 910만 원이었다. 그리고 2024년 7월, 언론에 보도가 된 2023년 결산 기준 자료에서도 전국 선발 자사고의 2023년 학생 1인당 학부모 부담금은 1,335만 원이었다. 광역 선발 자사고는 800만 원으로 이렇게 1년에 1천만 원이 넘는 학비뿐만 아니라 추가로 들어가는 사교육비를 생각하면 전사고는 일반 서민들이 갈 수 있는 평범한 학교는 아니다. 보통 상위권 전사고의 경우 기숙사비를 포함해서 1년에 2~3천만 원 이상의 예산을 잡아야 하므로 3년이면 6~7천만 원 이상의 비용이 든다. 그리고 여기에 방학 때 들어가는 사교육비와 전사고에 가기 위해 중학교 때부터 추가되는 사교육비를 생각하면 대학에 가기 전에 최소 1억 원 정도의 비용을 준비해 두어야 한다. 우리 가정의 형편을 잘 살펴본 후 진학 여부를 결정해야 한다. 뒤에서 소개하겠지만 농어촌 자율고나 비평준화 지역 명문 일반고 가운데 학비가 비싸지 않으면서 전사고 급의 입시 실적을 내는 학교도 많다.

반면 공부도 잘하고, 경제적 형편도 넉넉하며, 해외 대학 진학도 고려한다면 민사고나 외대부고 등 해외 대학 진학 실적이 좋은 학교는 좋은 선택이 될 수 있다. 이들 학교는 국제학교나 해외 보딩스쿨과는 달리 해외 대학 진학 준비도 하고 국내 대학에 진학할 친구들과의 인연도 만들어 둘 수 있다는 장점이 있다.

3 | 지역 선발 전형이나 임직원 전형은 주의할 필요가 있다

172쪽에서 소개한 2024학년도 입시 경쟁률에서도 확인할 수 있듯이 전국 선발 전형과 지역 선발 전형, 또는 임직원 전형의 경쟁률이 큰 차이가 나는 학교들이 있다. 이것은 어떤 의미로 해석할 수 있을까? 이 부분은 민감한 부분이라 판단은 각자에게 맡기겠다. 하지만 높은 경쟁률을 뚫고 입학한 전국 선발 전형 학생들과 지역 선발 전형 학생, 또는 임직원 전형 입학 학생 중에서 어느 쪽이 고교 진학 후에 내신이나 수시 TO를 더 잘 받을 수 있을까? 영수 선행이나 고등학교 생활 준비가 충분히 안 된 학생들은 내신 중하위권으로 밀릴 가능성이 크다. 명문고 졸업장을 받을 수 있고 우수한 학생들에게 자극받아 열심히 공부할 수 있는 분위기만 얻어도 좋다면 상관없지만, 입시 현실에서는 치열한 내신 경쟁을 냉정하게 판단해야 한다.

학생 선발권을 가진 자율고
② 광역 선발 자사고

2009년 이명박 정부의 자율고 육성 방침이 발표된 이후 전국의 수많은 사립고들이 자율형 사립고로 전환을 시도하면서 명문고로서의 도약을 꿈꿨다. 하지만 전국 선발 자사고에 비해 광역 선발 자사고의 도전 결과는 학교에 따라 명암이 크게 갈렸다. 이전보다 더욱 성장한 학교가 있었고 학비만 늘었지 일반고에 비해 나은 게 없다는 평을 받는 학교도 있었다. 결국 여러 가지 이유로 자연스럽게 자율형 사립고가 정리되면서 2024년에는 서울 지역 16개, 비서울 지역 8개의 광역 선발 자사고가 남게 되었다.

각 광역 선발 자사고의 현황을 객관적으로 살펴보려면 각 학교의 대학 입시 결과와 입학 경쟁률을 참고하는 게 가장 확실하다. 입시 결과가 전부는 아니지만, 단일 통계로 가장 간단하게 다른 학교와 비교해 볼 수 있는 수단이기 때문이다.

서울 지역 광역 선발 자사고

1 | 서울 지역 광역 선발 자사고의 대입 결과

서울 지역에는 16개의 광역 선발 자사고가 있고 이중 매해 12개 전후의 자사고는 전국 100위권의 입시 결과를 내고 있다..

**2023학년도 서울 지역 광역 선발 자사고의
졸업생 진로 현황**

(단위: 명)

고등학교 (위치)	졸업생	졸업생 진로 현황
경희고 (동대문구)	210(남)	대학 114(54.3%) 기타 86(41.0%) 전문대 10(4.8%)
배재고 (강동구)	395(남)	대학 204(51.6%) 기타 185(46.8%) 전문대 6(1.5%)
보인고 (송파구)	351(남)	대학 224(63.8%) 기타 120(34.2%) 전문대 1(0.3%)
선덕고 (도봉구)	355(남)	대학 180(50.7%) 기타 166(46.8%) 전문대 9(2.5%)
세화고 (서초구)	353(남)	대학 214(60.6%) 해외 대학 3(0.8%) 기타 136(38.5%)

*자료 출처 : 학교알리미

고등학교 (위치)	졸업생	졸업생 진로 현황
세화여고 (서초구)	348(여)	대학 255(73.3%) 해외 대학 1(0.3%) 기타 90(25.9%) 전문대 2(0.6%)
신일고 (강북구)	324(남)	대학 149(46.0%) 해외 대학 2(0.6%) 기타 127(39.2%) 전문대 33(10.2%)
양정고 (양천구)	324(남)	대학 151(46.6%) 기타 161(49.7%) 전문대 12(3.7%)
이화여고 (중구)	369(여)	대학 145(39.3%) 기타 209(56.6%) 전문대 15(4.1%)
중동고 (강남구)	366(남)	대학 149(40.7%) 기타 213(58.2%) 전문대 4(1.1%)
중앙고 (종로구)	275(남)	대학 129(46.9%) 해외 대학 2(0.7%) 기타 130(47.3%) 전문대 12(4.4%)
현대고 (강남구)	341 (남 120, 여 221)	대학 132(38.7%) 해외 대학 14(4.1%) 기타 187(54.8%) 전문대 7(2.1%)
휘문고 (강남구)	401(남)	대학 218(54.4%) 기타 181(45.1%) 전문대 2(0.5%)

• 취업이나 해외 전문대 진학자 제외

이외에도 서울 지역 광역 선발 자사고에는 한대부고(공학, 성동구), 이대부고(공학, 서대문구), 대광고(남고, 동대문구)가 있다. 서울 지역 광역 선발 자사고 중 대치동과 목동권의 자사고는 이전부터 수시보다는 정시 입시 실적이 좋은 고등학교가 많았고 재수생 비율도 높았다. 서울대 수시 진학률 1% 미만, 재수생 비율 50% 전후의 학교를 정시형 자사고로 분류할 수 있는데, 휘문고(강남구 대치동), 중동고(강남구 일원동), 양정고(양천구 목동) 등이 해당된다. 그리고 서울대 수시 진학률 1% 이상, 재수생 비율 40% 미만의 학교는 수시형 자사고로, 보인고, 세화여고, 경희고 등이 있다. 나머지 학교들은 대부분 점점 수시 비중이 줄고 재수생 비율이 올라가면서 정시형 자사고 쪽으로 이동하고 있다. 이것은 상위권 대학교의 정시 비중이 40%가 되면서 나타나는 현상이라고 볼 수 있다.

2 | 서울 지역 광역 선발 자사고의 전형 방법

2024학년도에 서울 지역 16개 자사고는 총 6,472명의 학생을 선발했다. 지원 자격은 서울 시내 중학교 졸업자와 자사고가 없는 경남, 제주, 세종 지역 졸업자이고 선발 방법은 '추첨'과 '면접'으로 나뉜다. 학교마다 추첨하는 경쟁률의 기준이 있는데, 이를 넘기지 못하면 추첨을 시행하지 않는다. 보통 추첨과 면접을 모두 시행하는 학교는 선호하는 학교이고 미달 학교는 선호도가 떨어진다고 볼 수 있다.

2024학년도에 면접을 실시한 서울 지역 광역 선발 자사고

경쟁률	전형 방법	추첨	면접	해당 고등학교 (일반 모집 전형 경쟁률)
1.2:1 초과 ~ 1.5:1 이하	추첨 없이 전원 면접	×	○	중동고(1.47) 휘문고(1.41) 중앙고(1.33) 세화여고(1.22)
1.5:1 초과	1.5배수 추첨 후 면접	○	○	배재고(1.70) 이화여고(1.61) 세화고(1.59) 선덕고(1.58) 보인고(1.56)

2024학년도에 면접을 실시하지 않은 서울 지역 광역 선발 자사고

경쟁률	전형 방법	추첨	면접	해당 고등학교 (일반 모집 전형 경쟁률)
1:1 이하	지원자 전원 최종 합격	×	×	이대부고(0.93) 대광고(0.66)
1:1 초과	추첨	○	×	경희고(1.32) 한대부고(1.28) 신일고(1.21) 양정고(1.11) 현대고(1.16)

면접은 보통 100점 만점이고 '자기 주도 학습 영역'과 '인성 영역'으로 구성된다. 자기 주도 학습 영역에서는 자기 주도 학습 과정, 진로 계획, 지원 동기 등을 중점적으로 평가한다. 인성 영역에서는 자기소개서와 학생부의 행동 특성 및 종합 의견 등에 기재된 봉사, 체험 활동 등의 중학교 활동 실적을 바탕으로 배려, 나눔, 협력, 타인 존중,

규칙 준수 등에 대한 인성 요소를 평가한다. 자기 주도 학습 영역과 인성 영역의 배점 구조는 학교마다 달라서 60:40 또는 50:50으로 하는 학교도 있고 평가 영역별 배점을 두지 않고 종합적으로 평가하는 학교도 있다. 결국 학교생활을 성실하게 하고 교과와 비교과의 학생부를 잘 관리한 학생이 높은 평가를 받을 수 있다. 전국 선발 자사고에 비해 서울 지역 광역 선발 자사고는 사교육이 개입할 여지가 적은 편이다.

3 | 서울 지역 광역 선발 자사고를 선택할 때 고려할 점

2024학년도 고등학교 입시에서 서울 지역 광역 자사고의 일반 전형 경쟁률은 1.34:1로, 2023학년도 1.45:1에 비해 조금 낮아졌지만, 앞으로 상위권 서울 지역 광역 선발 자사고의 인기는 계속 유지될 것으로 보인다. 우선 현재 대입 체제뿐만 아니라 '2028 대학입학제도 개편안'에서도 상위권대 정시 비율이 40%가 유지되면서 대입에서 수능 비중이 높아졌다. 결국 수능 대비 능력이 되는 학원가가 가까이 있고 수능 유형에 맞추어 내신이나 교과 편성에 유연한 학교가 입시에서 유리한데, 서울 지역의 자사고가 여기에 해당되기 때문이다.

또한 특목·자사고가 안 되어도 갈 만한 일반고가 많은 강남과 달리 상대적으로 일반고가 약한 강북이나 강남 외곽 지역은 자사고 이외에 상위권 학생들의 선택지가 많지 않다. 2024학년도 입시에서 자사고 지원 경쟁률 상위권에 있는 선덕고(도봉구)나 이화여고(중구)가 이런 예에 해당된다. 강동구에 있는 배재고도 한영외고나 한영고에 지원했다가 불합격되었을 경우 일반고 대안이 많지 않다는 점에서 매년 많은 강동권 학생이 지원하고 있다.

이렇게 서울 지역 광역 선발 자사고의 선호도가 높다 보니 전국 100위권 학교에서는 치열한 내신 경쟁을 각오해야 한다. 2023학년도 졸업생 기준 상위 13개교의 재수생 비율은 평균 44.9%였다. 전사고와 마찬가지로 이들 학교에 진학해서 내신 상위 20~30% 안에 들지 못하면 현역으로 자신이 원하는 학교에 가기는 쉽지 않다. 따라서 공부 머리 테스트 등을 통해 해당 학교의 내신 문제를 미리 풀어보고 내가 그 학교에 가서 어느 정도 할 수 있을지를 파악한 후 지원하는 전략이 필요하다. 서울 지역 자사고의 내신 문제는 전사고에 비해 구하기 쉽고 '족보닷컴'(www.zocbo.com) 같은 기출 문제 제공 사이트를 이용할 수 있다.

반포의 대표적인 자사고인 세화고와 세화여고

서울 지역 광역 선발 자사고인 보인고(송파구, 남고)

비서울 지역 광역 선발 자사고

비서울 지역 자사고는 상당수 일반고로 전환했다. 2015학년도 수능에서 수능 만점자 4명을 배출한 것으로도 유명한 대구 경신고는 2018학년도에, 광주에서 유명한 자사고였던 숭덕고는 2015학년도부터 일반고로 전환했다. 대구 대건고도 2023학년도부터 일반고로 전환해서 2025학년도 졸업생까지가 자사고로 선발된 학생들이다. 반면 외고였던 부산의 부일외고는 2024학년도부터 자사고로 전환했다.

1 | 비서울 지역 광역 선발 자사고의 대입 결과

8개의 비서울 지역 광역 선발 자사고 중에서는 4~5개 학교가 전국 100위권 안에 드는 입시 실적을 꾸준히 내고 있다. 서울대 수시 합격률은 서울 지역 자사고보다 높은 편으로, 학생부 종합 전형 대비 경쟁력을 갖춘 학교가 많다.

대기업 재단의 충남삼성고(2014년 개교)와 인천포스코고(2015년 개교)는 1회 졸업생부터 주목할 만한 입시 실적을 냈다. 두 학교 모두 서울대 수시 비중이 아주 높고 재수생 비율도 낮은 편이어서 질적으로는 거의 전국 단위 자사고 급의 성적을 내고 있다.

충남삼성고는 천안, 아산 지역의 삼성 임직원 자녀와 지역 사회를 위해 삼성에서 건립한 학교로, 1,000억 원에 가까운 재정 지원과 함께 새로운 교육 과정 및 인력을 투입하여 단기간에 상당한 교육 성

2023학년도 비서울 지역 광역 선발 자사고의 졸업생 진로 현황

(단위: 명)

고등학교(위치)	졸업생	졸업생 진로 현황
대성고 (대전)	324(남)	대학 257(79.3%) 기타 65(20.1%) 전문대 2(0.6%)
안산동산고 (경기 안산)	340 (남 172, 여 168)	대학 186(54.7%) 기타 149(43.8%) 전문대 5(1.5%)
인천포스코고 (인천 연수구)	215 (남 96, 여 119)	대학 142(66.0%) 기타 71(33.0%) 전문대 2(0.9%)
충남삼성고 (충남 아산)	356 (남 143, 여 213)	대학 244(68.5%) 해외 대학 7(2.0%) 기타 101(28.4%) 전문대 4(1.1%)

* 자료 출처 : 학교알리미

과를 이루어낸 것으로 평가되고 있다. 학생들은 '무학년 선택형 교육 과정'을 기반으로 '국제인문', '사회과학', '경영경제', '예술', '자연과학', '공학', 'IT', '생명과학', 이렇게 총 8개 과정 중 자신의 진로에 맞는 과목을 선택해서 이수할 수 있다. 학생부 종합 전형 및 해외 대학 진학에 유리한 커리큘럼을 갖추고 있고 꾸준히 두 자릿수 이상의 서울대 수시 합격자와 해외 대학 진학자를 배출하고 있다. 또한 충남삼성고는 2020년에는 국내 자사고 최초로 국제 바칼로레아(IB) 인증을 받아서 2021학년도부터 25~30명 규모의 1개 IB반을 운영하고 있고 2024학년도에는 IB 디플로마 1기 졸업생이 나왔다. 이 학교는 삼성 임직원 자녀 전형이 큰 비중을 차지하고 있지만, 충남 인재 전형으로도 36명을 선발한다. 그러므로 발표 토론하는 것을 좋아하고 학생부 종합 전형에 강점이 있는 천안이나 충청도 지역에 있는 학생들은 충남 인재 전형을 적극적으로 활용해 볼 필요가 있다.

2021~2023학년도 비서울 지역 주요 자사고의 입시 결과(중복, 재수생 포함 합격 건수)

고등학교 학년도(졸업생 수)	서울대	의약 계열	연세대	고려대	서강대	성균관대	한양대	중앙대	경희대
충남삼성고 2023학년도(356명)	15	22	21	18	18	34	47	34	10
대구 대건고 2023학년도(244명)	13	18	4	28	8	12	9	25	12
해운대고 2023학년도(142명)	4	63	3	3	1	11	22	28	15
대전대성고 2022학년도(313명)	11	37	11	21	10	25	23	43	22
인천포스코고 2022학년도(198명)	11	28	19	41	11	20	28	43	11
대구 계성고 2021학년도(233명)	7	19	12	8	6	17	6	12	6

* 자료 출처: 학교 홈페이지, 언론, 평촌 드래곤영어 블로그(blog.naver.com/bookijoa)

이외에 서울대 진학 성적은 전국 100위권에 들지 않지만, 해운대고는 100명대의 학생으로 전국 5~6위의 의대 합격자를 배출하는 부산의 명문 학교다. 또한 대전의 대성고(남고)와 대신고(남고)도 다양한 수시 프로그램을 운영하면서 최대한 현역으로 원하는 대학에 많이 진학시키는 학교로 유명하다. 대구에는 2개 자사고로 대건고(남고)와

계성고(공학)가 있었는데, 대건고는 2023학년도부터 일반고로 전환했다.

2 | 비서울 지역 광역 선발 자사고의 전형 방법

비서울 지역 광역 선발 자사고는 큰 틀에서 다른 자사고와 같이 2단계 자기 주도 학습 전형을 채택하고 있다. 1단계에서 중학교 내신 성적과 출결 점수(감점)의 합으로 합격자를 배수(충남삼성고, 인천포스코고 2배수, 나머지는 1.5배수) 선발한 후 2단계에서 면접과 서류 평가를 시행한다. 학교마다 전형 방법이나 점수 비율에 차이가 있다.

2024학년도 비서울 지역 광역 자사고의 모집 인원 및 경쟁률

고등학교	전형	모집 인원(명)	경쟁률	비고
인천포스코고	일반(글로벌 인재)	96	3.46	인천 지역 졸업생 기숙사×
	임직원 자녀	96	0.96	
안산동산고	일반	180	1.43	기숙사
	지역 인재	72	1.01	
	지역 추첨	36	0.83	
충남삼성고	일반(충남 미래 인재)	36	2.25	기숙사
	임직원 A	234	1.56	
	임직원 B	18	1.44	
대구 계성고	일반	240	0.96	기숙사
대전대신고	일반	280	1.33	기숙사
대전대성고	일반	280	1.20	기숙사
부일외고	일반	192	1.11	기숙사
해운대고	일반	144	0.90	기숙사

2024학년도 입시에서는 총 8개의 비서울 지역 광역 선발 자사고에서 2,380명을 선발했다. 전체 경쟁률은 1.26:1이었고 일반 전형 경쟁률은 2023학년도 1.22:1에서 1.35:1(1,448명 선발)로 상승했다. 그래도 전국 선발 자사고나 특목고에 비해서는 경쟁률이 낮아서 지역에 광역 선발 자사고가 있는 학생들은 적극적으로 활용해 볼 수 있다.

3 | 비서울 지역 광역 선발 자사고를 선택할 때 고려할 점

비서울 지역 광역 선발 자사고도 그 지역에서 가장 공부 잘하는 학생들이 상위권을 형성한다고 볼 수 있다. 따라서 전국 선발 자사고나 특목고처럼 공부 잘하는 학생들과 내신 경쟁을 잘할 수 있는지에 대해 냉철하게 판단해야 한다.

2022년 국회에 제출한 자료에 의하면 광역 자사고의 평균 학비는 연 746만 원이었다. 전국 선발 자사고가 평균 1,223만 원인 것에 비하면 훨씬 저렴한 수준이다. 따라서 본인이 다니는 지역에 있는 일반고의 입시 실적이 너무 안 좋고 좀 더 공부 잘하는 아이들과 경쟁하면서 공부하려는 학생들에게는 광역 선발 자사고가 좀 더 부담 없는 선택이 될 수 있다. 또한 대부분 시골이나 외진 곳에 있는 전사고와는 달리 서울이나 비서울 지역 광역 선발 자사고는 대도시에 자리 잡고 있어서 주말이나 방학 때 학원을 편하게 활용할 수 있다는 장점도 있다.

수능 유형의 문제지를 푸는 점수는 낮지만 발표나 토론 수업을 좋아하고 잘할 수 있는 학생은 충남삼성고와 인천포스코고에도 적극적으로 관심을 갖는 것이 좋다. 두 학교는 수시 프로그램이 잘 갖춰져 있고 수시 위주의 입시 결과도 상당히 좋은 편이다. 앞으로 정시 확대라는 변수가 있지만, 수시 위주의 입시 전략을 짜는 학생에게 충남삼성고와 인천포스코고는 좋은 선택지가 될 수 있다.

충남삼성고(충남 아산시)

인천포스코고(인천광역시 연수구)

자율고와 특목고 입시를 준비해야 할까?

실력에 관계없이 무턱대고 특목고와 자율고 입시를 준비하는 것도 문제지만, 현실적으로 중학교에서 내신이 상위권인 학생들은 최종적으로 해당 고등학교의 진학 여부에 관계없이 특목·자사고를 대비한다는 마음으로 중학교 생활을 하는 게 바람직할 수 있다. 왜냐하면 수많은 현직 교사들의 증언대로 이러한 목표를 가져야 중학교생활을 충실히 할 수 있기 때문이다. 또한 자기소개서를 쓰고 이에 맞춰 교과나 비교과 활동을 열심히 하면 자연스럽게 고교 진학 이후에도 학생부 종합 전형을 대비할 수 있는 경험으로 이어진다.

또한 이전의 외고 대비 학원, 자사고 대비 학원 전성시대에 비교하면 고입을 위한 사교육 부담이 상당히 줄었다. 관건은 다른 상위권 학교와 마찬가지로 고등학교에 간 이후 얼마나 잘 생활하고 자기만의 중심을 잡아 입시 로드맵을 이어갈 수 있느냐다. 진학을 목표로 하는 고등학교의 수준과 어느 정도의 선행이 필요한지에 대한 정보를 바탕으로 중학교생활의 입시 강도를 조절해 볼 수 있다.

학생 선발권을 가진 자율고
③ 개방형 자율학교(일반고)

　개방형 자율학교는 일반고로 분류되지만, 전국이나 광역에서 학생을 선발할 수 있다. 원래는 대안학교에서 시도하던 다양한 교육 과정을 제도권 교육 안에 도입하려는 목적으로 개방형 자율학교를 설립했지만, 주로 농어촌 지역의 기숙학교를 중심으로 지정되면서 '농어촌 지역 활성화'라는 부가적인 성과도 따라오게 되었다. 대부분의 개방형 자율학교는 사교육 없이 학교생활만으로 입시가 해결되는 바람직한 공교육 모델로 자리 잡았다는 평가를 받고 있다.

　전국 단위 개방형 자율학교에는 거창고(사립), 거창대성고(사립), 공주사대부고(국립), 공주 한일고(사립), 남해해성고(사립), 영양여고(전북 영양, 사립), 익산고(사립), 창녕옥야고(사립), 안동 풍산고(사립), 파주 한민고(사립)가 있고 경기 광역 선발 개방형 자율학교로 양평 양서고(사립)가 있다. 파주 한민고는 군자녀를 위해 설립된 일반고인데, 거의 자사고나 특목고 급으로 분류될 정도로 교육 프로그램이나 입시 실적에서 좋은 평가를 받고 있다.

개방형 자율학교의 대입 결과

자율형 일반고 중 6~7개 학교가 전국 100위권 안에 드는 입시 실적을 꾸준히 내고 있다. 서울대 수시 합격률도 서울 지역 자사고보다 높은 편으로, 학생부 종합 전형에 경쟁력을 갖춘 학교가 많다.

2023학년도 자율형 일반고의 졸업생 진로 현황

(단위: 명)

고등학교 (위치)	졸업생	졸업생 진로 현황
공주사대부고 (충남 공주시)	163 (남 109, 여 54)	대학 100(61.3%) 기타 63(38.7%)
한일고 (충남 공주시)	130(남)	대학 60(46.2%) 기타 69(53.1%) 전문대 1(0.8%)
양서고 (경기도 양평군)	219 (남 97, 여 122)	대학 139(63.5%) 기타 79(36.1%) 전문대 1(0.5%)
한민고 (경기도 파주시)	329 (남 136, 여 193)	대학 236(71.7%) 해외 대학 6(1.8%) 기타 87(26.4%)
남해해성고 (경남 남해군)	91 (남 34, 여 57)	대학 73(80.2%) 기타 18(19.8%)

특히 공주사대부고와 공주 한일고는 거의 전국 선발 자사고 급 입시 실적을 내고 있다. 다른 개방형 자율고도 인원은 적지만 질적으로 우수한 입시 결과를 보여준다. 하지만 자사고에 비해 상대적으로 주목을 덜 받아서인지 교육 성과가 잘 알려지지 않은 학교도 많다.

2023학년도 주요 자율고의 입시 결과(중복, 재수생 포함 합격 건수)

고등학교 (졸업생)	서울대	의약 계열	연세대	고려대	서강대	성균관대	한양대	중앙대	경희대
공주사대부고 (163명)	18 (의대 수석)	14	22			28			
공주 한일고 (125명)	13	37							
거창고 (97명)	3	6							
거창대성고 (149명)	8	20	6	19	13	9	10	11	7
남해해성고 (91명)	9		7	13	9	8	18	16	2
안동 풍산고 (93명)	4	2	2	11	7	6	13	13	3
양평 양서고 (219명)	11	18	19	36	10	10	25	36	18
파주 한민고 (329명)	12	19	9	35	28	29	34	27	22

* **자료 출처**: 학교 홈페이지, 언론, 평촌 드래곤영어 블로그(blog.naver.com/bookijoa)

개방형 자율학교의 전형 방법

　파주 한민고는 2024학년도에 정원 내 모집 인원이 377명이었는데, 이 중 70%인 264명은 전국 단위로 군인 자녀 중에서 선발했다. 일반 학생 전형 선발 인원은 정원의 30%인 113명으로, 경기도 전역에서 지원할 수 있다. 공주 한일고는 2024학년도 입시에서 전국 선발로 61명, 충남 지역 선발로 62명을 선발했고 교과 160, 출결 14, 봉사 활동 12, 창의적 체험 활동 7, 활동 특성 7 등의 배점으로 전형이 진행되었다. 다른 학교도 기본적으로 내신과 학생부 중심으로 전형을 시행하고 있다.

　개방형 자율학교는 후기 일반고 선발 전형이어서 지원 학교에 진학하지 못하면 학교 선택권이 줄어든다는 위험 부담이 있다. 이러한 학교에 불합격할 경우 비평준화 지역에서는 지역 안에 있는 미달 학교에 추가 지원해야 하고 평준화 지역에서는 비선호 학교에 배정받을 가능성이 높다. 각 학교에서는 이런 점을 고려하여 실제로 지원하기 전에 입학 지원 희망자를 받아 사전 입학 사정을 진행한 후 최종 지원 경쟁률을 1:1로 맞추는 방법으로 최대한 고교 재수생이 발생하지 않게 조정해왔다. 이와 관련해서 학교 설명회도 자주 실시하고 입학 상담도 잘해 주는 편이다. 그러므로 관심 있는 학생들은 중1~2학년 때부터 미리 학교 설명회도 듣고 학교에 문의해서 진학을 준비해야 한다.

개방형 자율학교에 진학할 때 고려할 점

개방형 자율학교는 일반고등학교의 학비(평균 연간 46만 원)만 부담하면서도 전국 선발 자사고 급의 입시 결과를 내는 학교가 많다. 그리고 대부분 기숙사가 있어 학생들이 시간 낭비 없이 공부에만 집중할 수 있는 환경이다. 하지만 학교가 시골에 있어 사교육의 도움을 받기는 힘들므로 다른 특목·자사고처럼 고등학교에 가서 치열한 내신 경쟁에서 살아남을 수 있는 공부 역량과 고등학교 공부 준비가 필요하다. 전부는 아니지만 일부 학생들은 방학 때 학군지 학원이나 윈터스쿨 같은 곳에서 사교육을 받는다. 아울러 '학교알리미'의 전출입 상황을 보고 1학년을 마친 후 전출하거나 학업을 중단하는 인원을 파악할 필요도 있다. 개방형 자율학교의 경우 내신 부담이나 기숙사 생활 부적응으로 전출하거나 학업을 중단하는 인원이 전국 선발 자사고에 비해 많은 편이다.

마지막으로 개방형 자율학교에 가기를 원하는 학생은 중학교 1학년 때부터 학교생활을 성실히 해야 한다. 경쟁률은 거의 1:1이지만, 실질적으로 중학교 주요 과목이 모두 A등급이어야 하고 출결 100%, 봉사 활동, 창의적 체험 활동 등 거의 모든 영역에서 최상위 성적을 유지해야 합격 가능성이 높다. 따라서 개방형 자율학교는 머리는 좋은데 성실하지 않은 학생들은 들어가기가 쉽지 않다. 결국 개방형 자율학교에 가는 것이 가장 바람직한 학생은 갈 만한 고등학교가 마땅치 않은 비학군지 최상위 우등생으로, 특목·자사고 학비가 부담스러운 학생이다. 중학교 최상위 내신을 유지하면서 고등학교 영수 선행을 동영상이나 학원 강의 등으로 틈틈이 해 두고 이런 학교에 진학한다면 비용을 많이 들이지 않고도 원하는 입시 결과를 얻을 수 있다.

농어촌 전형과 지역 인재 전형 활용하기

대부분의 개방형 자율고는 읍면 소재지에 있으므로 중학교도 읍면 단위 지역에서 다닌 학생들은 6년 농어촌 전형 지원 자격을 갖출 수 있다. 지방의 경우에는 의대 지역 인재 전형도 가능하다. 예를 들어 전국 선발 자율 중학교인 화산중을 졸업하고 공주 한일고에 진학하면 충청 지역 의대의 지역 인재 전형 자격이 주어진다. 수도권으로 분류되는 양서고와 한민고를 빼고는 대부분의 개방형 자율고가 의대 지역 인재 전형을 써 볼 수 있다.

'타임교육'의 이해웅 소장은 자율고 진학 기준을 내가 사는 지역의 주요 고등학교 입시 결과가 자율고보다 못하면 자율고에 한번 도전해 보고 비슷하면 굳이 자율고까지 갈 필요가 없다고 말한다. 이는 자율고뿐만 아니라 전국 선발 자사고(전사고)나 특목고 진학에도 적용해 볼 수 있는 원칙이다. 반대로 진학 예상 고등학교의 입시 결과가 개방형 자율고나 특목고와 너무 차이가 난다면 적극적으로 자율고 진학을 고민하고 1~2학년부터 내신이나 출결을 잘 관리할 필요가 있다.

또 다른 입시 선택지,
자율형 공립고와 비평준화 지역 명문 일반고

이외에도 입시 전략적인 면에서 고려해 볼 만한 학교는 자율형 공립고(자공고)와 비평준화 지역 명문 일반고(기숙형)다. 자율형 공립고의 기본 개념은 미국의 차터스쿨(Charter School) 제도에서 가져온 것이다. 미국의 차터스쿨은 정부의 예산으로 설립되었지만, '교육 헌장(Charter)'을 바탕으로 학교에 자율성을 부여한다. 정부에서 운영하는 일종의 사립학교(미국은 주로 기숙사가 있는 보딩스쿨) 개념으로, 우리나라의 경우 정부나 교육청에서 운영하는 '자율고'가 이러한 개념을 지향하고 만든 학교다. 한때는 이런 학교가 전국에 100여 개가 있었는데, 문재인 정부 시절 자율고의 일반고 전환 정책으로 일반고로 많이 전환했다.

자공고 이외에도 내신으로 학생을 선발하는 비평준화 지역 명문 일반고 중에는 매년 전국 100위권 입시 실적을 내는 학교들이 많다. 이 중 많은 학교가 성적이나 통학 거리를 고려하여 기숙사를 운영하고 있다. 예를 들어 병점고(경기도 화성시)와 평택고는 일부 학생만 수용할 수 있는 기숙사를 운영중이고 화성고는 한 학년당 200명 정도가 기숙사 생활을 할 수 있다.

자율형 공립고와 비평준화 지역 명문 일반고의 대입 결과

비평준화 지역 명문고 중 6~7개 학교가 전국 100위권 안에 드는 입시 실적을 꾸준히 내고 있다. 보통 비평준화 지역 명문고의 경우 수시보다 정시에 강하고 의대 합격자도 많이 나오는데, 화성고와 세마고가 대표적인 학교다. 화성고, 세마고, 병점고 등 화성·오산권의 명문고에는 화성과 오산뿐만 아니라 평준화 일반고 선택지가 좁은 수원의 상위권 학생들이 많이 진학하고 입시 실적도 상당히 좋은 편이다. 또한 경기 남부 비평준화권역에 속하는 광주 경화여고, 하남고, 평택고, 안성 가온고, 안성 안법고 등도 전국 200위권 안에 드는 입시 실적을 내는 선호 학교다. 남양주에는 동화고와 와부고가 계속 좋은 입시 결과를 내고 있고 수시 실적도 상당히 좋다. 또한 대구 달성군의 포산고는 지역 자율형 공립고로, 학생 수는 적지만 매년 놀라운 입시 결과를 내고 있다. 수시 학생부 종합 전형 대비 능력도 우수

2023학년도 비평준화 지역 자공고와 일반고의 졸업생 진로 현황

(단위: 명)

고등학교 (위치)	졸업생	졸업생 진로 현황
김포고 (경기도 김포시)	316 (남 153, 여 163)	대학 168(53.2%) 기타 137(43.4%) 전문대 11(3.5%)
동화고 (경기도 남양주시)	392 (남 171, 여 221)	대학 262(66.8%) 기타 113(28.8%) 전문대 17(4.3%)
병점고 (경기도 화성시)	341 (남 159, 여 182)	대학 163(47.8%) 기타 157(46.0%) 전문대 21(6.2%)
세마고 (경기도 오산시)	292 (남 111, 여 181)	대학 174(59.6%) 기타 118(40.4%)
와부고 (경기도 남양주시)	246 (남 96, 여 150)	대학 125(50.8%) 기타 115(46.7%) 전문대 3(1.2%) 취업자 3(1.2%)
운정고 (경기도 파주시, 비평준, 자공고)	377 (남 162, 여 215)	대학 212(56.2%) 기타 155(41.4%) 전문대 10(2.7%)
포산고 (대구시 달성군, 자공고)	73 (남 29, 여 44)	대학 39(53.4%) 기타 32(43.8%) 전문대 2(2.7%)
화성고 (경기도 화성시)	277 (남 109, 여 168)	대학 171(61.7%) 기타 104(37.5%) 전문대 2(0.7%)

하고 IB 인증학교로 IB 디플로마 과정도 운영하고 있다. 이외에도 김포고, 시흥 함현고(경기), 논산 대건고(충남), 화순 능주고(전남) 등이 해마다 좋은 입시 결과를 내는 각 지역의 비평준 명문 일반고다.

화성고(경기도 화성시)　　　　세마고(경기도 오산시)

자율형 공립고와 비평준화 지역 명문고의 전형 방법

　대전 충남고와 같이 평준화 지역에 속한 자율형 공립고는 일반고 전형처럼 원하는 학교에 지망하면 된다. 비평준화 지역의 자공고나 일반고는 각 교육청에서 정한 중학교 내신 산출 방법으로 산출한 점수를 바탕으로 성적순 선발을 한다. 다음은 경기도의 고입 내신 산출 방법을 정리한 표로, 교과 75%, 비교과 25%로 총 200점 만점이다.

2024학년도 경기도 고입 영역별 내신 성적 반영 비율 및 점수

구분 (반영 비율)	교과 활동 상황(75%)			비교과 활동 상황(25%)			종합 (100%)
	일반 교과(60%)		체육, 예술 교과(15%)	출결 상황	봉사 활동	학교 활동	
	2학년(30%)	3학년(30%)		전 학년(10%)	전 학년(10%)	전 학년(5%)	
반영 점수	60점	60점	30점	20점	20점	10점	200점

　자료가 공개된 2022학년도 입시 결과를 살펴보면 합격 커트라인이 화성고는 194점대, 세마고는 193점대였다. 선호하는 학교에 입학

하려면 주요 교과 전체가 A등급이어야 하고 출결과 봉사 점수를 만점에 가깝게 받아야 합격한다.

비평준화 지역 명문고에 진학할 때 고려할 점

전국 100위권에 드는 비평준화 지역 명문고에 입학하려면 중학교 내신이 거의 완벽해야 한다. 내신과 학교생활을 잘 관리해야 하고 고등학교에 진학한 후에는 내신 경쟁에서 살아남을 수 있도록 영수 선행 등 학습 준비를 충분히 해야 한다. 그리고 학군지보다 비학군지 중학교에서 내신 최상위를 유지하면서 자기 페이스에 맞는 고등학교 선행을 하고 고등학교 입시를 준비하는 것이 가장 이상적이다.

비평준화 지역 명문고는 일반고로, 학비 부담이 적고 상위권 학생들을 위한 기숙사 시설을 갖추고 있는 학교가 많다. 학교에 따라 학생부 종합 전형보다는 수능과 정시 대비에 초점을 두지만, 저렴한 비용으로 자사고 급 입시 결과를 원하는 학생들에게는 최적의 선택지가 될 수 있다. 또한 개방형 자율고와 마찬가지로 읍면 단위에 있는 학교는 농어촌 전형이 가능하고 지방에 있는 학교는 비수도권 중학교를 졸업할 경우 의대 지역 인재 전형도 가능하므로 자격이 되는 가정에서는 이런 학교를 적극적으로 활용해 볼 필요가 있다.

tip

학교별 연간 교육비 현황

이제까지 우리 아이 맞춤 학교를 유치원부터 고등학교까지 살펴보았는데, 학교별로 연간 교육비는 다음과 같다. 학생의 입시 역량도 중요하지만 가정 형편도 종합적으로 고려해서 교육비를 지출하는 것이 중요하다.

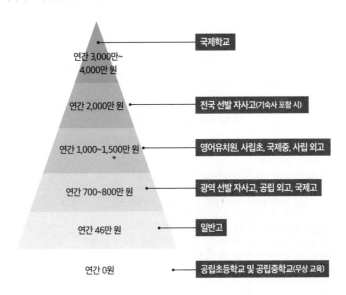

연간 3,000만~4,000만 원	국제학교
연간 2,000만 원	전국 선발 자사고(기숙사 포함 시)
연간 1,000~1,500만 원	영어유치원, 사립초, 국제중, 사립 외고
연간 700~800만 원	광역 선발 자사고, 공립 외고, 국제고
연간 46만 원	일반고
연간 0원	공립초등학교 및 공립중학교(무상 교육)

SKY + 인서울 공략법
(ft. 실력보다 1단계 높은 대학 합격하기)

우리 아이를 위한 입시 지도

수시 vs 정시?
대입 전형부터 파악하자

대입 전형 방식

우리나라 대학 입시는 모집 시기에 따라 '수시 모집'과 '정시 모집'으로, 전형 방법에 따라 '일반 전형'과 '특별 전형'으로 나뉜다. 사전적 정의를 찾아보면 수시 모집은 일정한 시기를 정하지 않고 수시로 학생을 선발하는 전형이고 정시 모집은 일정한 시기에 학생을 선발하는 전형이다. 하지만 입시 현장에서 수시는 보통 11월에 치르는 수능 이전부터 준비하는 전형으로(보통 9월부터 원서 접수), 정시는 수능 이후 수능 점수를 기초로 대학에 가는 전형으로 인식된다. 그리고 내신이 좋고 학교생활종합기록부(학생부)에 쓸 활동이 많으면 수시를, 반대로 내신이 안 좋고 학생부에 별로 쓸 내용이 없으면 정시를 준비한다고 본다.

    수시는 크게 ① 내신 중심의 '학생부 교과 전형' ② 내신과 고등학교에서의 다양한 비교과 활동을 보는 '학생부 종합 전형' ③ 별도의 논술 시험을 치러 입시에 반영하는 '논술 전형' ④ 외국어나 코딩, 운동 등의 특별한 재능을 입시에 반영하는 '특기자 전형'으로 나뉜다. 정부에서는 복잡한 대입 전형 방법을 간소화한다는 취지로 논술 전형과 특기자 전형을 점차 축소하고 크게 ① 내신 중심의 '학생부 교과 전형' ② 다양한 비교과 활동을 포함하는 '학생부 종합 전형' ③ 수능 중심의 '정시 전형'으로 대학 전형 방법의 간소화를 유도하고 있다.

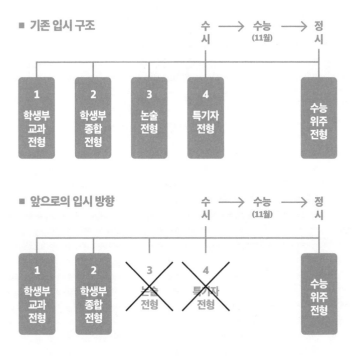

2024학년도 4년제 대학 전형 방식을 살펴보면 수시에서 가장 큰 비중을 차지하는 유형은 내신 등급을 기본으로 하는 학생부 교과 전형(전체 56.7%)이다. 이 전형은 학생 모집이 힘든 비수도권 대학에서 가장 선호하는 유형이기 때문이다. 논술 전형은 2023학년도와 2024학년도에 전체 4%대지만 연세대 등 몇몇 상위권 대학과 의대 입시에서 내신이 좋지 않은 학생들의 상위권대 진학 통로로 활용되고 있다.

2024학년도 대학별 신입생 선발 유형

(단위: 명)

모집 시기	전형 유형	2024학년도	2023학년도
수시	학생부 위주(교과)	154,121(56.7%)	154,464(56.7%)
	학생부 위주(종합)	79,358(29.2%)	81,390(29.9%)
	논술 위주	11,214(4.0%)	11,016(4.0%)
	실기/실적 위주	22,539(8.3%)	21,014(7.7%)
	기타	4,800(1.8%)	4,558(1.7%)
합계		272,032(100.0%)	272,442(100.0%)
정시	수능 위주	66,300(91.8%)	69,911(91.2%)
	실기/실적 위주	5,115(7.6%)	6,150(8.0%)
	학생부 위주(교과)	228(0.3%)	252(0.3%)
	학생부 위주(종합)	162(0.2%)	313(0.4%)
	기타	59(0.1%)	56(0.1%)
합계		72,264(100.0%)	76,682(100.0%)
총합		344,296	349,124

• 자료 출처: 대교협(www.kcue.or.kr)

상위권대 수시:정시 비율은 6:4, 수능 경쟁력이 당락을 가른다

한국대학교육협의회(대교협)에서 발표한 2024학년도 대입 전형 시행 계획에 따르면 전국 190여 개 4년제 대학의 모집 인원은 34만 4,296명이었다. 전국적으로 보면 수시 79%, 정시 21%지만, 수도권대 는 수시 64.4%, 정시 35.6%이고 상위 16개 대학의 정시 비율은 40%대 다. 여기에 수시 모집에서 수능 최저를 맞추지 못해 정시로 이월되는 인원과 수능 최저가 요구되는 전형을 생각하면 실질적인 수능 위주 전형은 50%를 넘어간다. 이것을 간단히 정리하면 수도권에 있는 상위 16개 대학에 가려면 수능 성적이 좋아야 하고 수능 성적이 낮으면 지 방 비선호 대학에 갈 확률이 더 높다고 볼 수 있다.

2023~2024학년도 전국 대학 수시, 정시 선발 인원

(단위: 명)

학년도	권역	수시 모집			정시 모집			합계
		정원 내	정원 외	합계	정원 내	정원 외	합계	
2024	수도권	74,598	10,648	85,246 (64.4%)	43,629	3,422	47,051 (35.6%)	132,307
	비수도권	169,597	17,179	186,776 (88.1%)	24,982	231	25,213 (11.9%)	211,989
	합계	244,195	27,827	272,022 (79.0%)	68,611	3,653	72,264 (21.0%)	344,296
2023	수도권	75,125	10,095	85,220 (64.7%)	43,573	2,989	46,562 (35.3%)	131,782
	비수도권	170,577	16,645	187,222 (86.1%)	29,716	404	30,120 (13.9%)	217,342
	합계	245,702	26,740	272,442 (78.0%)	73,289	3,393	76,682 (22.0%)	349,124

* 자료 출처: 대교협(www.kcue.or.kr)

대학이 뽑으려는 인재상을 보면
입시가 보인다

복잡해 보이는 현재 입시 제도를 본질적으로 이해하고 대비할 수 있는 좋은 방법은 각각의 전형 방법을 통해서 대학이 뽑고 싶어 하는 학생이 누구인지를 보는 것이다. 크게 보면 학생부 교과 전형은 전 과목을 골고루 잘하는 성실한 학생을 뽑고 학생부 종합 전형은 한두 과목에서 탁월한 재능을 보이는 마니아 기질이 있는 학생을, 수능 위주의 정시 전형은 수능이라는 긴장된 상황에서 치르는 단 한 번의 시험을 잘 보는 학생을 뽑는 전형이라고 볼 수 있다.

학생부 교과 전형

학생부 교과 전형은 전 과목을 골고루 잘하는 성실한 학생을 뽑기 위한 전형이다. 교과 전형은 내신 등급을 기준으로 학생을 선발하는데, 전 과목에서 1등급을 받으면 내신 평균 평점 1.0으로, Top 10 대학 교과 전형에서 합격할 가능성이 높다. 그런데 시골 학교에서 전교 1등은 내신 1.0을 받기 쉽지만, 특목·자사고나 대치동 일반고와 같이 경쟁이 치열한 학교에서는 전교 1등이라도 내신 평균 1.0을 만들기가 쉽지 않다. 자칫 한두 과목 2등급을 받으면 내신이 1.3이나 1.4가 될 수도 있다. 그래도 학생부 교과 전형에서는 학교별로 차이를 두지 않고 등급 기준으로만 1차 선발을 한다. 그러므로 학생부 교과 전형을 노리고 일부러 내신 받기 수월한 고등학교로 진학하는 최상위권 학생들도 있다.

학생부 교과 전형의 추천 자격은 대개 고등학교 상위 4~10%의 학생들이고 대부분의 대학이 재학생만 대상으로 하고 있다. 결국 전교 10등 이내 반에서 1, 2등 하는 학생들에게 기회가 주어진다. 내신을 잘 받으려면 중간고사와 기말고사 시험도 잘 보고 수행 평가도 잘해야 하는 등 학교생활을 성실히 해야 한다. 학교 방침을 잘 따르고 선생님 말씀 잘 듣는 성실한 학생이 학생부 교과 전형에서 유리하다. 상위 16개 대학의 경우 학생부 교과 전형 비율은 전체 선발 인원의 10% 정도다. 전국 1,700여 개 고등학교에서 내신 상위 4~10%대의 성적을 유지하면서 수능 최저 3개 과목 합 6, 7을 맞출 수 있는 학생들은 학생부 교과 전형을 노려볼 수 있다.

학생부 교과 전형은 의대 지역 인재 전형에서 전체 선발 인원의 50% 이상을 차지하고 있다. 각 지역 고등학교에서 전교 1~2등이고 수능 최저를 맞출 수 있는 학생들에게 가장 먼저 지역 의대 진학 기회를 주겠다는 지방 의대의 의도를 읽을 수 있다. 의대에 꼭 가고 싶은데 수능에서 전 과목 1등급이 자신 없는 학생이라면 지방에 있는 학교에 진학해서 적극적으로 의대 지역 인재 전형을 노려봐야 한다.

2024학년도 전국 의대 전형별 선발 인원

(단위: 명)

권역	학생부 교과	학생부 종합	논술	정시	합계
수도권	78(7.8%)	408(41.0%)	76(7.6%)	433(43.5%)	995
비수도권	831(41%)	439(22%)	40(2%)	711(35%)	2,021
비수도권 (지역 인재)	579(56%)	211(20%)	15(1%)	225(22%)	1,030
합계	909(30%)	847(28%)	116(4%)	1,144(38%)	3,016

* 괄호 안 비율: 전체 합계 중 전형별 비율

학생부 종합 전형

학생부 종합 전형에서 각 대학이 선발하고 싶은 학생은 한두 과목에서 탁월한 재능을 보이는 학생이다. 학생부 종합 전형은 내신을 기반으로 해서 각 과목의 세부 활동 사항을 서류로 평가하는데, 이런 전형의 혜택을 가장 많이 보는 학교는 수학, 과학에서 탁월한 재능을 보인 학생들이 모여 있는 영재학교와 과학고다. 이들 고등학교에서는 대부분의 수업이 대학교 수준의 수학, 과학 심화 학습과 실험, 실습으로 이루어진다. 그래서 일반고등학교 학생들처럼 수능을 대비해서 국영수 위주의 문제 풀이 시험 공부를 할 필요가 없다. 또한 영재학교와 과학고 학생들이 대부분 진학하는 서울대나 카이스트, 포항공대 등 과학 특성화 대학은 수시 전형에서 수능 점수를 요구하지 않는다. 학교 내신과 학생부 세부 사항의 서류를 평가하고 필요하면 면접을 보는 방식으로 학생들을 선발한다.

2024학년도 주요 대학 학생부 종합 전형 선발 인원(면접 실시)

대학교	전형	인원(명)	전형 방법(인문, 자연 기준)	수능 최저
서울대	수시 일반	1,394	(2배수) 서류 50%+면접 50%	미적용
	수시 지역 균형	476	(3배수) 서류 70%+면접 30%	
연세대	활동 우수형	605	(3~4배수) 서류 60%+면접 40%	적용
고려대	학업 우수	970	(5배수) 서류 70%+면접 30%	
	계열 적합	593	(5배수) 서류 50%+면접 50%	
성균관대	과학 인재	110	(7배수) 서류 70%+면접 30%	
	학과 모집	103	(3~5배수) 서류 70%+면접 30%	
중앙대	융합형 인재	513	(3.5배수) 서류 70%+면접 30%	미적용
경희대	네오르네상스	1,090	(3배수) 서류 70%+면접 30%	
외국어대	면접형	219	(3배수) 서류 50%+면접 50%	
시립대	면접형	370	(3배수) 서류 50%+면접 50%	

인문 계열에서는 외고와 국제고 학생들이 이런 방식으로 서울대나 상위권 대학에 진학한다. 서울대를 비롯해서 학생부 종합 전형을 실시하는 많은 대학에서는 수능 점수를 요구하지 않는다. 외고와 국제고에 다니면서 기본 내신을 잘 받고 전공 외국어나 국제 계열 특성화 수업에서 활동한 내용을 학생부에 충실하게 담으면 상위권 대학에 갈 수 있다. 물론 해당 학교의 상위권 내신 2~3등급 이상의 학생들에게 해당하는 이야기다.

수능 위주 정시 전형

수능 위주의 정시 전형은 말 그대로 수능 시험 점수가 좋은 학생을 뽑는 전형이다. 인공지능 시대에 언제까지 5개의 보기 중에서 하나의 정답을 고르는 교육을 해야 하느냐고 많이 비판하지만, 수능 점수가 높은 학생들이 대학이나 이후 사회생활을 잘하는 것도 사실이다. 특히 하기 싫은 문제지 푸는 공부를 고등학교 3년 내내 한 학생들이 힘든 조직 생활을 잘 견디고 오래 할 가능성도 크다. 어찌 보면 지난 30~40년간 우리나라의 놀라운 경제 발전을 이룬 세대들은 창의적인 교육을 받은 인재들이 아니라 정해진 시간 안에 주어진 문제를 잘 푸는 훈련을 받은 패스트 팔로어(fast follower)들이었다.

수능을 잘 보려면 암기력, 계산력과 같은 인지 능력뿐만 아니라 자기 절제력, 강한 멘탈, 시험 센스와 같은 비인지 능력도 좋아야 한다.

내신과 달리 범위가 넓은 시험에서 어떤 부분을 건너뛰고 어떤 부분에 집중해야 할지 판단력도 있어야 한다. 게다가 수능은 입시 결과에 대해 가장 잡음이 없고 공정하다는 입시 당사자 간의 공감이 있다. 그래서 교육적으로는 많은 한계가 있지만 우리나라 대학 입시에서 계속 수능을 활용하고 있는 것이다. 특히 2019년 11월 대입 공정성 강화 방안이 발표된 이후 상위 16개 대학에서의 수능 위주 선발 비율이 40%로 확대되었고 이후 '2028 대학입학제도 개편안'에서도 이 비율이 계속 유지되었다. 앞으로도 의대를 비롯한 상위권 대학에 가려면 수능 경쟁력이 필수다.

수능 경쟁력을 확인하는 방법

내 아이가 수능 경쟁력이 있는지 알아볼 수 있는 가장 확실한 방법은 중2~3 이후 고등학교 1~2학년 수능 모의고사 문제로 공부 머리 테스트를 해 보는 것이다. 오픈북으로 시간 제한 없이 푼 점수가 내가 올릴 수 있는 수능 최고 점수라고 할 수 있다. 시험 범위가 정해져 있고 선생님이 가르쳐 준 내용과 유인물을 열심히 공부하면서 수행 평가까지 잘하면 1등급을 받을 수 있는 내신과 달리 수능은 고등 사고력과 시험 전략이 필요하다. 그러므로 내신과는 별도로 수능 경쟁력을 알아볼 수 있는 공부 머리 테스트를 정기적으로 해 볼 필요가 있다. 그리고 테스트 결과에 따라서 수시 위주의 고등학교에 갈지, 정시 위주의 고등학교에 갈지를 정하는 것이 현명하다.

이과 ①
'설카포' 합격은 기본!
영재학교와 과학고 로드맵

최상위 이과 학생들이 진학하는 영재학교와 과학고

수학, 과학을 잘하는 최상위 우등생들이 선택할 수 있는 첫 번째 로드맵은 영재학교, 과학고 → 서울대, 카이스트, 포항공대, 명문대 이공계로 진학 목표를 잡는 것이다. 보통 이 로드맵에서 선호하는 대학은 서울대, 카이스트, 포항공대로, 일명 '설카포'라고 부른다. 설카포가 안 되어도 지방에는 DGIST(대구경북과학기술원), GIST(광주과학기술원), UNIST(울산과학기술원)와 한국에너지공과대학교(KENTECH, 전남 나주시) 같은 과학 특성화 대학이 여럿 있어서 영재학교와 과학고 졸업생들은 거의 해당 연도에 수시로 대학에 진학한다. 이들 학교의 대학 진학률은 90%에 가깝고 다른 상위권 특목·자사고에 비해 재수생 비율이 낮다.

대표적인 과학 특성화 대학인 카이스트　　　장학금 혜택이 많은 포항공대

대학도, 취업도 모두 OK!

만약 아이가 공부를 잘하고 수학이나 과학에 영재성을 보여 8대 영재학교(경기과학고, 광주과학고, 대구과학고, 대전과학고, 서울과학고, 세종과학예술영재학교, 인천과학예술영재학교, 한국과학영재학교)에 갈 수 있는 역량이 된다면 명문대 진학과 취업 고민은 거의 해결된 것이다. 주요 영재학교의 서울대 진학률은 40% 전후이고 서울대가 아니어도 대부분의 졸업생은 카이스트와 같은 과학 특성화 대학에 진학한다. 기숙사비나 식비 이외에는 학비가 무료이고 서울대나 카이스트와 같이 학비가 저렴하고 장학금이 많은 대학으로 갈 수도 있다. 대신 영재학교에 가기까지 공부량이 많고 사교육비가 만만치 않게 든다는 점을 감안해야 한다.

2024학년도 서울대와 과학 특성화 대학 입학 정원

(단위: 명)

대학교	선발 인원*	비고
서울대 자연 계열	약 2,000(의약 계열 포함, 정시 비율 약 40%)	수시 일반: 학생부 종합 전형 수시 지역 균형: 수능 최저 등급 3개 영역 합 7 이상
카이스트 (한국과학기술원, 대전시)	890 (수시 870, 정시 20)	정원 외 외국인 선발 120
포항공대	320 (정원 외 60 중 첨단 학과 40 포함 시 360)	전원 수시: 학생부 종합 전형
GIST (광주과학기술원)	200 (정원 외 반도체 30)	수시: 학생부 종합 전형
DGIST (대구경북과학기술원)	230 (수시 215, 정시 15)	수시: 학생부 종합 전형
UNIST (울산과학기술원)	440 (수시 425, 정시 15)	수시: 학생부 종합 전형
한국에너지공과대학 (KENTECH, 전남 나주시)	100 (수시 90, 정시 10)	수시: 학생부 종합 전형

* 과학 특성화 대학 정원 내 모집 인원 기준

앞의 표에서 보듯이 서울대 자연 계열과 카이스트 등 과학 특성화 대학 입학 정원은 약 4,000명 선이다. 영재학교 입학 정원은 870명 대, 전국 20개 과학고의 정원은 1,638명 정도여서 이론적으로는 영재학교와 과학고의 졸업생이 모두 위의 선호 대학에 가도 자리가 남는다. 여기에 고려대, 연세대, 한양대, 성균관대 등 공대 선호도가 높은 대학에도 1,000명 전후의 진학 여력이 있어 고등학교생활만 성실히 한다면 졸업 후 대학 진학은 큰 무리가 없다. 또한 정부는 2024학년도부터 반도체, 인공지능, 통신 소프트웨어, 에너지 신소재, 미래 차,

로봇, 바이오 등 첨단 분야의 대학 입학 정원을 1,829명(수도권 817명, 지방 1,012명) 늘렸다. 이에 따라 서울대도 첨단융합학부로 218명을 더 뽑을 수 있게 되었다. 이렇게 되면 거의 7,000명 전후의 학생들이 Top 10 이공계 대학에 진학할 수 있는 셈이고 양질의 일자리에 취업할 기회도 더 많아진다. 저출생으로 학령 인구는 줄어들었지만, 고소득 일자리는 이전보다 더 늘어나고 있어서 수학과 과학 공부를 잘하는 학생에게는 이전 선배들보다 더 많은 기회가 주어지고 있다.

2024학년도 서울대 이공계 입학 정원(의·약학 계열, 농대, 사범대 제외)

(단위: 명)

계열(인원)	학과/학부(수시/정시/합계)
공대(771)	건설(37/18/55), 건축(36/15/51), 기계(76/32/108) 산업공학(18/12/30), 에너지공학(21/4/25), 원자핵공학(26/6/32) 재료공학(58/31/89), 전기공학(99/52/151), 조선해양(30/16/46) 컴퓨터공학(37/27/64), 항공우주(24/12/36), 화학공학(57/27/84)
자연대(225)	물리(30/13/43), 수리과학(25/10/35), 지구환경(25/10/35) 화학(29/14/43), 천문학(6/5/11), 생명과학(37/21/58)
기타(388)	자유전공(74/50/124), 첨단융합(148/70/218), 공과대학(0/46/46)

수능 부담 없이 학교생활만으로도 입시 준비 완료!

영재학교와 과학고의 가장 큰 장점은 하나의 정답을 찾는 수능 공부를 하지 않아도 된다는 점이다. 의대와 같이 전 과목 1등급을 받지 않아도 되고 국어나 영어 수능 점수가 낮아도 원하는 대학에 가는 데 큰 지장이 없다. 물론 내신에 국어, 영어 과목과 수행 평가가 있지만,

수능 문제를 푸는 연습이 아니라 논문을 읽고 쓰는 등 과학자가 되는 데 도움이 되는 국어와 영어 공부를 할 수 있다.

서울대와 대부분의 과학 특성화 대학에서는 수시 전형에서 수능 최저 조건 없이 학생부 종합 전형으로 학생을 선발한다. 그러므로 재학 중에 본인이 관심 있는 주제에 대한 실험이나 소논문 작성, 관심 주제 동아리나 비교과 활동을 자유롭게 할 수 있다. 그리고 이런 활

2022학년도 전국 8개 영재학교의 졸업생 진로 현황

(단위: 명)

고등학교 (위치)	졸업생	비고
서울과학고 (서울)	122 (남 113, 여 9, 여학생 7.9%)	대학 90(73.7%) 해외 대학 3(2.5%) 기타 29(23.8%)
경기과학고 (수원)	125 (남 106, 여 19, 여학생 1.5%)	대학 112(89.6%) 해외 대학 1(0.8%) 기타 12(9.6%)
대전과학고 (대전)	87 (남 83, 여 4, 여학생 4.6%)	대학 85(97.7%) 기타 2(2.3%)
대구과학고 (대구)	93 (남 74, 여 19, 여학생 20.4%)	대학 68(73.1%) 기타 25(26.9%)
광주과학고 (광주)	88 (남 68, 여 20, 여학생 22.7%)	대학 85(96.6%) 기타 3(3.4%)
한국과학 영재학교(부산)	123 (남 106, 여 17, 여학생 13.8%)	대학 116(94.4%) 해외 대학 1(0.8%) 기타 6(4.8%)
세종과학예술 영재학교(세종)	92 (남 72, 여 20, 여학생 21.7%)	대학 85(92.4%) 기타 7(7.6%)
인천과학예술 영재학교(인천)	76 (남 64, 여 12, 여학생 15.7%)	대학 73(96.1%) 기타 3(3.9%)

동 결과는 학생부를 꽉 채우고도 남아서 학교생활만 열심히 해도 자동으로 입시 준비가 된다. 또한 이들 학교에서는 실험 장비나 교사진의 우수성, 교사 1인당 학생 수, 기숙사 시설 완비 등 국가 지원 혜택도 톡톡히 볼 수 있다. 해마다 영재학교에는 50~150억 원, 과학고에는 20억 원대의 국가 재정 지원이 이루어진다.

압도적으로 높은 영재학교의 입시 결과

많은 이과 최상위권 학생들이 영재학교와 과학고 로드맵을 선택하는 이유는 138쪽 표에서 제시한 2023학년도 서울대 합격자 출신 고교별 현황을 보면 알 수 있다. 2023학년도 입시에서 8개 영재학교의 졸업생 대비 서울대 수시 합격자(298명) 비율은 37%에 가까웠다. 서울과학고와 경기과학고, 세종과학예술영재학교의 경우 매년 서울대 수시 진학률은 40% 전후로, 졸업생의 절반 정도가 서울대에 가는 셈이다. 나머지 학생들도 대부분 카이스트와 포항공대 등 명문 공대에 진학하고 결정적으로 재수생이 거의 없다. 대학 진학 후 의대에 진학하기 위해 재수나 삼수하는 아이들이 종종 있지만, 해당 연도 학생들은 기본적으로 재수 없이 거의 자신들이 원하는 학교에 진학하고 있다.

이를 전국 최상위권 자사고와 외고의 입시 결과와 비교해 보면 영재학교 입시 실적의 의미를 좀 더 입체적으로 이해할 수 있다. 자사

2024년 기준 전국 영재학교 현황

영재학교(설립연도)*	학생수	교원수	위치
서울과학고(1988)	380명(남 358, 여 22)	93명(남 48, 여 45)	서울 종로구
경기과학고(1983)	378명(남 342, 여 36)	84명(남 45, 여 39)	수원 장안구
대구과학고(1987)	280명(남 245, 여 35)	67명(남 43, 여 24)	대구 수성구
광주과학고(1983)	282명(남 225, 여 57)	68명(남 33, 여 35)	광주 북구
인천과학예술영재학교(2011)	238명(남 195, 여 43)	55명(남 24, 여 31)	인천 연수구
세종과학예술영재학교(2015)	261명(남 200, 여 61)	72명(남 31, 여 41)	세종자치시
한국과학영재학교(1991)	413명(남 322, 여 91)	65명	부산 부산진구
대전과학고(1983)	280명(남 246, 여 34)	65명(남 33, 여 32)	대전 유성구

* 자료 출처: 학교알리미 | 설립연도: 과학고 시절 포함 최초 설립연도

고 중에서 수시 합격률이 높은 곳으로 알려진 하나고가 약 20% 전후의 서울대 합격률이고 전국 최상위 외고인 대원외고는 10% 전후다. 따라서 영재학교의 서울대 진학률과 재수생 없이 해당 연도에 원하는 대학에 진학하는 비율은 최상위권 학교 중에서도 압도적이다.

영재학교 못지않은 과학고의 입시 결과

전국 선발 영재학교에 비하면 조금 못 미치지만, 지역별로 광역 선발하는 과학고등학교의 진학 실적도 좋은 편이다. 서울대 이외에도 과학 특성화 대학이 있어 대학 진학률은 거의 90%에 육박한다. 그

리고 의대에 진학하려는 재수생이 많은 과학고를 제외하고는 거의 90%에 가까운 인원이 서울대와 과학 특성화 대학에 입학하고 있다.

2024년 기준 전국 20개 과학고등학교 현황

영재학교(설립연도)	학생수	교원수	위치
한성과학고(1992)	375명(남 292, 여 83)	75명(남 34, 여 41)	서울 서대문구
세종과학고(2008)	433명(남 335, 여 98)	89명(남 27, 여 62)	서울 구로구
경기북과학고(2005)	272명(남 225, 여 47)	55명(남 25, 여 30)	의정부시
경남과학고(1983)	266명(남 208, 여 58)	44명(남 25, 여 19)	진수 진성면
부산일과고(2011)	253명(남 183, 여 70)	48명(남 21, 여 27)	부산 사하구
부산과학고(2003)	252명(남 183, 여 69)	51명(남 25, 여 26)	부산 금정구
창원과학고(2011)	212명(남 154, 여 58)	41명(남 18, 여 23)	창원 의창구
충남과학고(1993)	199명(남 152, 여 47)	35명(남 18, 여 17)	공주시 반포면
대구일과고(2011)	218명(남 159, 여 59)	46명(남 22, 여 24)	대구 동구
충북과학고(1988)	145명(남 111, 여 34)	30명(남 19, 여 11)	청주시 상당구
인천과학고(1994)	210명(남 157, 여 53)	41명(남 20, 여 21)	인천 중구
인천진산과고(2006)	204명(남 147, 여 57)	44명(남 26, 여 18)	인천 부평구
대전동신과고(1991)	216명(남 156, 여 60)	49명(남 21, 여 28)	대전 동구
울산과학고(2005)	186명(남 140, 여 46)	36명(남 16, 여 20)	울산 울주군
경북과학고(1992)	141명(남 104, 여 37)	31명(남 17, 여 14)	포항시 남구
강원과학고(1992)	165명(남 131, 여 34)	34명(남 15, 여 19)	원주시
전북과학고(1990)	150명(남 104, 여 46)	32명(남 13, 여 19)	익산시 금마면
경산과학고(2007)	155명(남 117, 여 38)	33명(남 18, 여 15)	경북 경산시
제주과학고(1999)	106명(남 75, 여 31)	25명(남 18, 여 7)	제주시
전남과학고(1992)	224명(남 161, 여 63)	38명(남 20, 여 18)	나주시 금천면

여전히 치열한 영재학교와 과학고의 입시 경쟁률

대학 진학률이 이렇게 높으므로 해마다 영재학교의 입학 경쟁률은 엄청나다. 영재학교에 합격이 안 되면 과학고에 간다고 생각하고 영재학교의 입시를 준비하는 학생들이 많다. 최악의 경우에는 둘 다 안 되어도 영재학교와 과학고 입시를 준비해 두면 일반고에 가서도 수학과 과학 공부에 유리해 결국 대입에 도움이 될 것으로 기대하기 때문이다.

2023학년도 영재학교의 전체 선발 인원은 872명이고 지원자는

2023학년도 전국 8개 영재학교의 경쟁률

(단위: 명)

고등학교(위치)	모집 정원(정원 내)	정원 내 경쟁률	비고
서울과학고(서울)	120	6.8:1	정원 외 12
경기과학고(수원)	120	5.3:1	정원 외 12
광주과학고(광주)	90	전국 전형 4.4:1 지역 전형 3.6:1	전국 선발 전형 45 지역 선발 전형 45 사회 통합 전형 9
대구과학고(대구)	90	7.8:1	정원 외 9
대전과학고(대전)	90	5.9:1	정원 외 9
세종과학예술영재학교(세종)	84	7.2:1	정원 외 6
인천과학예술영재학교(인천)	75	6.3:1	정원 외 8
한국과학영재학교(부산)	120	6.5:1	장영실 전형 24 사회 통합 전형 8

• 자료 출처: 유투엠 학원 블로그

5,230명으로, 평균 경쟁률은 6:1이었다. 영재학교에 복수 지원할 수 있었던 2022학년 이전에는 거의 12,000여 명이 지원하여 경쟁률이 14:1 전후였다. 하지만 2022학년부터 복수 지원이 금지되고 최근 저출생으로 인한 학령 인구 감소와 의대 선호 현상이 겹치면서 영재학교 경쟁률은 점차 낮아지는 추세다.

이전에는 12,000명이었고 지금은 5,200명대인 지원자들은 초등학교 때부터 영재학원에 다니면서 영재학교와 과학고 로드맵을 중학교 3학년 1학기 끝까지 달려서 완주한 학생들이다. 중도에 포기하거나 방향을 선회한 학생들까지 생각하면 초등학교 때부터 영재학원에 다니거나 영재원 같은 영재 교육을 받은 인원은 어림잡아 한 학년에 3~4만 명 정도라고 볼 수 있다.

저출생 상황에서도 40만 명대 신생아가 태어나던 2008~2016년생 아이들의 경우 이 숫자는 거의 10% 정도의 비율이다. 초등학교 때는 문·이과를 가리지 않고 공부 좀 한다고 하면 거의 영재학원에 다니고 중학교에 가서도 이과 상위권 아이들은 거의 영재학교와 과학고 대비 학원에 다닌다고 볼 수 있다.

과학고는 영재학교에 입학하는 인원이 빠지고 전국 선발이 아닌 자신이 사는 지역에서만 지원하므로 영재학교보다 경쟁률은 낮은 편이다. 2024학년도에는 전국 20개 과학고에서 1,638명을 모집했는데, 지원자가 5,714명으로, 평균 경쟁률은 3.4:1이었다.

2024학년도 전국 20개 과학고등학교의 모집 정원과 경쟁률

(단위: 명)

고등학교(지역)	모집 정원(정원 내+정원 외)	정원 내 경쟁률
한성과학고(서울)	140(112+28)	5.3:1
세종과학고(서울)	160(128+32)	4.5:1
강원과학고(강원)	60(48+12)	2.7:1
경기북과학고(경기)	100(80+20)	10.3:1
경남과학고(경남)	100(80+20)	2.9:1
경북과학고(경북)	60(48+12)	2.2:1
경산과학고(경북)	60(48+12)	2.3:1
대구일과학고(대구)	80(64+16)	2.9:1
대전동신과학고(대전)	80(64+16)	3.9:1
부산과학고(부산)	90(72+18)	2.4:1
부산일과학고(부산)	90(72+18)	3.1:1
울산과학고(울산)	72(57+15)	3.3:1
인천과학고(인천)	80(64+16)	3.8:1
인천진산과학고(인천)	80(64+16)	3.3:1
전남과학고(전남)	80(64+16)	3.0:1
전북과학고(전북)	60(48+12)	2.1:1
제주과학고(제주)	40(32+8)	2.7:1
창원과학고(창원)	80(64+16)	2.9:1
충남과학고(충남)	72(57+15)	3.1:1
충북과학고(충북)	54(43+11)	AI 전형(3명) 9:1 일반 전형(40명) 3:1

* **정원 외**: 사회 통합 전형 인원 | **자료 출처**: 괜찮은 뉴스(www.nextplay.kr)

대입보다 치열한
영재학교와 과학고 입시 준비

영재학급, 영재원, 영재학원으로 이어지는 입시 경쟁의 고리

영재학교와 과학고를 생각하는 학생들은 대부분 영재학급, 영재원, 영재학원을 거치는 경우가 많다. 각 학교의 영재학급이나 교육청 및 대학 부설 영재원의 경우 사교육 없이도 선생님 추천과 영재성 판별 시험 등을 통해 선발되면 교육받을 수 있다. 하지만 실제로는 영재성 판별 시험이나 영재원에서 진행하는 수업 내용에 대한 선행 학습과 복습을 영재학원에서 해 주므로 영재원에서 배우는 대부분 학생이 영재학원도 다니는 상황이다.

영재학원으로 유명한 학원은 CMS에듀와 와이즈만 등이 있고 지역별로는 대치동의 미래탐구, 파인만, 목동의 하이스트 등이 영재학교와 과학고 진학 학원으로 유명하다. CMS에듀나 와이즈만은 전국 프랜차이즈 학원으로, 초등반부터 시작한다. 미래탐구나 파인만은 대치동뿐만 아니라 서울과 수도권, 심지어는 지방에서도 수강생이 온다. 자기가 사는 분원에서 어느 정도 성적이 나와도 결국 대치동 아이들과 경쟁에서 이겨야 원하는 학교에 갈 수 있다는 불안감에 대치동으로 많이 이동하는 상황이다.

영재학교와 과학고 입시 준비 비용 = 총 1~2억

그런데 문제는 비용이다. 초등학교부터 중3까지 짧게는 6년, 길게는 7~8년 동안 영재학교와 과학고 로드맵을 대치동에서 진행할 때 드는 비용은 총 1~2억 원 정도다. 이것은 기본 학원비에 개인 및 그룹 과외 비용을 전부 더한 비용이다. 또한 영재학교나 과학고에 간다고 사교육이 완전히 없어지는 것도 아니다. 영재학교에만 가면 못가도 카이스트나 포항공대는 갈 수 있지만, 결국 그 안에서도 서울대에 가기 위해 또 경쟁한다.

대치동에서는 영재학교 입시가 끝나고 합격생을 대상으로 한 '합격반' 강좌가 열린다. 영재학교 진학 후 내신을 잘 받아 좀 더 상위 대학에 가려고 고등학교에서 배울 내용을 미리 선행 학습을 하는 것이다. 또한 방학 때도 영재학교 재학생들을 대상으로 한 내신 대비 사교육이 있다. 본인이 영재학교 최상위권이 아닌 이상 학원에 안 다니기 쉽지 않으므로 서울대를 정점으로 한 대학 서열화의 비극은 영재학교에서도 끝나지 않고 있다.

최초의 영재학교인 한국과학영재학교(부산)   2015년 개교한 세종과학예술영재학교

영재학교와 과학고를 선택할 때 고려할 점

비슷한 상위권 학생들이 다 영재학원에 다니니까 자신도 가는 경우가 많다. 하지만 다음 내용을 꼼꼼히 따져보고 이 진로가 나에게 맞는지 확인해 볼 필요가 있다.

1 | 아이의 성향이 영재학교와 과학고에 맞는지 살펴본다

영재학교와 과학고에 가장 잘 맞는 아이는 수학과 과학을 좋아하는 영재성이 있는 학생이다. 입시 용어로는 '찐이과, 천재형'이다. 보통 '찐이과' 아이들은 수학과 물리를 좋아하고 생물이나 지구과학은 진짜 과학이 아니라고 농담도 한다. 세상은 수학으로 이루어져 있고 수학적으로 설명하지 못하는 것들은 진짜 학문이 아니라고 본다. 또한 영재학교나 과학고에서 친구들에게 인정받고 영향력이 있는 아이들은 성실하게 숙제하고 밤새워서 공부하는 학생들이 아니다. 평소에는 거의 공부를 안 하고 운동만 하거나 잠만 자는 것 같은데, 시험 시간에 잠깐 일어나 5분 쓱싹거리면서 아무도 못 푸는 문제를 쓱 풀고 나가는 친구가 영웅이 되는 분위기다. 그래서 초등학교 때 아이의 성실함이나 학원에서 만들어 준 실력으로 영재학교나 과학고에 갔지만, 실력의 한계를 보이고 천재형 아이들 속에서 자괴감에 빠지는 아이들도 가끔 있다. 입시 세계에서는 이런 아이들을 '인공산 영재'라고 한다. 이런 아이들은 영재학교나 과학고보다는 차라리 과학 중점 학교와 같은 일반고에 가서 성실함으로 인정받고 차근차근 실력을 쌓아 서울대나 카이스트에 도전해 보는 것이 나을 수도 있다.

어려서부터 공부 좀 한다고 하면 다 영재학원에 다니다 보니 어찌 보면 일반고에서 천천히 가야 할 아이들까지 영재학교나 과학고에 가서 고생하는 경우가 있다. 결국 입시의 최종 목표는 대입이므로 길게 보고 영재학교나 과학고에 가는 길만이 전부인 것처럼 아이를 몰아가지 않는 것이 중요하다.

2 │ 의학 계열 진로에는 영재학교와 과학고가 적합하지 않다

의학 계열 진로를 생각하는 아이들에게 영재학교와 과학고는 별로 바람직하지 않은 로드맵이다. 영재학교와 과학고의 설립 취지가 이공계 전문 인력을 양성하는 것이고 이를 위해 국가에서 세금으로 상당한 재정 지원을 하고 있다. 그런데 영재학교나 과학고의 교육 혜택을 누리고 학생부 종합 전형으로 의대에 가는 사례가 많아서 사회적으로 문제가 되었다.

영재학교 출신의 의대 진학을 막기 위해 몇몇 학교에서는 입학 때부터 의대 입시 불이익을 예고하고 교육비나 장학금 환수 조치까지 취하고 있지만, 이러한 조치는 개인의 선택을 막을 수 없다는 한계가 있다. 영재학교 중에서 한국과학영재학교가 가장 강력하게 의대 진학에 제동을 걸고 있지만, 서울과학고는 여전히 의대 진학자가 재학생이나 재수생 중에서 많은 편이다. 그리고 의대 진학 분위기가 강한 대구과학고와 부산의 한국과학영재학교도 다른 지역에 비해 의대 진학이나 의대에 가기 위한 재수생 비중이 높다. 그런데 수능 공부가 아닌 커리큘럼을 가진 영재학교에 간 후 재수까지 해서 의대에 갈 거면 "왜 일반고나 자사고에 가서 공부하지 않았나?"라는 질문을 던지지 않을 수 없다.

3 | 수학, 과학에 대한 탐구심이 강하고 승부 근성이 있어야 한다

사실 아이가 영재학교나 과학고 대비 학원에 다니면 공부량도 엄청나고 그 안에서의 경쟁도 매우 치열하다. 그리고 경시 대회에 나가야 하고 내신 챙기기와 최종 입시까지 정말 초등학교 고학년부터 중3 1학기까지 계속 고3에 가까운 빠듯한 일정을 견뎌야 한다. 그러

영재학교가 서울대로 가는 최단 경로일까?

해마다 발표하는 서울대 최종 등록자 현황을 보면 영재학교인 서울과학고와 경기과학고는 50여 명 가까운 합격자를 내며 매년 전국 5위권 안의 성적을 내고 있다. 또 다른 영재학교도 대부분 전국 10위권에 이름을 올리고 있다. 양적으로 보면 영재학교가 서울대 이공 계열에 진학하는 가장 좋은 경로처럼 보이지만, 질적으로 분석해 보면 그렇지만도 않다.

서울대는 국립대이므로 입학자를 배정할 때 정치적인 면을 고려해야 한다. 영재학교나 특목·자사고 학생들이 우수하다고 해서 인원을 너무 많이 뽑으면 결국 일반고 학생들이 줄어들므로 서울대가 특목·자사고 진학을 부추기고 사교육을 조장한다는 비판을 받게 된다. 그래서 서울대는 전체 입학생 중에서 영재학교나 과학고 출신 학생 비율을 정해 놓고 학생을 선발할 수밖에 없다.

2023학년도 서울대 입시에서 일반고는 1,723명으로, 전체 합격생 3,470명 중 49.6%를 차지했다. 이어 자율형 사립고 17.8%(617명), 영재학교 9.8%(339명), 외고 6.9%(240명), 예술고와 체육고 5.4%(189명), 과학고 3.9%(137명), 자율형 공립고 3.1%(106명), 국제고 2.0%(68명), 검정고시 0.9%(30명), 특성화고 0.4%(15명), 외국 고교 출신 등 기타 0.2%(6명)였다. 2022학년도에도 일반고 48.0%, 자율형사립고 16.2%, 영재고 9.8%, 외고 7.6%, 예술고와 체육고 5.5%, 과학고 5.0%, 자율형 공립고 4.1%, 국제고 1.8%, 검정고시 1.2%, 특성화고 0.5%, 외국 고교 출신 등 기타 0.3%였다. 2023학년도에는 정시 선발 비중이 40%가 되면서 수시 학생부 종합 전형을 주력으로 하는 외고와 과학고의 합격자 비중이 줄고 자율형 사립고와 국제고의 비중이 약간 늘어났지만, 전반적으로 학교별 선발 비율은 큰 차이가 없다.

영재학교 선발 인원은 해마다 800명대이고 서울대 자연 계열 선발 인원은 2,000명에 가깝다. 영재학교는 초중등 전국 최상위권 자원을 조기에 확보하고 있으므로 어떤 의미에서 영재학교 학생들은 이미 서울대에 갈 실력이 있는 것이다. 이론적으로는 영재학교 중하위권 400명 이상이 자사고나 일반고에 진학했으면 이 학생들은 대부분 서울대에 갔을 수도 있다. 한편으로는 이렇게 서울대 영재학교 선발 인원에 한계가 있으므로 카이스트나 포항공대 등 다른 과학 특성화 대학도 서울대급 학생들을 확보할 기회가 열린 것이다.

하지만 순전히 우리 아이가 서울대에 가는 것을 목표로 한다면 영재학교보다 자사고나 일반고에 가는 것이 더 나은 전략이다. 이렇게 하면 상대적으로 사교육비도 줄이고 아이도 자기 페이스에 맞춰 공부할 수 있다. 결국 이 모든 것이 아이와 부모가 선택해야 하는 영역이다. 어쨌든 영재학교가 서울대 입시에서 무조건 유리하지 않은 것은 분명한 사실이다.

다 보니 아이가 정말 수학과 과학 영재성이 탁월하거나 엄청난 내적 동기가 부여되어 있어야 이 힘든 과정을 견디고 의미 있는 결과를 만들 수 있다.

화려한 입시 성과에 가려져 방황하는 아이들

영재학교나 과학고는 전 과목을 골고루 잘하는 노력형 우등생보다 수학, 과학만 월등히 잘하는 천재형 학생에게 맞는 진로다. 상위권 아이들이 하니까 나도 한다는 맹목적인 준비는 다음과 같이 여러 가지 부작용을 가져올 수 있다.

1 | 영재학교나 과학고 준비가 균형 잡힌 대입 준비에 방해가 될 수 있다

영재학교나 과학고 입시는 경시대회와 심화 수준의 수학, 과학 공부가 요구되는데, 상위권 학생들이 영재학교나 과학고 입시를 준비하다 실패하는 경우 국어나 영어와 같은 다른 기본적인 과목에 구멍이 생기는 경우가 많다. 학원에서는 영재학교와 과학고 공부를 하다가 안 되면 일반고에 가서도 수학, 과학을 잘하니 손해가 아니라는 논리로 초중등 아이들에게 영재학교와 과학고 로드맵을 권하기도 한다. 하지만 현실적으로 그 정도 역량이 되는 학생들은 이미 영재학교나 과학고에 갈 수 있는 아이들이다. 학원에서도 중하위권에 있는 학생들이 영재학교나 과학고 진학이 좌절되었을 때 마음을 잡고 그동안 구멍 난 공부를 보충하기는 쉽지 않을 수 있다.

2 | 영재학교나 과학고 입시를 중도 포기하거나 실패하면 상실감이 크다

초등학교 고학년 때부터 4~5년 가까이 같은 학원에 다니면서 준비했는데 영재학교나 과학고에 누구는 되고 누구는 안 될 수 있다. 이론적으로는 영재학교나 과학고 진학에 실패했을 때 그럴 수도 있으니 일반고나 자사고로 진학한 후 열심히 해서 서울대나 카이스트에서 친구들을 만나야겠다고 생각할 수 있지만, 현실은 그렇지 못하다. 필자는 아이가 영재학교에 이어 과학고 입시도 떨어지고 3개월 동안 방황하며 게임만 하는 가정을 상담해 준 적이 있다. 어머니는 아이가 이 정도로 무너질지는 상상도 못 했다고 하셨다. 아무리 공부를 잘해도 대부분의 중학생은 아직 정서적으로 어리고 연약하다. 따라서 어른들이 너무 단기간의 성취가 전부인 것처럼 아이들을 몰아가지 말아야 한다.

결론적으로 아이가 공부를 잘하고 비슷한 아이들이 영재학원에 다닌다고 맹목적으로 이런 학원을 선택할 필요가 없고 아이의 공부 역량과 기질을 살펴 적절한 입시 로드맵을 짜야 한다. 가장 간단하게 이런 판단을 해 볼 수 있는 기준은 학원 성적이다. 내가 다니고 있는 학원에서 전년도에 몇 등까지 영재학교와 과학고 입시에서 성공했고 최소한 내가 그 정도 등수에 들고 있는지를 확인하면 된다. 학원에서는 100명 중 30명 정도의 학생들이 과학고 이상 갔는데, 내가 50등 밖이라면 아무래도 이 길은 내 길이 아니므로 과감하게 방향을 바꾸는 것도 좋은 방법이다. 자기 페이스대로 공부한 후 일반고나 자사고에서 성실하게 공부하고 수능도 같이 준비하면서 자기만의 입시 경로를 찾는 것이 현명하다.

이과 ②
취업 보장 공대 입시, 수학이 좌우한다

갈수록 벌어지는 문·이과 취업률 격차

1980~1990년대 초반은 대학만 나오면 누구나 취업이 되던 시절이었다. 대학 진학률도 30% 전후였고 나라 경제도 10%에 가까운 고도성장을 하면서 대졸 일자리가 넘쳐났다. 하지만 1998년 IMF 구제금융 위기를 겪으면서 대학만 나오면 취업이 보장되는 시대는 끝났다. 우선 대졸자가 넘쳐났다. 대학 학비를 감당할 경제력이 되고 아이는 하나나 둘인 상황에서 웬만한 가정은 아이를 특성화고나 전문대에 보내기보다 4년제 대학에 보내려고 했다. 이렇게 해서 대학 진학률은 70% 이상으로 전 세계 최고 수준에 이르렀는데, 대졸자의 일

자리는 더 이상 늘지 않았다.

대졸자 구직난은 문과가 더욱 심했다. 문과생들이 할 수 있는 인사, 총무 등의 업무는 이과생들이 할 수 있지만, 이과생들이 할 수 있는 이공계 연구나 공장 가동 등은 문과생들이 하기 힘들다. 기업 측면에서 보면 문과생들은 경기가 침체되었을 때 공장이나 연구실로 배치할 수 없는 계륵(鷄肋)과도 같은 존재였다. 그 결과, 2010년대 후반에는 상위 20대 대기업 신입 채용에서 이과:문과 비율이 대체로 7:3 전후가 되었다. 그리고 이 무렵부터 '문송합니다!'(문과여서 죄송합니다!)라는 말이 나왔다.

취업 현장에서는 이렇게 문·이과 일자리의 불균형이 심해졌지만, 교육 현장에서는 적절한 대응이나 개혁이 없었다. 경제 구조 변화나 사회의 흐름에 따라 교육을 바꾸려면 교원을 바꾸고 학과를 없애거나 늘리는 등 과감한 구조 조정을 해야 하는데, 이런 개혁을 반대하는 이해 당사자들이 많아 쉽게 추진할 수 없었다. 그래서 미봉책으로 고등학교에서 문·이과 구분을 없애 서로 교차 지원하게 하거나 정원 외로 필요한 첨단 학과 정원을 늘리는 방법이 나왔다.

우리나라만의 문제는 아니지만, 현대 산업사회의 교육은 학생들을 위한 교육이라기보다 교육을 위한 교육, 교육 사업 이해 관계자를 위한 교육인 경우가 많다. 그래서 학생이나 학부모가 시대 상황이나 경제적 상황에 대한 분별력을 갖고 현명하게 판단해야 4년 뒤 대학을 졸업한 후 "나는 앞으로 어떻게 해야 하지?"라는 황당한 상황을 면할 수 있다.

취업 시장에서 유리한 공대

교육부의 '2021년 고등교육기관 졸업자 취업 통계 조사' 결과에 의하면 2021년 대학(원) 졸업생 취업률은 67.7%였다. 의약 계열(82.1%)이 가장 높고 공학 계열(69.9%), 예체능 계열(66.6%), 자연 계열(65.0%), 사회 계열(63.9%), 교육 계열(63.0%), 인문 계열(58.2%) 순이었다. 의학 계열이나 교대와 같은 특수 직종을 제외하고 일반 기업 기준으로 취업률이 가장 좋은 단과대학은 단연 공대다.

학과별로 차이가 있지만 IT, 전기 전자, 인공지능, 로봇 등 첨단 분야는 졸업 후 대부분 대기업이나 정부 출연 연구 기관 등 고소득 직장에 취업할 수 있다. 잡코리아의 2023년 발표 자료에 의하면 삼성전자의 신입사원 초봉은 5,513만 원, 평균 연봉은 10,376만 원, 평균 근속 연수는 12년 1개월이었다. 이공계 대기업의 학사 출신 초봉은 4~5천만 원 이상이고 석사 이상의 연구 인력은 5~6천만 원 이상이다. 반도체, 자동차, 조선 등 전통적인 강세 기업에 더해 최근에는 2차 전지 산업 분야도 미래 먹거리 산업으로 자리 잡으면서 이공계 인력 수요는 더 늘고 있다. 앞으로도 높은 급여를 받을 수 있는 양질의 일자리가 첨단 공학 분야를 중심으로 더 늘어날 것으로 예상된다.

문과 출신으로 20대 대기업 수준의 직장에 들어가려면 평균적으로 Top 5 전후의 대학을 나와야 한다. 이에 비해 공대 출신은 Top 30 위권 전후 대학을 나와도 충분히 20대 대기업에 들어갈 수 있다는 게 취업 현장의 목소리다. 대학 간판만 내려놓고 실용적인 선택을 하면 정규직 취업의 기회를 훨씬 쉽게 잡을 수 있다.

대기업과 조직 생활을 경험하고 싶다면 공대!

2022학년도 수능 수학 문·이과 통합 이후 해당 연도의 정시 입시에서 Top 30위권 공대 상위권 학과 합격생이 Top 3 대학 어문 계열이나 인문 계열에 복수 합격하는 일이 많았다. 이른바 '이과의 문과 침공'이다. 실제로 학과나 취업보다 대학 간판이나 학벌을 중요하게 생각하는 학생은 취업이 잘 되는 공대보다 명문대 낮은 학과를 진학하기도 했다. 하지만 4년 뒤에 취업 현장에서 어떤 일이 벌어질지는 분명하다. 아무리 명문대 졸업생이라도 인문, 사회 계열 학생들은 자기 전공을 살리기 힘들지만, Top 30위권 대학 공대생은 대부분 사회생활 첫 출발을 정규직으로 시작할 수 있다.

지금과 같은 저성장 국면에서는 대기업이나 조직 생활을 경험해 볼 수 있는 유일한 길이 공대와 같이 취업 가능성이 높은 학과에 진학하는 것이다. 그러므로 아이가 정말 수학이 싫고 공학 분야에 관심이 없는 게 아니라면 대학을 낮춰서라도 취업이 잘 되는 공대 진학을 적극 고려해 볼 필요가 있다. 졸업 후 대기업 생활과 큰 조직 생활을 경험해 보다가 영 맞지 않는다면 그때 다른 진로를 찾아볼 수도 있다. 인문, 사회 계열 대학원은 경제적 여유만 된다면 언제나 공부할 수 있고 대학원 말고도 공부할 기회는 매우 많다. 하지만 이른바 이공계 전공은 대학이나 대학원에서만 배울 수 있는 것이 많다. 코딩 같은 분야는 독학으로도 할 수 있지만, 화학공학이나 유전공학 등을 독학으로 배우기는 힘들다.

이런 의미에서 정말 찐 문과 학생이 아니라면 가능한 대학을 낮추더라도 젊은 시절에 배울 수 있는 전문 기술을 대학 때 배워서 사회에 나와 다양한 일을 할 수 있게 준비하는 것이 좋다. 하지만 입시 현장에서는 여전히 학과보다 대학의 간판에 연연하는 부모나 학생들이 많다. 적어도 대학을 졸업하고 사회에서 일해 볼 기회를 얻기 위한 목적으로 대학에 진학한다면 좀 더 이성적으로 판단해야 한다.

공대 입시의 핵심도 결국은 수학!

이렇게 공대가 좋은 줄은 알지만 문제는 어떻게 들어가느냐이다. 다른 분야도 마찬가지지만 결국 공대 입시의 핵심도 '수학'이라고 할 수 있다. 2022학년도부터 문·이과 구분 없이 통합되어 수능 수학 시험을 본 후 사실상 이과 과목이라고 할 수 있는 미적분, 기하를 선택한 학생들이 수학 영역 1등급의 90% 이상을 차지했다. 서울중등진학지도연구회는 문과 과목이라고 볼 수 있는 확률통계를 선택하고 수리 영역 1등급을 받은 학생들은 5.8% 정도라고 추정했다. 엄밀하게 말하면 지금은 고등학교에서 문과와 이과 구분이 없으므로 수학 선택 과목이나 사회, 과학 선택 과목을 보고 학생의 계열을 추정해 볼 수 있다.

이론적으로는 미적분과 기하를 하지 않고 공대에 갈 수도 있지만 공대에 간 이후가 문제다. 대부분의 공대 수학이 고등학교에서 미적분과 기하를 배우고 왔다는 것을 전제로 진도가 나가므로 이들 과목을 공부하지 않은 학생이 대학에 가서 높은 학점을 받기는 쉽지 않다. 결국 미적분 이상의 수학 공부를 얼마나 좋아하고 잘하느냐가 대입이나 이후 대학 학점을 결정한다고 볼 수 있다.

이렇게 수학이 중요하다는 것을 모두 알기에 수학 사교육이 늘어나고 출발 시점도 점점 빨라지는 추세다. 웬만한 학군지에서는 초등학교 저학년부터 대부분의 아이가 사고력 수학이나 영재 수학 등 수학 관련 학원을 다니고 있다. 그리고 초등학교 때부터 중학교 과정이나 고등학교 과정을 미리 공부하는 선행 학습이 거의 대세가 된 분위기다.

양적 선행보다 꾸준함과 수학적 사고력이 관건

입시 수학에서는 양적 선행보다 꾸준함과 수학적 사고력이 관건이다. 최근에는 수학 포기자가 너무 많아서 수능 수학 문제를 지나치게 어렵게 내지 않는다. 여전히 수학 만점은 쉽지 않지만 1등급은 거의 90점대에서 형성된다. 입시계에서는 보통 27:3이라고 한다. 수학 총 30문제 중 27문제는 성실히 고교 과정을 이수하고 꼼꼼히 문제를 풀면 충분히 맞힐 수 있는 문제다. 반면 변별력을 주기 위해 3~4문제만 어렵게 나오는데, 이런 문제는 단순 계산이 아니라 중요한 수학적 개념을 연결해야 하고 출제 의도를 잘 읽어야 해결할 수 있다.

그래서 많은 수학 교사나 사교육 강사는 기본적인 문제 풀이와 함께 한두 문제를 깊이 생각해 보는 연습을 많이 하라고 조언한다. 조금 풀어보다가 안 풀리면 쉽게 해설지를 보거나 풀이 동영상을 보지 말고 이렇게도 풀어보고 저렇게도 풀어보면서 수학적으로 생각하는 힘을 길러야 한다. 그리고 이 정도까지 하기 위해 가장 필요한 것이 바로 자주 주도 학습 능력이다. 흔히 초등학교 수학은 '엄마의 힘'이, 중학교 수학은 '학원의 힘'이 영향을 미칠 수 있지만, 고등학교 수학은 '자기 힘'으로 해야 한다고 한다. 삼각함수, 고차 방정식 이상의 고등 수학은 양적으로 선행을 많이 하고 학원에서 주는 기출 문제를 반복해서 연습하는 것보다 자기 주도 학습 능력을 길러야 풀 수 있다. 그런데 교육 현장에는 어려서부터 지나친 문제 풀이와 학원 숙제에 지쳐 중고등학교 이후 수학이라면 완전히 질린 학생들이 너무 많다. 이와는 반대로 IB 교육을 시행한 표선고등학교(제주, 공립고)에서는 학생들이 제일 좋아하는 과목이 수학이라고 한다. 문제 풀이 수학이 아니라 2차 방정식을 이용해 감귤 농장의 스프링클러의 발사 각도를 계산하고 드론의 궤적을 추적해 보는 등 본인이 관심 있는 주제로 수학을 공부하니 이런 피드백이 나왔다고 한다.

수학을 이렇게 재미있게 배우고 공부할 수도 있지만, 대부분의 교육 현장에서는 이런 교육을 할 수 없으므로 적절한 타협점이 필요하다. 먼저 어려서는 연산이나 문제지 풀이에 너무 집착하기보다 수학적 개념이나 원리를 재미있게 익히고 아이가 수학적 사고를 하는 힘을 길러줄 필요가 있다. 한 가지 좋은 방법은 초등학교 때 수학자나 수학적 발견에 관한 재미있는 책을 많이 읽게 하는 것이다. 그리고 선행 학습을 해도 문제만 많이 푸는 양적 선행이 아니라 자신의 수학적 사고 수준을 한 단계씩 높이고 스스로 생각하는 훈련을 할 수 있는 질적 선행 학습을 해야 한다.

올마이티수학학원의 여호원, 여호용 대표는 진짜 선행은 심화 문제를 풀 수 있는 수준의 선행이라고 한다. 기본 문제 풀이 수준으로 미적분까지 나가는 것이 중요한 것이 아니라 해당 학년의 어려운 문제를 풀 수 있는 정도가 자기 실력에 맞는 진짜 선행 진도이다. 이렇게 자기 페이스에 맞는 공부를 꾸준히 해서 어렵지 않은 문제라도 잘 풀 수 있는 능력만 기른다면 어느 정도 수능 수학 경쟁력을 유지할 수 있다.

명문 공대에 가려면 어느 고등학교에서 공부해야 할까?

명문 공대라고 할 수 있는 서울대, 카이스트, 포스텍(포항공대)은 영재학교, 과학고 학생들이 거의 석권하고 있다. 그러므로 현재 입시에서 명문 공대에 가기 위해 가장 빠르고 확실한 길은 영재학교, 과학고에 가서 수시로 대학에 진학하는 길이다.

전국의 영재학교와 과학고는 총 28개이며 나머지 일반 인문계 고등학교는 1,500개가 넘는다. 그런데 매년 서울대와 카이스트, 포스텍 등 과학 특성화 대학 합격자의 80% 이상은 영재학교와 과학고 학생들이 차지하고 있다.

하지만 문제는 영재학교, 과학고라는 빠른 길로 가기 위해 치러야 하는 대가다. 앞서 말했듯이 현실적으로 초등 고학년 때부터 시작되는 사교육 경쟁에서 자유롭기가 쉽지 않다. 그리고 그 사교육도 수능 경쟁력을 높이는 공부라기보다는 경시대회용 심화 학습인 게 문제다. 수학과 과학만 좋아하는 마니아 성향이 강한 학생이 아니라면, 무리해서 영재학교, 과학고 대비 학원을 다니기보다, 수능과 정시로 목표한 대학에 갈 수 있는 차선책도 생각하고 일반고 로드맵을 택해 입시를 준비하는 것이 좋을 수 있다.

다음의 표는 2020년 이후 입시 결과로, 고등학교를 중심으로 각 지역별로 카이스트, 포스텍, 지스트, 디지스트, 유니스트(이른바 '카포디지유')의 합격자를 배출한 학교를 정리한 자료다.

입시 결과를 홈페이지나 언론에 적극 공개하는 고등학교 위주로 파악한 자료이지만, 이 자료만 보아도 과학 특성화 대학 합격자가 많이 나오는 학교가 대강 어느 학교인지 파악해 볼 수 있다.

2020년 이후 과학 특성화 대학 합격자 배출 학교 목록 1
- 서울, 수도권(중복, 재수 포함 합격 건수)

지역구분		학교별 과학특성화대학 합격 건수
서울	* 대치, 목동, 중계 주요 학군 지역	휘문고 2022(광역자사): 카이스트 35
		보성고 2022(평준화 일반고): 특성화 3
		양정고 2022(광역자사): 포항공대 1
		마포고 2022(과중): 특성화 5
		선덕고 2023(광역자사): 특성화 17
		서라벌고 2023(평준화 일반고): 특성화 3
		재현고 2022(평준화 일반고): 특성화 9
		용화여고 2021(과중): 특성화 6
	* 서울 일반 지역	경희고 2023(광역자사): 특성화 22
		경희고 2022(광역자사): 특성화 14
		환일고 2023(평준화 일반고): 특성화 5
		예일여고 2022(과중): 특성화 2
		선정고 2022(평준화 일반고): 특성화 4
		용산고 2022(평준화 일반고): 특성화 9
경기	* 분당, 평촌, 일산 등 주요 학군 지역	분당낙생고 2023(평준화 일반고): 특성화 8
		분당낙생고 2022(평준화 일반고): 특성화 16
		성남효성고 2023(평준화 일반고): 특성화 3
		안양부흥고 2021(평준화 일반고): 특성화 4
		안양동안고 2022(평준화 일반고): 특성화 4
		용인풍덕고 2022(평준화 일반고): 특성화 4
		용인보정고 2023(평준화 일반고): 특성화 3
		용인성복고 2022(평준화 일반고): 특성화 3
		일산대진고 2023(평준화 일반고): 특성화 6
		수원유신고 2020(평준화 일반고): 특성화 4
	* 경기 비평준 지역	양서고 2023(광역 자율고): 특성화 13
		양서고 2022(광역 자율고): 특성화 11
		화성고 2023(비평준 일반고): 특성화 38
		화성고 2022(비평준 일반고): 특성화 27
		오산세마고 2021(비평준 일반고): 특성화 10
		병점고 2020(비평준 일반고): 특성화 9
		안성 안법고 2023(비평준 일반고): 특성화 6
		평택고 2022(비평준 일반고): 특성화 5
		파주운정고 2023(비평준 일반고): 특성화 4
		파주한민고 2022(광역 일반고): 특성화 54
		남양주동화고 2023(비평준 일반고): 특성화 8
인천		인천세일고 2023(평준화 일반고): 특성화 8
		인천숭덕여고 2024(평준화 일반고): 특성화 6

• **과중**: 과학 중점반 운영학교 | **자료 출처**: 학교 홈페이지, 언론, 평촌 드래곤영어 블로그

2020년 이후 과학특성화 대학 합격자 배출 학교 목록 2
- 비수도권 지역(중복, 재수 포함 합격건수)

지역구분	학교별 과학 특성화 대학 합격 건수
대전, 충청	공주사대부고 2023(전국 자율고): 특성화고 28 공주사대부고 2022(전국 자율고): 카이스트 10 천안북일고 2023(전국 자사고): 특성화 39 대전대성고 2021(광역 자사고): 카이스트 4 대전대신고 2021(광역 자사고): 특성화 23 대전충남고 2021(평준화 일반고): 특성화 9 청주청원고 2022(광역 일반고): 특성화 14
호남, 광주	전주상산고 2023(전국 자사고): 특성화 60 전주상산고 2022(전국 자사고): 특성화 28 익산남성고 2022(광역자사 → 일반고): 카이스트 2 익산이리고 2021(평준화 일반고): 특성화 5 화순능주고 2023(광역 자율고): 특성화 6 담양창평고 2023(비평준 일반고): 특성화 17
대구, 경북	김천고 2023(전국 자사고): 특성화 29 대구경신고 2022(평준화 일반고): 카이스트 12 대구달성포산고 2023(광역 자율고): 특성화 5 대구경산여고 2023(비평준 일반고): 특성화 7
부산, 울산, 경남	해운대고 2023(광역 자사고): 특성화 2 해운대고 2022(광역 자사고): 카이스트 1 부산동인고 2022(평준화 일반고): 특성화 6 남해해성고 2021(전국 자율고): 특성화 7 울산울주군범서고 2021(비평준 일반고): 특성화 10
제주	제주오현고(일반고) 2023: 특성화 20

* 과중: 과학 중점반 운영학교, 자료출처: 학교 홈페이지, 언론, 평촌 드래곤영어 블로그

　

우선 가장 많은 합격자를 배출하는 학교는 수시 경쟁력이 있는 자사고라 할 수 있다. 영재학교, 과학고 수준의 연구 수업은 아니지만, 나름 수시 경쟁력이 있는 학생들은 학생부를 채울만한 실험이나 연

구를 할 수 있다고 볼 수 있다. 또 이 학교들은 대부분 수능 경쟁력을 바탕으로 정시나 의대 입시에도 강한 학교들이 많은데, 아무래도 이과 최상위권 학생이 많이 모이기 때문이다.

비슷한 맥락으로 전국 선발 자율고나 경기권의 비평준 일반고에서도 과학 특성화 대학 합격자가 많이 나오는 모습을 확인할 수 있다.

또한 평준화 일반고 가운데서는 과학 중점반을 운영하는 고등학교가 목록에 등장하는 모습도 확인할 수 있다. 과학 중점반 운영 고등학교는 교육부나 교육청의 지정으로 운영되는데, 보통 과학실 4개와 수학 교실 2개를 갖추고 있고 과제연구, 실험 중심의 교육을 학생들에게 제공한다. 아무래도 평범한 일반고보다 서울대나 Top 30위권 공대의 수시 전형 합격자를 많이 배출할 수 있지만, 위의 입시 결과를 보면 과학 특성화 대학에서는 전국 100위권 일반고보다 입시 경쟁력은 그리 크지 않다는 것을 알 수 있다. 결국 과학 중점 고등학교 여부보다, 상위권 학생들이 많이 모이는 학교가 입시에서 좋은 성과를 낸다는 것을 다시 한 번 확인할 수 있다.

영재학교, 과학고 갈 실력이 아니라면 내신과 수능에 집중

교육적으로만 보면 입시의 유불리를 떠나 수학, 과학을 좋아하는 학생들은 과학 중점학교에 가서 하고 싶은 실험을 하고, 연구 중심의 수업을 하는 것이 좋아 보인다. 하지만 입시 공학적으로 보면, 영재학교, 과학고 학생들과 경쟁하여 서울대나 카이스트에 가는 길은 좁다. 차라리 내신을 한 등급이라도 높게 받고 정시 경쟁력이 있는 고등학교에 가서 수능 공부를 더 열심히 하는 것이 한 레벨이라도 높은 대학에 갈 수 있는 넓은 길이다.

그래서 몇몇 입시 전문가들은 이과에서는 영재학교, 과학고, 문과에서는 외고, 국제고나 수시형 자사고가 아닌 학교에서 어설프게 학생부 종합 전형 준비한다고 이것저것 비교과 활동을 많이 하는 모습을 비판적으로 보기도 한다. 일찍 아이들에게 입시 현실을 정확히 알려주고 우선 내신과 수능 공부에 집중하도록 지도해야 한다고 주장한다. 대부분의 평범한 아이들은 고등학교 3년 내내 내신이나 수능 준비를 제대로 하기도 힘들다. 내신과 수능이 된 다음에 비교과 활동을 해야 입시 경쟁력을 갖는 것이지, 내신이나 수능 실력이 없는 가운데 아무리 비교과를 화려하게 채워도 본인이 원하는 대학에 가기는 쉽지 않기 때문이다.

결론적으로 공대 입시에서도 본인이 영재학교, 과학고에 갈 실력이 된다면 설카포디지유(서울대+카포디지유)를 목표로 공부하고, 그 정도가 안 된다면 일찌감치 내신과 수능에 올인하고, 본인이 하고 싶은 실험이나 연구는 대학이나 대학원 가서 열심히 한다고 방향을 잡는 것이 좀 더 현실적인 입시 전략이라고 할 수 있다.

명문고등학교의 이과 강세 현황

현재 입시에서 이과 최상위권 학생은 의대와 공대를 선호하고 있는데, 공교롭게도 의대 정원과 첨단 학과 중심의 상위권 공대 정원도 늘어나는 추세다. 그러므로 미적분 이상의 어려운 수학을 끝까지 포기하지 않고, 과학 과목 공부를 꾸준히 하면 명문 공대 선호 학과에 가기 훨씬 쉬운 상황이다.✦

이런 분위기 속에서 전국 100위권 명문 고등학교의 이과:문과 비율은 거의 7:3에 육박하고 있다. 종로학원이 2022년 6월에 서울대 합격자 기준 100위권 고등학교 가운데 52개 고교를 조사한 결과에 의하면 2014년 이과 53.7%, 문과 46.3%였던 비율은 2022년에 이과 68.6%, 이과 31.4%로 이과 쏠림 현상이 심해짐을 보여주고 있다.

상위권대 입시에서 수능 영향력이 50%에 가까운 현실에서 이과 학생과의 입시 경쟁력을 확보하지 않으면 문과 상위권 학생들도 자신이 갈 수 있는 대학 수준을 낮출 수밖에 없다. 어차피 문, 이과가 없어진 상황에서 공부 잘하는 이과생을 피하는 전략은 큰 의미가 없다. 어느 고등학교에 가든 우선 1, 2학년 때는 '나는 이과다'라는 생각을 갖고 최대한 수학과 과학 관련 과목을 공부하고, 3학년 때 수능 성적이나 내신 점수를 봐서 전략적으로 입시 전략을 짤 필요가 있다.

✦ 문, 이과 통합으로 이과 상위권 학생들은 언제든 문과 상위권 학과에 교차지원 할 수 있기에 2023학년도 수능에서는 처음으로 이과(수학 미적분, 기하벡터, 과학탐구 선택 학생) 응시자 비중이 50%를 넘기도 했다.

이과 ③
의대 진학 최적의 로드맵

　이과 최상위권 학생들이 선호하는 진로 중 하나는 이른바 '의치한약수' 또는 '메디컬'이라고 부르는 의대, 치대, 한의대, 수의대, 약대다. 명문 공대를 나와도 40세 이후에는 퇴직을 걱정해야 하는 상황에서 안정적인 수입과 사회적 지위를 보장받을 수 있고 전문직으로 건강만 허락되면 퇴직 걱정 없이 오래 일할 수 있는 의약 계열 선호도가 더욱 높아졌다. 여기에 2024년 1월 정부에서 의대 정원을 2,000명 늘리겠다고 발표하면서 대학 입시에서 의약 계열은 대부분의 이과 최상위 학생들을 빨아들이는 블랙홀이 되고 있다.

전국 6천 명 규모의 의약학 계열 정원

전국에는 의대 39개, 치대 11개, 한의대 12개, 수의대 10개, 약대 37개가 있다.

지역별 의대 39개

서울(8)	서울대, 연세대, 고려대, 가톨릭대, 경희대, 이화여대, 중앙대, 한양대
수도권(5)	가천대, 성균관대, 아주대, 인하대, 차의과대(의학전문대학원)
지방(26)	가톨릭관동대, 강원대, 건양대, 경북대, 경상대, 계명대, 고신대, 단국대(천안), 대구가톨릭대, 동국대(경주), 동아대, 부산대, 순천향대, 연세대(원주), 영남대, 울산대, 원광대, 을지대, 인제대, 전남대, 전북대, 제주대, 조선대, 충남대, 충북대, 한림대

지역별 치대 11개

서울(3)	서울대, 연세대, 경희대
지방(8)	강릉원주대, 경북대, 단국대, 부산대, 원광대, 전남대, 전북대, 조선대

지역별 한의대 12개

서울(1)	경희대
수도권(1)	가천대
지방(10)	대구한의대, 대전대, 동국대(경주), 동신대, 동의대, 부산대, 상지대, 세명대, 원광대, 우석대

지역별 수의대 10개

서울(2)	서울대, 건국대
지방(8)	강원대, 경북대, 경상대, 전남대, 전북대, 충남대, 충북대, 제주대

지역별 약대 37개

서울(8)	서울대, 경희대, 덕성여대, 동덕여대, 삼육대, 숙명여대, 이화여대, 중앙대
수도권(8)	가천대, 가톨릭대(부천), 동국대(고양), 성균관대(수원), 아주대, 연세대(송도), 차의과대(포천), 한양대(안산)
지방(21)	강원대(춘천), 경북대(대구), 경상국립대(진주), 경성대(부산), 계명대(대구), 고려대(세종), 단국대(천안), 대구가톨릭대(경산), 목포대(무안), 부산대, 순천대, 영남대(경산), 원광대(익산), 우석대(완주), 인제대(김해), 전남대(광주), 전북대(전주), 조선대(광주), 제주대, 충남대(대전), 충북대(청주)

수능 점수와 등급이 의약 계열 입시의 핵심 요소

다음 2024학년도 의약학 계열 전형별 선발 인원을 보면 대략 수시 60%, 정시 40%의 비율이다. 하지만 대부분의 수시 전형에는 수능 최저 등급 조건이 있어 의약학 계열 입시에서 수능의 비중은 거의 90% 이상으로 볼 수 있다. 좋은 내신은 기본이고 수능도 거의 전 과

2024학년도 의약학 계열 전형별 선발 인원

(단위: 명)

구분	수시				정시(비율)	총합
	학생부 교과	학생부 종합	논술	합계		
의예	909	847	116	1,872	1,144(37.9%)	3,016
치의예	138	201	26	365	266(42.1%)	631
한의예	278	186	26	490	235(32.4%)	725
수의예	206	100	16	322	175(35.2%)	497
약대	523	403	81	1,007	738(42.2%)	1,745
합계	2,054	1,737	265	4,056	2,558(38.6%)	6,614
비율	31.0%	26.2%	4.0%	61.3%		

목 1~2등급이어야 의약학 계열에 진학할 수 있다.

의대로 가는 길 4가지

다른 학과와 마찬가지로 의대에 갈 수 있는 전형 방법은 4가지다. 수시로는 '학생부 교과 전형', '학생부 종합 전형', '논술 전형'이 있고 수능 성적 위주의 '정시'가 있다.

1 | 학생부 교과 전형

의대 전체적으로는 학생부 교과 전형으로 약 30% 전후의 학생을 선발한다. 그리고 지방 의대의 지역 인재 전형은 학생부 교과 전형이 많다. 학생부 교과 전형은 내신 등급이 가장 중요하므로 의대에 가려면 무조건 1점대 내신에 전교 1~2등 정도의 성적이어야 한다. 그리고 대부분의 대학에서 수능 최저 등급을 요구하고 있는데, 보통 수학 포함 주요 3개 과목 합이 5 이내인 경우가 많다.

2 | 학생부 종합 전형

학생부 종합 전형은 내신뿐만 아니라 학생부의 세부 특기 사항과 비교과 활동 등을 반영한다. 서울대와 고려대 정도가 수능 최저가 없고 대부분 수능 최저 조건이 있다. 내신이 안 좋아도 학생부가 좋으면 합격할 수 있다고 생각하기 쉽지만, 학생부 종합 전형도 대부분 일반고에서는 내신 1등급 전후 최상위권 학생들이 합격한다. 학생부 종합 전형을 준비하는 학생이라면 우선 내신과 수능 등급이 안정적으로 나온 후 비교과 활동에 신경 쓰는 전략이 필요하다.

3 | 논술 전형

논술 전형은 내신에서 밀리는 특목·자사고 학생들이 선택할 수 있는 차선책으로, 점점 선발 인원이 줄어 좁은 문이 되고 있다. 논술은 대부분 수리 논술로, 중·상 난이도의 수학 문제를 풀거나 풀이 과정을 구술로 설명하는 방식으로 진행된다. 논술 전형에도 대부분 수능 최저 조건이 있다.

4 | 정시

정시로 의대에 가려면 수능 평균 등급이 1~1.4 정도는 나와야 한다. 따라서 대부분의 합격자가 국어, 수학, 영어, 과학탐구에서 1등급을 받은 셈이다. 정시는 보통 수능 성적 100%로 선발했는데, 점차 면접을 추가하는 대학이 늘고 있다. 2024학년도 입시에서는 10개교(서울대, 연세대, 고려대, 가톨릭대, 가톨릭관동대, 경북대, 성균관대, 아주대, 울산대, 인제대)가 정시에도 면접을 추가했다.

의대 진학의 최적 경로

'2028 대학입학제도 개편안'에서는 내신을 5등급제로 완화했지만, 수능은 여전히 상대 평가 9등급제를 유지한다. 결국 바뀐 제도에서도 의대에 가기 위한 가장 우선 조건은 수능 1등급을 어떻게 확보하느냐이고 수능 시험 대비 능력을 갖춘 명문 학군지가 의대 진학에도 더 유리해졌다. 하지만 의대 정원이 지방 중심으로 확대되면서 지역 인재 전형 인원이 대폭 늘어났으므로 서울 및 수도권에서 의대에 올인하는 가정은 연고가 있다면 중학교 때부터 지방으로 내려가는 것을 적극적으로 검토해 보아야 한다. 서울이나 수도권에서 의대를 준비하면 시작부터 1/3의 기회는 포기하고 수능 전 과목 1등급에 모든 것을 걸어야 하기 때문이다. 2024학년도 전형에서는 의대 지역 인재 전형으로 총 1,030명(수시 805, 정시 225)을 선발했는데, 이는 전체 의대 정원의 1/3에 해당한다.

1 │ 학군지에 있는 자사고와 전국 100위권 일반고에 진학하기

2022학년도 입시에서 서울 광역 선발 자사고인 휘문고는 전국 선발 자사고인 상산고보다 더 많은 의대 합격 건수를 기록했다. 휘문고는 서울에 위치하므로 의대 지역 인재 전형을 활용할 수 없어서 불리하다. 하지만 휘문고가 상산고보다 더 많은 의대 합격 건수를 기록한 것은 정시 40% 상황에서 수능 공부에 좀 더 도움이 되는 학교와 학원가가 모여있는 곳이 의대 입시에서 더 강세를 보일 수 있음을 증명하는 상징적인 사건이었다.

의대 입시에서 수능 비중이 절대적이고 수능 전 과목 1등급을 받아야 하는 상황에서 학교에서 내신을 수능 유형으로 내고 교과목도 수능에 출제되는 과목 위주로 편성하는 곳이 입시 결과가 좋을 수밖에 없다. 또한 사교육 인프라가 있는 곳이 의대 입시에 좀 더 유리한데, 전국에서 수능 수준의 양질의 문제를 만들어 학생들에게 계속 반복하여 연습시킬 수 있는 인력과 강사진, 콘텐츠를 모두 갖춘 곳은 대치동, 목동, 대구 수성구 정도다.

언론이나 학교 홍보 자료를 통해 파악할 수 있는 각 고등학교의 의대 합격 건수(중복, 재수 포함)를 종합해 보면, 합격 건수 20건 이상이면 전국 30위 전후의 입시 결과로 볼 수 있다. 그리고 이들 학교의 대다수는 전국 혹은 광역 선발 자사고나 대치동, 목동, 대구 수성구 등의 선호 학군지에 위치한 평준화 일반고와 비평준 지역 명문 일반고임을 알 수 있다. 이들 학교는 의대 합격자 수도 많지만, 재수 비율이 대부분 50% 전후로 내신 경쟁이 아주 치열한 전국 100위권 고등학교다.

옆의 입시 결과는 주요 고등학교의 의대와 상위권대 합격 현황을 학교 유형과 지역별로 정리한 자료다. 2024년 정부 발표대로 의대 정원이 2,000명 늘어나고, 최상위권 학생들이 의대를 정점으로 한 의대, 약대 계열 연쇄 이동이 일어날 경우, 기존 Top 3-4위권 대학 입시 결과는 각 고등학교의 최대 의약 계열 합격자 범위를 예측해 볼 수 있는 수치가 될 수 있다. 아래 소개한 주요 대학 이외 각 학교의 상세 입시 결과는 부록에 수록되어 있다.

전국 선발 자사고 주요대 입시 결과(중복, 재수 포함 합격 건수)

학교(졸업생 수)	서울대	의약계열	연세대	고려대	특성화
외대부고 2023(364명)	68	127	85	86	카, 포 29
상산고 2023(357명)	32	232(의대140)	52	49	60
포철고 2023(346명)	23	60	20	28	42
김천고 2023(200명)	12	15	15	16	29
하늘고 2023(207명)	12	23	18	21	47
천안북일 2023(308명)	23	31	21	41	45

* **의약계열**: 의대, 치대, 한의대, 약대, 수의대 | **특성화**(과학특성화대학)/ **카**: 카이스트, **포**: 포항공대
* **자료출처**: 학교 홈페이지, 플래카드, 언론보도 자료, 평촌 드래곤영어 블로그

전국 선발 자사고의 경우 대부분 주요 학군지와 멀리 떨어진 지역에 위치하나, 워낙 전국에서 최상위권 학생들이 모이고 있고 최상위권의 이과 쏠림도 많아져서 의약 계열 진학실적이 계속 좋아지고 있다.

비서울지역 광역 선발 자사고 주요대 입시 결과(중복, 재수 포함 합격 건수)

학교, 졸업연도(졸업생 수)	서울대	의약계열	연세대	고려대	특성화
충남삼성고 2023(356명)	15	22(의대10)	21	18	44
해운대고 2023(142명)	4	63(의대53)	3	3	포 1
대구대건고 2023(244명)	13	18(의대8)	4	28	27
인천포스코 2022(198명)	11	28	19	41	
대전대성 2022(313명)	11	37	11	21	
대구계성고 2021(233명)	7	19	12	8	

서울지역 광역 선발 자사고 주요대 입시 결과(중복, 재수 포함 합격 건수)

학교, 졸업연도(졸업생 수)	서울대	의약계열	연세대	고려대	특성화
휘문고 2023(401명)	50	238(약대25)	89	44	카 7
세화고 2023(353명)	51	87	67	40	
세화여고 2023(348명)	16	41	40	33	
보인고 2023(351명)	23	45	39	42	카포 4
배재고 2023(395명)	20	38	27	44	14
선덕고 2023(355명)	29	22	48	44	27
신일고 2023(324명)	11	10	18	11	16
경희고 2023(210명)	7	7(의대)	6	12	22
양정고 2022(344명)	11	56(의대22)	25	35	포 1
한대부고 2022(304명)	7	12	10	20	
대광고 2022(278명)	4	6	12	16	

• **의약계열**: 의대, 치대, 한의대, 약대, 수의대 | **특성화**(과학특성화대학)/ 카: 카이스트, 포: 포항공대
• **자료출처**: 학교 홈페이지, 플래카드, 언론보도 자료, 평촌 드래곤영어 블로그

전국 선발 자사고와는 달리 광역 선발 자사고는 대부분 서울이나 대구, 부산, 대전 등의 대도시에 위치하고, 대치동, 목동, 대구수성, 대전둔산, 부산해운대 등 주요 학원가와도 가까이 있어 수능 및 정시 경쟁력이 높은 학생들이 많다. 이런 학생들을 중심으로 정시 위주의 의약 계열 입시 결과가 좋은 편이다.

의대 합격자를 많이 배출하는 학군지 평준화 일반고

마지막으로 위에서 말한 주요 학군지에 위치한 전국 100위권의

평준화 일반고도 많은 의약 계열 합격자를 배출하고 있는데, 주요 학군별로 의대 합격자를 많이 배출하는 학교 목록은 아래와 같다.

의대 합격자 수가 많은 학군지 평준화 일반고

학군	주요 학교
대치강남	단대부고(사립, 남), 숙명여고(사립, 여), 진선여고(사립, 여) 영동고(사립, 남), 중산고(사립, 남), 중대부고(사립, 공학) 은광여고(사립, 여), 개포고(공립, 공학), 경기고(공립, 남) 경기여고(공립, 여)
반포서초	상문고(사립, 남), 반포고(공립, 공학)
잠실송파강동	한영고(사립, 공학), 영동일고(사립, 공학), 잠신고(공립, 공학) 보성고(사립, 남), 잠실여고(사립, 여), 정신여고(사립, 여)
목동양천,강서	강서고(사립, 남), 목동고(사립, 여), 한가람고(사립, 공학) 양천고(사립, 남), 백암고(사립, 공학)
중계강북	대진고(사립, 남), 대진여고(사립, 여), 서라벌고(사립, 남) 재현고(사립, 남), 청원고(사립, 공학) 용산고(공립, 남), 예일여고(사립, 여)
분당	낙생고(사립, 공학), 분당중앙고(공립, 공학), 분당대진고(사립, 공학) 서현고(공립, 공학), 이매고(공립, 공학), 분당영덕여고(사립, 여)
대구수성	경신고(사립, 남), 대륜고(사립, 남), 능인고(사립, 남) 대구여고(공립, 여), 경북고(공립, 남), 정화여고(사립, 여)
기타 학군	안양평촌: 신성고(사립, 남) 용인수지: 수지고(공립, 공학), 풍덕고(공립, 공학) 고양일산: 일산대진고(사립, 공학) 대전둔산: 충남고(자율형공립고, 남)

목동 학군에서 의대를 가장 많이 보내는 강서고

대구 수성 학군을 대표하는 경신고

2 | 전국 광역 선발 자율고와 비평준 명문고

비학군지에서 의대를 많이 보내는 학교는 전국 선발 자사고 가운데 정시형 학교로 볼 수 있는 곳과 공주 한일고와 같은 전국 선발 자율고, 화성고와 같은 비평준 명문고라고 할 수 있다. 주변에 학원은 없지만, 학교 내신이나 수업 내용에서 수능 공부하기 좋은 여건이 갖춰져 있고, 고등학교 영수 선행이 충분히 된 전국 중학교 최상위권 학생들이 모이기 때문에 수능 준비 입시 역량이 좋다고 할 수 있다.

개방형 자율고 주요대 입시 결과(중복, 재수 포함 합격 건수)

학교, 졸업연도(졸업생 수)	서울대	의약계열	연세대	고려대	특성화
공주사대부고 2023(163명)	18(의대수석)		14	22	28
공주한일고 2023(125명)	13	37(의대28)			
남해해성고 2023(91명)	9		7	13	19
거창대성고 2023(149명)	8	20(의대15)	6	19	9
거창고 2023(97명)	3	6(의대2)			
안동풍산고 2023(93명)	4	의대2	2	11	8
양평양서고 2023(219명)	11	18	19	36	13
파주한민고 2023(329명)	12	19	9	35	41

경기 북부 비평준 일반고 주요대 입시 결과 (중복, 재수 포함 합격 건수)

학교, 졸업연도(졸업생 수)	서울대	의약계합	연세대	특성화
파주운정고 2023(377명)	15	31	36	4
일산대진 2023(337명)	3	21	12	6
일산백석고 2023(319명)	5	6	5	1
일산저현고 2023(320명)	6	11	11	2
남양주동화고 2023(392명)	11	5(의대3)	13	8
남양주와부고 2023(246명)	10	12(의대5)	4	7

3 | 의대 지역 인재 전형

정시로는 수능 전 영역을 1등급을 받아야 의대에 갈 수 있는 상황에서 수능 1과목에서 2등급을 받아도 의대에 갈 수 있는 유일한 길은 의대 지역 인재 전형이라고 할 수 있다. 서울 수도권에서 온 학생들이 지방 의대 졸업 후 서울, 수도권으로 빠져나가는 것을 막기 위해 도입된 이 제도는 지방 최상위권 학생들에게 수시(원서 6장 가능)로 의대 1~2곳을 안전하게 확보하고, 나머지 4장의 카드를 서울 수도권 의대로 상향 지원할 수 있도록 기회를 제공한다.

지역 인재 전형은 전국 선발 자사고에도 기회가 주어지기 때문에 고등학교만 지방에서 다니고 지역 인재 전형을 통해 지방 의대를 가는 수도권 출신 학생들이 늘자, 정부는 관련법('지방대학 및 지역균형인재 육성에 관한 법률' 15조)을 바꾸어 2028학년도 입시부터는 중고등학교 6년을 지방에서 거주해야 지역 인재 전형 자격을 주기로 했다. 최종 지원 대학은 고등학교 기준으로 결정되고, 중학교는 서울, 수도권이 아닌 지방 어느 곳에 거주해도 관계없다. 예를 들어 중학교를 제주도에서 다니고, 고등학교를 부산에서 졸업한 학생은 부산, 울산, 경남 소재 대학의 지역 인재 전형에 지원할 수 있다.

원래 법 개정안에서는 6년 동안 부모 거주 의무도 추가할 예정이었으나 최종안에서는 빠졌다. 그 결과 기숙사가 있는 시골 중학교(보은 속리산중, 괴산 오성중, 단양 소백산중, 영동 새너울중)는 입학 때만 부모가 같이 거주하고 이후 부모가 수도권으로 이사를 가도 자격이 주어지는 빈틈이 생겼다. 또 기숙사가 있는 전국 선발 자율 중학교(완주 화산 중, 울산 서생중 등)도 부모 거주 관계없이 지역 인재 전형 기회를 살려 볼 수 있다. 이런 중학교를 마치고 기숙사가 있는 자사고나 자율고에 서 고등학교를 마치면 해당 지역 지역 인재 전형을 써 볼 수 있다.

아래는 2023학년도 수능 응시 인원 기준으로 지역별 의대 지역 인재 전형 선발 비율을 조사한 자료다. 총 선발 인원은 부산, 울산, 경남도 많지만 수능 응시생 기준으로 가장 많은 지역 인재를 뽑아주는 지역은 호남임을 알 수 있다.

2023학년도 지역별 의대 지역 인재 선발 인원

지역	2023학년도 지역 인재 수시 인원 (지역 인재 정시 인원)	2022 학년도 수능 응시 인원	*수능 응시생 1,000명 당 지역 인재 수시 선발 인원	비고
대전, 세종 충남, 충북	건대충주 12 건양대 20 순천향대 28 을지대 15 충남대 23(26) 충북대 7(12) 충청권 합: 105명(38)	대전 13,680 세종 3,650 충남 13,966 충북 11,019 합: 42,315 명	2.4명	대전 둔산 학원가
광주, 전남 전북	원광대 40 조선대 42(26) 전남대 67(13) 전북대 46(29) 호남 합: 195명(68)	광주 15,781 전남 13,256 전북 15,190 합: 44,227 명	4.4명	명문고가 많은 광주뿐 아니라 전주나 익산에서도 의대 합격자를 많이 배출하는 고등학교가 많다.
대구, 경북	경북대 46 계명대 29 영남대 25 대구가톨릭 17 동국대경주 10 대구경북 합: 127명	대구 22,992 경북 17,990 합: 40,982 명	3.0명	대구 수성학원가 대구 월배학원가

지역	2023학년도 지역 인재 수시 인원 (지역 인재 정시 인원)	2022 학년도 수능 응시 인원	*수능 응시생 1000명당 지역 인재 수시 선발 인원	비고
부산, 울산 경남	부산대 80(20) 경상대 27(20) 고신대 25(13) 동아대 30(10) 인제대 28 울산대 4 부울경 합: 194명(63)	부산 25,961 울산 9,643 경남 26,682 합: 62,286 명	3.1명	

지역 인재 전형도 수능 최저가 관건

하지만 여전히 지역 인재 전형에서도 수능 최저를 맞추는 것이 관건이다. 대부분 대학에서 수학을 기하나 미적분을 선택하는 조건에서 다른 과목 2개와 과학 2과목을 선택해서 3개 과목 등급 합을 5나 6을 요구하고 있다. 3합 5 조건의 경우 수학 1등급, 국어(or 영어) 2등급, 과학 2등급을 맞춘다면 최종 합격할 수 있다. 대구 수성, 대전 둔산 이외에 수능 대비 능력을 갖춘 학원가가 없는 대부분의 지방이나 비학군지에서 수능 최저를 맞춘다는 것은 쉬운 일은 아니다. 이 지역 학생들은 동영상 강의나 방학 때 특강 등을 통해 자신의 수능 대비 능력을 충분히 끌어올려야 주어진 기회를 잘 활용할 수 있다.

구체적으로 2024학년도 수시 교과 지역 인재 전형을 기준으로 각 지역과 대학별 선발인원과 수능 최저 조건을 살펴보면 다음과 같다.

❶ 충청 지역

건국대(충주)는 지역 인재로 12명을 뽑고 수능 최저는 국어, 수학(기하 or 미적분 선택), 영어, 과학(2과목) 가운데 3개 영역 합이 4 이내이어야 하고, 한국사를 4등급 이상 받아야 한다. 건양대는 지역 인재 면접 전형으로 10명을 선발하는데, 이 전형은 수능 최저는 없다. 1단계로 5배수 선발하고 2단계에서 1단계 점수 80%, 면접 점수 20%를 합하여 선발한다. 또 수능 최저가 있는 지역 인재 전형으로도 10명 선발하고 수능 최저는 국어, 수학, 영어, 과학(2과목) 가운데 3개 과목 합이 5 이내여야 한다.

대전에 있는 을지대의 경우 지역 의료 인재 전형으로 19명, 기회 균형 II 전형으로 1명 선발하고, 수능 최저는 국어, 수학(기하 or 미적분 선택), 영어, 과학(2과목) 4개 영역 합이 6 이내여야 한다. 충남대는 수시 지역 인재 전형으로 20명 선발하며, 국어, 수학(기하 or 미적분 선택), 영어, 과학(2과목) 가운데 3개 영역 합이 4 이내여야 한다. 충북대는 지역 인재로 7명을 선발하며 수능 최저는 국어, 수학(기하 or 미적분 선택), 영어, 과학(2과목) 가운데 3개 영역 합이 5 이내다. 마지막으로 순천향대는 메타버스 전형으로 31명 선발하고, 수능 최저는 국어, 수학, 영어, 탐구(1과목) 4개 영역 합이 6 이내이고, 다른 대학과는 달리 수학에서 기하, 미적분이 아닌 확률 통계를 선택할 수도 있고, 탐구 과목도 과학탐구가 아닌 사회탐구 과목을 선택할 수도 있으나, 확률 통계, 사회탐구 선택자는 0.5 등급을 하향하는 불이익을 주고 있다. 그래도 이런 기회로 문과 쪽으로 수능을 보고도 수능 점수가 좋은 경우 의대에 지원해 볼 수 있는 드문 경로이기도 하다.

❷ 호남 지역

전남대는 지역 인재로 78명을 선발하고, 수능 최저는 국어, 수학(기하 or 미적분 선택), 영어, 과학(2과목) 가운데 3개 영역 합이 5 이내다. 또 조선대는 지역 인재로 40명을 선발하고 국어, 수학 (기하 or 미적분 선택), 영어, 과학(1과목) 가운데 3개 과목 합이 6 이내다. 전북대는 호남권 전체에서 14명, 전북권에서 46명을 선발하고, 수능 최저는 국어, 수학 (기하 or 미적분 선택), 영어, 과학(2과목) 가운데 4개 영역 합이 6 이내다.

❸ 대구, 경북 지역

경북대는 지역 인재로 12명을 선발하고, 수능 최저는 국어, 수학(기하 or 미적분 선택), 영어, 과학(2과목) 가운데 3개 영역 합이 4 이내다. 대구 가톨릭대는 지역 교과 우수자 전형으로 18명을 선발하고, 수능 최저는 국어, 수학(기하 or 미적분 선택), 영어, 과학(2과목) 가운데 3개 영역 합이 5 이내다. 영남대는 지역 인재로 23명을 선발하는데, 수능 최저는 국어, 수학(기하 or 미적분 선택), 영어, 과학(1과목) 가운데 4개 영역 합이 5 이내이며, 기회 균형 II 전형(2명)은 국어, 수학(기하 or 미적분 선택), 영어, 과학(1과목) 가운데 3개 영역 합이 5 이내이고, 한국사 4등급 이상을 받아야 한다. 또 계명대는 지역 인재로 28명을 선발하고, 수능 최저는 국어, 수학(기하 or 미적분 선택), 영어, 과학(1과목) 가운데 3개 영역 합이 3 이내이며, 지역 기회균형 전형(2명)은 국어, 수학(기하 or 미적분 선택), 영어, 과학(1과목) 가운데 3개 영역 합이 4 이내다. 마지막으로 동국대 경주 캠퍼스는 지역 인재 교과 전형으로 11명을 선발하는데, 수능 최저 조건이 없고, 1단계로 5배수를 선발하고 2단계에서 1단계 서류 70%, 면접 30%로 선발한다.

---

❹ 부산, 울산, 경남 지역

부산대는 수시 지역 인재 전형으로 30명을 선발하고, 수능 최저는 국어, 수학(기하 or 미적분 선택), 영어, 과학(2과목) 가운데 3개 영역 합이 4 이내이고, 한국사를 4등급 이상을 받아야 한다. 동아대는 지역 인재 교과 전형으로 18명을 선발하고, 수능 최저는 국어, 수학(기하 or 미적분 선택), 영어, 과학(1과목) 가운데 4개 영역 합이 6 이내다. 인제대는 지역 인재 I 전형으로 28명을 선발하고, 수능 최저는 국어, 수학(기하 or 미적분 선택), 영어, 과학(1과목)에서 모두 2등급 이상이어야 한다. 고신대는 지역 인재 전형으로 25명을 선발하고, 수능 최저는 국어, 수학, 영어, 과학(1과목) 가운데 3개 영역 합이 4 이내고, 수학은 기하, 미적분이 아닌 확률 통계를 선택할 수 있으나 이 경우 내신에서 0.4등급을 추가해서 페널티를 주고 있다. 그래도 역시 수학이 약한 이과 학생이나 문과 학생도 의대에 도전해 볼 수 있는 기회가 주어지는 드문 경우라고 할 수 있다. 마지막으로 진주에 있는 경상국립대는 지역 인재로 32명을 선발하고, 수능 최저는 국어, 수학(기하 or 미적분 선택), 영어, 과학(1과목) 가운데 3개 영역 합이 6 이내다.

---

❺ 강원, 제주 지역

강원대는 지역 인재전형으로 14명을 선발하고 수능 최저는 국어, 수학(기하 or 미적분 선택), 과학 1, 과학 2과목 가운데 3개 과목 합이 6 이내다. 또 가톨릭관동대는 강원 인재 전형으로 10명을 선발하고, 수능 최저는 국어, 수학(기하 or 미적분 선택), 영어, 과학(2과목) 가운데 3개 영역 합이 5 이내다. 마지막으로 제주대는 지역 인재 전형으로 12명을 선발하고 수능 최저는 국어, 수학(기하 or 미적분 선택), 영어, 과학(2과목) 가운데 3개 영역 합이 6 이내다.

고등학교와 학원은 신중하게 선택해야 한다

간혹 영재학교나 과학고에서 수능 최저가 없는 학생부 종합 전형으로 의대에 가는 예가 있지만, 영재학교나 과학고는 의대 가는 학생들을 위한 교과 과정과 교육 목표를 가진 곳이 아니다. 학생부로 뽑는 숫자도 너무 적으므로 의대를 생각한다면 영재학교와 과학고는 제일 먼저 피해야 할 로드맵이다. 또한 민사고나 하나고, 인천하늘고, 충남삼성고 등은 학생부 종합 전형이 강한 전국 선발 또는 광역 선발 자사고다. 학생부 종합 전형으로 의대에 가기도 하지만, 이 학교에서도 최상위 학생들에게만 길이 열리는 경우가 많으므로 의대를 바라고 이런 수시형 자사고에 가는 것은 바람직하지 않다.

의대를 생각한다면 우선 수능 대비를 잘해 줄 수 있는 교과 과정을 갖추고 수능 공부에 불필요한 다른 가능성을 이야기하면서 혼선을 주는 학교를 피해야 한다. 그리고 수시를 생각한다면 내신이 중요하다. 전교 1~2등, 내신 1등급, 수능 1등급을 받기 위해 어느 학교가 가장 유리한가를 기준으로 고등학교를 선택해야 한다. 그리고 내가 그 학교에 가서 어느 정도 내신을 받을지는 앞에서 언급한 공부 머리 테스트로 해당 학교 문제를 미리 풀어보면 대강의 등급을 확인해 볼 수 있다.

초등학교와 중학교의 사교육이 발달한 학군지에서는 아이의 적성이나 진로와 관계없이 상위권 학생들에게 영재학교나 과학고, 또는 의대 입시에는 불리할 수 있는 수시형 전국 선발 자사고를 권하기도 한다. 이들 학원에서는 대학 입시 결과보다 명문 고등학교 입시 결과가 더 중요하기 때문이다. 하지만 의약 계열 입시에서의 관건은 수능이다. 최대한 수능 공부를 열심히 할 수 있도록 배려해 주고 불필요한 여러 활동을 줄여주는 고등학교가 의약 계열 입시에 유리하다. 상위권 학생들일수록 자신의 진로 적성과 비전을 잘 검토해서 고등학교나 학원을 잘 선택해야 한다.

의대 정원 확대의 의미와 파장

2024년 1월 정부에서 예상을 뛰어넘는 2,000명 규모의 의대 정원 확대를 발표했다. 정확한 대학별 증원 규모와 전형 방법은 추후 발표할 예정이지만 우선 정원 확대의 의미와 각 가정의 대응 방법을 간략히 정리해 보겠다.

1 | 불가피한 입시 현장의 혼란

우리나라 입시의 정점에 있는 의대 정원이 늘어나면서 입시 현장은 혼란이 불가피해졌다. 우선 기존 합격선이나 입시 데이터가 무의미해지고 전에는 생각지도 못했던 합격자들이 나올 가능성이 커졌다. 특목·자사고에서는 내신 3~4등급 대 학생들도 의대에 갈 수도 있고 지방 일반고의 경우에는 늘어난 지역 인재 정원을 통해 이전보다 더 낮은 내신과 수능 점수로도 의대에 가는 기회를 잡을 수 있게 되었다.

2 | 지방 최상위권과 비의대 메디컬 계열 학생이 가장 큰 수혜자

우선 의대 정원 확대의 수혜자는 이전에 한두 문제 차이로 의대를 포기하고 치대나 한의대, 약대를 지원한 학생들이 될 것으로 보인다. 이 학생들이 반수나 재수를 통해 다시 도전하면 못 이루었던 의대 진학의 꿈을 이룰 가능성이 높다.

또한 최대 수혜자는 지방 이과 상위권 학생들이다. 지금도 그렇지만 지방 의대 지역 인재 전형은 일반 전형에 비해 합격선이 좀 낮다. 종로학원이 2023학년도 의대 최종 등록자 70% 합격자 컷을 분석한 결과, 교과 전형 서울권 평균 내신은 1.06등급, 지방 전국 선발 전형은 1.19등급, 지방 지역 인재 전형은 1.27등급이었다. 물론 1.27등급도 각 고등학교에서 전교 최상위 성적이고 대부분의 의대에는 높은 수준의 수능 최저(보통 3개 과목 합 4 전후)가 있어서 아무나 의대에 갈 수 있는 것은 아니다. 하지만 앞으로 의대 정원이 지방 대학교를 중심으로 늘고 지역 인재 선발 비율도 60% 이상으로 맞춰지면 지역 인재 전형 합격 컷은 좀 더 낮아질 수 있다.

3 | 그러면 우리는 어떻게 대비해야 하나?

우리나라 입시의 최정점에 있는 의대 정원이 대폭 늘어나면서 대학 입시에 큰 변화가 있는 것 같지만, 한편으로는 '내신과 수능의 등

수 경쟁'이라는 본질은 변한 게 없다.

❶ 기본적으로 여전히 내신과 수능을 잘해야 한다

내신과 수능을 잘하기 위해서는 앞에서 계속 강조한 대로 중학교 때부터 중간고사와 기말고사를 성실하게 준비하고, 수행 평가도 잘하고, 학교생활도 잘해야 한다. 더 이상의 정보나 묘책을 찾을 시간에 학생들은 우선 문제지 푸는 공부를 더 열심히 해야 한다. 또한 부모들은 아이들의 몸과 마음을 튼튼히 해서 문제지 푸는 공부를 5~6년 이상 지치지 않고 할 수 있도록 돕는 것이 의대에 가는 가장 확실한 방법이다.

❷ 서울 및 수도권의 상위권 학생은 지방으로 내려갈 기회를 적극 검토한다

의대 증원 인원의 2/3가 지방에 배분되고 2028학년도 입시부터 지방 의대 정원의 60% 이상은 지방에서 중고등학교 6년을 다닌 학생들만 지원할 수 있는 지역 인재 전형으로 배분될 예정이다. 정말 의대나 약대 등 의약 계열로 진학하기를 원하는 상위권 학생들에게는 큰 문이 열린 것이다. 언론에서는 의대를 목표로 지방 유학을 고려하는 가정이 많을 것이라고 말하지만, 실제로 이것을 실천에 옮기기는 쉽지 않다. 부모들의 직장 문제도 있고 기존의 교우 관계나 학원 등 포기해야 할 것이 너무 많기 때문이다. 하지만 뜻있는 두세 가정이 다양한 경로로 1~2년 정도 지방 생활에 도전해 본 후 가능성을 타진

해 보면 의대 합격 가능성을 더욱 넓히면서 고3 때 좀 더 다양한 선택을 할 수 있을 것이다.

지방도 어느 정도 도시적인 기반과 학군이 잘 갖춰진 곳이 많다. 필자가 집필한 《심정섭의 대한민국 학군지도》에서도 언급했지만, 유망한 곳 중 하나는 천안 학군이다. 구불당 지역에 초중 학원가가 잘 갖춰져 있고 신불당과 구불당 아파트 단지도 잘 형성되어 있다. 의대, 약대, 교대의 지역 인재 전형 자격이 되는 것은 물론이고 읍면 단위에서 중학교를 졸업한 후 공주 한일고나 남해해성고와 같은 읍면 단위 소재 명문고에 진학하면 농어촌 전형 자격도 얻을 수 있다.

❸ 수학을 끝까지 열심히 하면 더 좋은 진학과 취업의 기회가 열릴 수 있다

종로학원에서는 의대 정원이 3,000명대일 때 지방 의대 합격 점수인데도 서울대, 연고대에 남는 자연 계열 학생 비율을 45% 정도로 분석했다. 이러한 시뮬레이션을 의대 정원 5,000명대에 돌려보면 의대 합격 가능성이 있는 SKY 학생 비율은 78%대에 가까워진다. 물론 점수가 된다고 다 의대에 가는 것은 아니겠지만, 최소한 절반 정도만 의대로 빠져주어도 컴퓨터, 인공지능, 반도체 등 공대 첨단 학과에 가는 길도 훨씬 수월해질 수 있다. 결국 상위권 학생들은 문·이과에 관계없이 최소한 미적분 이상을 할 수 있는 실력을 길러 두면 훨씬 다양한 진로를 선택할 수 있다.

문과 ①
문과 상위권의 선택, 외고와 국제고 로드맵

    이과 최상위권 학생들의 입시 로드맵이 '영재학교, 과학고-이공 계열', '자사고, 일반고-의약 계열'이라면 문과 최상위권 학생들이 생각하는 전형적인 입시 로드맵은 '외고, 국제고-명문대'일 것이다. 최근 상위권 학생들의 의대, 이과 쏠림 현상이 심해지고 상위권대 정시 선발 40%가 유지되는 가운데 수시 입시에 강점이 있는 외고와 국제고의 선호도가 이전만 못 한 게 사실이다. 하지만 여전히 외고와 국제고는 문과 계열 대학 진학을 생각하는 상위권 학생들의 중요한 선택지 중 하나다.

외국어고등학교의 대학 입시 결과

지필고사가 폐지되고 외고와 국제고의 학생 선발이 '자기 주도 학습' 전형으로 개정되면서 우수 학생 확보에 어려움을 겪게 된 외고의 경우 이후 좋은 입시 실적을 내는 데 어려움이 많을 것으로 예상되었다. 하지만 상위권 대학 정시 비중이 40%로 늘기 이전까지 수시 비중이 어느 정도 있는 상황에서 상위권 외고는 학생부 종합 전형을 활용하여 Top 3 대학의 합격자를 꾸준히 내고 있다.

2024학년도 기준으로 전국에 28개 외고가 있는데, 입시 결과로 보면 크게 대원외고라는 원탑 외고가 있고 한영외고, 대일외고, 명덕외고라는 1위 그룹, 전국 100위권에 드는 2위 그룹, 그리고 전국 200~300위권에 있는 3위 그룹 외고로 분류할 수 있다. 2위 그룹에 드는 외고는 서울외고, 평촌 학군의 경기외고, 안양외고, 과천외고, 일산 학군의 고양외고, 분당 학군의 성남외고, 인천 학군의 미추홀외고, 수원의 수원외고, 지방 광역시의 대전외고, 부산외고라고 할 수 있다. 이들 상위권 외고는 입시 실적이 좋아서 외고에 가면 다 상위권대에 입학할 것 같은 기대감이 있다. 하지만 중하위권 외고의 입시 결과는 평범한 200~300위권 일반고와 별 차이가 없을 수도 있으므로 무조건 외고만 가면 좋은 대학에 갈 거라는 맹목적인 생각으로 외고 진학을 고려해서는 안 된다.

2022학년도 전국 100위 이내 주요 외고의 졸업생 진로 현황

(단위: 명)

고등학교(위치)	졸업생	졸업생 진로 현황
대원외고 (서울시 광진구)	257 (남 79, 여 178, 여학생 비율 69%)	대학 175(68.1%) 해외 대학 4(1.6%) 기타 78(30.3%)
대일외고 (서울시 성북구)	240 (남 57, 여 183)	대학 142(59.2%) 해외 대학 1(0.4%) 기타 97(40.4%)
명덕외고 (서울시 강서구)	230 (남 52, 여 178)	대학 136(59.1%) 해외 대학 1(0.4%) 기타 91(39.6%) 전문대 1(0.4%)
한영외고 (서울시 강동구)	212 (남 45, 여 167)	대학 142(67.0%) 해외 대학 11(5.2%) 기타 59(27.8%)
경기외고 (경기도 의왕시)	203 (남 66, 여 137)	대학 99(48.8%) 해외 대학 28(13.8%) 기타 75(36.9%)
고양외고 (경기도 고양시)	236 (남 64, 여 172)	대학 138(58.5%) 해외 대학 2(0.8%) 기타 63(26.7%) 전문대 4(1.7%)
과천외고 (경기도 과천시)	225 (남 56, 여 169)	대학 152(67.5%) 해외 대학 6(2.7%) 기타 67(29.8%)
성남외고 (경기도 성남시)	208 (남 49, 여 159)	대학 136(65.4%) 해외 대학 3(1.4%) 기타 67(32.2%) 전문대 2(1.0%)
안양외고 (경기도 안양시)	234 (남 72, 여 162)	대학 168(71.8%) 해외 대학 1(0.4%) 기타 63(26.9%) 전문대 2(0.9%)

고등학교(위치)	졸업생	졸업생 진로 현황
미추홀외고 (인천시 남동구)	178 (남 46, 여 132)	대학 167(93.8%) 기타 11(6.2%)
대전외고 (대전시 서구)	237 (남 45, 여 192)	대학 146(61.6%) 해외 대학 1(0.4%) 기타 90(38.0%)
부산외고 (부산시 연제구)	232 (남 78, 여 154)	대학 187(80.6%) 해외 대학 2(0.9%) 기타 40(17.2%) 전문대 3(1.3%)

* 취업이나 해외 전문대 진학자 제외 주요 대학 진학자 결과

전국 28개 외고는 각 지역에 골고루 있어서 대부분 광역 단위로 학생을 선발한다. 즉 서울 지역 학생이면 서울에 있는 외고만 지원할 수 있다. 단 광주광역시와 세종시에는 외고가 없으므로 이 지역 중학교 졸업생은 다른 지역 외고에 지원할 수 있다.

서울에 소재한 전국 4대 외고(대원, 한영, 명덕, 대일)의 2022학년도 졸업생 대비 서울대 수시 평균 합격률은 8.8%다. 9등급 내신에서 2등급 안에 들면 서울대 원서를 써 볼 수 있고 재수하지 않고 바로 서울대에 갈 수 있는 입시 경쟁력이 있다는 이야기다. 상위권 외고는 수시 진학 비율이 높아 재수생으로 볼 수 있는 '기타' 비율이 25~30% 전후였지만, 2023학년도부터 상위권대의 정시 40% 선발이 적용되면서부터 재수생 비율이 늘고 있다. 입시 결과적인 면에서는 재수해서 Top 3 대학에 갈 수 있는 실력이라면 외고에 가서 치열한 내신 경쟁을 하는 것보다 수능 경쟁력이 있는 일반고나 자사고에 가서 수능 공

부를 하는 것이 더 유리할 수 있다.

국제고등학교의 대학 입시 결과

다음은 전국 8개 국제고 중에서 입시 결과 기준으로 전국 100위권에 든다고 볼 수 있는 학교의 2022학년도 졸업생 진로 현황이다.

2022학년도 전국 100위 이내 주요 국제고의 졸업생 진로 현황

(단위: 명)

고등학교(위치)	졸업생	졸업생 진로 현황
고양국제고 (경기도 고양시)	194 (남 50, 여 144)	대학 137(70.6%) 기타 57(29.4%)
동탄국제고 (경기도 화성시)	195 (남 48, 여 147)	대학 128(65.7%) 기타 65(33.3%) 전문대 2(1.0%)
청심국제고 (경기도 가평군, 사립)	108 (남 43, 여 65)	대학 45(41.7%) 해외 대학 42(38.9%) 기타 21(19.4%)
서울국제고 (서울시 종로구)	146 (남 38, 여 108, 여학생 비율 74%)	대학 85(58.2%) 해외 대학 8(5.5%) 기타 52(35.6%) 전문대 1(0.7%)
인천국제고 (인천시 중구)	137 (남 46, 여 91)	대학 88(64.2%) 해외 대학 8(5.8%) 기타 41(30.0%)
세종국제고 (세종특별자치시)	102 (남 27, 여 75)	대학 75(73.5%) 기타 27(26.5%)

이외에 최초의 국제고인 부산국제고와 대구 지역 광역 선발을 하는 대구국제고(2021학년도 개교)가 있다. 부산국제고는 최근에는 서울대 합격자가 조금 줄었으나 이전에는 서울대 합격자 기준으로 꾸준히 전국 100위권에 들던 학교였다.

서울이나 경기권 주요 외고의 2022학년도 서울대 수시 합격률(졸업생 대비)이 5~8% 정도임을 고려하면 주요 국제고의 서울대 수시 합격률이나 대학 진학률은 절대 낮지 않다. 하지만 국제고도 외고와 마찬가지로 수시 중심의 커리큘럼 때문에 수능 대비 능력에 한계가 있어 상위권대 정시 40% 체제에서는 상위권대 입시에 유리하지 않은 상황이 되었다.

일산 학군의 고양외고

상위권 학교로 부상하고 있는 동탄국제고

누가 외고와 국제고에
가야 하는가?

이전 같지 않은 외고와 국제고 경쟁률

전성기 시절 일반 전형 경쟁률이 2:1이나 3:1을 넘던 외고는 외고의 일반고 전환 정책과 상위권 학생들의 이과 쏠림, 저출생 등의 여파로 점점 경쟁률이 떨어지기 시작했다. 2024학년도 전국 28개 외고의 일반 전형 평균 경쟁률은 1.3:1(5,522명 선발에 7,248명 지원)이었다. 2021학년도 평균 경쟁률은 1.11이었고 2022학년도 평균 경쟁률은 1.07로 거의 미달에 가까웠지만, 새 정부의 외고 존치 방침과 고교 학점제에서 유리할 것이라는 전망 등의 이유로 2023학년도부터 약간 반등했다. 국제고도 2019년 일반 전형 평균 경쟁률 2.46:1에서 2021년 1.56:1, 2022년 1.55로 하락하다가 2023년 1.89:1, 2024년 1.88:1로 소폭 반등했다.

하지만 상위권 학생들이 외고나 국제고에 진학하는 것이 입시에 유리할지는 꼼꼼히 따져볼 필요가 있다. '2028 대학입학제도 개편안'의 핵심은 여전히 상위권 16개 대학의 정시 40% 선발 비율을 유지한다는 것이다. 결국 상위권 대학에 가려면 높은 수능 등급을 받는 게 유리한데, 외고나 국제고에서는 수시 위주의 입시 방향성과 교과 과정의 한계상 학생들이 재학 중에 수능 공부를 하기가 쉽지 않다.

수능 대비에 한계가 있는 교과 과정

우선 가장 큰 걸림돌은 수능 시험에 나오지 않는 전공 외국어와 심화 영어 수업 시간의 내신 비중이 높다는 것이다. 외고의 설립 취지에 맞게 외고는 교육 과정의 1/3이 영어나 전공 외국어 관련 교과로 편성되어 있다. 전공 외국어 수능 점수는 대입에서 반영되는 경우가 적고 상위권 외고의 내신 영어는 대부분 수능 시험보다 어려운 수준이다. 수능 영어는 거의 1등급인 학생들이 많아서 영문학 원서나 영문 시사 주간지로 진행하는 수업도 많다.

279쪽의 표는 서울대 합격자 기준으로 전국 100위권에 드는 상위 12개 외고 현황과 2023학년도 경쟁률을 정리한 것이다. 2023학년도는 서울대에도 정시 40%가 적용된 해인데, 2022학년도에 비해 정시 합격자가 늘어난 학교는 대원외고 한 곳이었다. 최상위권 외고에서도 서울대를 정시로 갈만한 학생들이 그리 많지 않고 그 정도 입시 경쟁력이 있는 학생들은 이미 수시로 재학생 때 서울대에 진학한다고 볼 수 있다.

주요 12개 외고 현황과 2023학년도 경쟁률

(단위: 명)

고등학교(위치)	일반 전형 경쟁률(선발 인원)	비고
대원외고(서울시 광진구)	1.38(200)	사립
대일외고(서울시 성북구)	1.48(200)	사립, 기숙사
한영외고(서울시 강동구)	1.47(200)	사립
명덕외고(서울시 강서구)	1.81(200)	사립, 기숙사
안양외고(경기도 안양시)	0.93(208)	사립
과천외고(경기도 과천시)	1.05(197)	사립
고양외고(경기도 고양시)	1.06(200)	사립, 기숙사
대전외고(대전시 서구)	1.22(200)	공립, 기숙사
성남외고(경기도 성남시)	1.23(167)	공립, 기숙사
경기외고(경기도 의왕시)	1.34(168)	사립, 기숙사
서울외고(서울시 도봉구)	0.97(200)	사립
수원외고(경기도 수원시)	1.35(167)	공립, 기숙사

상위권 외고 상위 30%는 인서울 Top 10 합격 무난

다음은 서울대 합격자 기준으로 전국 6~7위권 외고인 A 외고의 2023학년도 Top 10 대학 합격 건수(중복 포함)다. 이 학교는 해마다 이렇게 자세한 합격 통계를 발표하는데, 한 학생이 최종 진학한 1인 1교 통계도 함께 공개하고 있다.

2023학년도 A 외고의 Top 10 대학 합격 건수(중복 포함)

구분	전형	서울대	연세대	고려대	서강대	성균관대	한양대	중앙대	경희대	외대	시립대	총합
재학생	수시	8	22	23	17	44	4	13	5	20	6	162
	정시	1	2			2		3	2	9	1	20
	합계	9	24	23	17	46	4	16	7	29	7	182
	1인 1교	9	17	9	3	10	1	7	3	13	5	77
재수생	수시		1	1	1		1	1		3		8
	정시	4	4	8		4	2	8		12		42
	합계	4	5	9	1	4	3	9		15		50
총합		13	29	32	18	50	7	25	7	44	7	232

A 외고의 2023학년도 졸업자는 246명(남 58, 여 188)으로, 합격자 수 기준 재학생 상위 31%(77명)가 서울대 포함 Top 10 대학에 진학했다. 이를 9등급 내신 등급으로 계산하면 3.5등급 정도 된다(3등급 누적 23%, 4등급 누적 40%). 서울대는 상위 3.7%, 연고대까지는 상위 누적 14% 정도다. 재학생의 경우 내신 성적 9등급을 기준으로 1등급은 서울대, 2등급은 연고대까지 충분히 수시로 진학했다고 볼 수 있고 개정된 5등급 내신에서는 1등급의 경우 연고대 이상이 가능하다고 볼 수 있다.

서울대가 매년 뽑을 수 있는 외고와 국제고의 수시 합격자는 약 250명 전후다. 서울대 학생부 종합 전형은 수능 최저 기준이 없으므로 이 학생들은 순수하게 학교 내신과 비교과 활동만으로 서울대에 갈 수 있다. 하지만 전국 10위권 외고에서 상위 4%에 드는 내신을 받기는 수능 전 영역에서 1등급을 받는 것만큼 어렵다. 최상위 외고에서는 내신 시험(중간고사와 기말고사)이 끝나도 해야 할 수행 평가가 수십 가지나 된다. 내신 1등급 받는 학생들도 이 수행 평가를 혼자 준비할 수 없어서 외고 내신 대비 학원에 다니며 도움을 받기도 한다.

입시 이외의 교육적 목표를 갖고 진학할 수도 있다

이러한 입시 현실을 생각할 때 외고의 진학 여부는 다음의 기준으로 생각해 볼 필요가 있다. 우선 가장 중요한 판단 기준은 수능 경쟁력이다. 공부 머리 테스트를 통해 오픈북 점수로 수능 국영수 전 과목이 1등급이 나온다면 외고에 가는 것보다 재수까지 염두하고 정시형 자사고나 수능 경쟁력이 있는 일반고에 가는 것이 더 나을 수 있다.

우선 외고에 가서 가장 유리한 학생은 수능에서 1~2등급이 확실하지 않지만, 성실하고 발표나 토론을 좋아해서 자신의 수능 등급보다 높은 내신을 받을 수 있는 아이들이다. 하지만 자신의 수능 등급보다 내신이 낮은 학생이라면 군이 외고에서 치열한 내신 경쟁을 할 필요가 없다.

또한 상위권대 입시보다 평생을 살아갈 수 있는 실력을 기른다는 교육적인 목표를 갖고 외고에 지원하는 학생은 괜찮을 수 있다. 현실적으로 외고와 국제고에서도 상위권 내신을 받으려면 수학에서 점수를 벌려야 하기에 수학 선행을 충분히 하고 진학한 학생이 유리하다. 하지만 상위 내신이 아니어도 외고에서 배우는 전공 외국어나 국제고의 국제 관련 전문 교과 공부에 만족하고 문제지 푸는 공부보다 토론하고 발표하면서 미래를 준비하는 교육을 받는다는 목표로 외고나 국제고에 간다면 이것도 의미 있는 결정이다. 하지만 현실에서는 내신이 상대 평가로 매겨지고 수행 평가 하나하나에 민감하게 반응하는 분위기므로 자기 공부의 중심을 잡기 위해서는 상당한 내공이 필요하다.

외고와 국제고의 장단점

1. 장점

- 전공 외국어나 국제 관련 전문 교과 심화 수업을 받을 수 있다.
- 상위권 학생들이 많아 면학 분위기가 좋다.
- 발표 및 토론 능력이 향상되고 수업 분위기가 활발하다.
- 기숙사가 있는 학교가 많다(국제고는 전원 기숙사 학교, 28개 외고 중에서 과천외고, 대원외고, 부산외고, 서울외고, 안양외고, 이화여자외고, 한영외고는 기숙사가 없고 나머지는 모두 기숙사).

2. 단점

- 일반고에 비해 학비가 비싸다. 사립 외고와 국제고는 연평균 1,200만 원 전후, 공립 외고는 연평균 700~800만 원, 공립 국제고는 연평균 300~400만 원 선이다.
- 교과 과정이 수능 시험을 대비하기가 힘들다.
- 여학생 비율이 높고(보통 70% 전후) 내신 경쟁이 치열하다.

문과 ②
로스쿨 진학 로드맵

문과 상위권의 선택, 로스쿨

2017년에 사법고시가 폐지되면서 법학 전문 대학원인 로스쿨제도만 남았다. 이제 서민 자녀들이 사법고시를 통해 판사와 검사, 그리고 변호사가 되는 이른바 고전적인 '출세'의 길은 막힌 것이다. 로스쿨제도가 옳으냐의 여부를 떠나 입시의 관점에서는 이과 최상위권이 의대에 가듯이 문과 최상위권이 법대에 가는 전형적인 모습은 이제 볼 수 없게 되었다.

로스쿨에 가는 방법은 다양하다. 법대가 남아 있는 대학의 법대에 간 후 로스쿨에 갈 수도 있고 법학 이외의 사회과학이나 인문학을 전공해도 로스쿨에 갈 수 있다. 2023학년도 법학전문대학원의 통계 자료를 보면 2023학년도 로스쿨 입학생 2,156명 중 사회 계열 30.33%(654명), 상경 계열 22.68%(489명), 인문 계열 20.59%(444명), 법학 계열 7.33%(158명), 공학 계열 5.98%(129명), 사범 계열 5.80%(125명), 자연 계열 3.15%(68명), 기타 41.00%(89명) 순이었다. 사회 전체적인 면에서 학부 때 다양한 전공을 공부한 사람들이 법을 전공하는 것은 바람직한 현상으로 볼 수 있다.

로스쿨 설치 대학

전국에 대학원 과정인 로스쿨이 설치된 대학은 25개이고 한 해 입학 규모는 2,000명 수준이다.

로스쿨 설치 대학과 입학 정원

(단위: 명)

서울(12)	서울대(150), 고려대(120), 연세대(120), 성균관대(120), 한양대(100), 이화여대(100), 경희대(60), 서울시립대(50), 중앙대(50), 한국외대(50), 서강대(40), 건국대(40)
수도권(2)	인하대(50), 아주대(50)
지방(11)	경북대(120), 부산대(120), 전남대(120), 충남대(100), 동아대(80), 전북대(80), 영남대(70), 충북대(70), 원광대(60), 강원대(40), 제주대(40)

로스쿨 입시 경쟁률

로스쿨의 입시 평균 경쟁률은 5:1 내외로, 2024학년도에는 1만

5,647명이 지원해서 평균 경쟁률이 5.57:1이었다. 1차 서류 전형은 보통 법학 적성 시험(LEET) 점수, 어학 성적, 대학 학점을 반영하고 1차에서 4~5배수를 선발한 후 2차에서 면접으로 최종 선발한다.

이론적으로는 다양한 학생들이 사회 취약 계층 전형이나 지역 인재 전형으로 로스쿨에 갈 수 있지만, 현실적으로 지방 로스쿨의 80% 이상은 서울 출신 대학 졸업자들로 채워진다. 그러므로 현 입시 체제에서 로스쿨에 가는 가장 빠른 길은 전국 Top 10 대학에 가는 것이다.

로스쿨 입시 전략: 누가 로스쿨에 가는가?

《법률저널》이 2009학년도부터 2023학년도까지 15년간 전국 25개 로스쿨 입학생의 출신 대학을 분석한 결과, 서울 소재 대학 출신은 26,153명으로, 전체 합격자의 82.85%를 차지했다. 또한 서울대가 18.1%(5,732명), 고려대가 16.2%(5,128명), 연세대가 14.1%(4,466명)로, 이른바 SKY대 출신 합격자가 48.4%를 차지했다. 이외에도 학점은행제, 독학사, 평생교육진흥원, 방송통신대 등 뒤늦게 공부를 시작해서 다양한 방법으로 로스쿨에 도전하는 예도 있다. 하지만 냉정하게 말하면 로스쿨로 가는 가장 빠른 길은 SKY의 인문 계열로 진학하는 것이고 차선책은 상위 10개 대학에 가는 것이다. 정말 독하게 나만의 방법으로 공부하는 것은 그다음 길이다.

로스쿨 로드맵, 아이 실력으로만 가능할까?

대학이 아니라 로스쿨만 바라보고 로드맵을 짠다면 수학은 별로 필요 없다. 언어 영역을 열심히 공부하고 법학 적성 시험(LEET)을 대비하면서 영어 공부만 해도 된다. 대학도 중하위권 대학에 간 후 좋은 학점을 받으면서 법 공부나 관련 사회과학 공부를 하는 전략도 생각해 볼 수 있다. 아이가 수학이 안 된다면 이런 파격적인 로드맵을 생각해 볼 수도 있지만, 보편적인 경우는 아니다. 그리고 이렇게 해서 의미 있는 로스쿨에 갈 가능성은 10% 미만이다. 역시 서글픈 이야기지만 냉정하게 현실을 직시하면 '명문대-주요 로스쿨-법조계 엘리트 코스'는 '자신의 실력+부모의 배경+재력'이 있어야 가능하다. 1970~1980년대는 부모가 배경과 재력이 모두 되는 경우가 아주 드물었고 단지 아이 실력이 가장 큰 변수였다. 하지만 국민 소득 3만 달러 시대인 지금은 이런 부모가 차고도 넘친다.

이런 현상이 우리나라에서만 나타나는 것도 아니다. 일본도 법조계에서 제대로 된 일자리를 차지하는 것은 도쿄대, 교토대, 와세다대, 게이오대, 주오대 등 이른바 Top 5 대학 졸업자들이다. 그리고 도쿄대 입학생의 절반은 사립유치원에서부터 시작하여 사립초등학교, 사립중학교, 사립고등학교에 다닌 이른바 명문가 자제들이다. 최고 명문고로 꼽히는 카이세이고등학교는 2022학년도 입시에서 193명(재학생 137, 졸업생 56)이 도쿄대에, 58명(재학생 41, 졸업생 17)이 의대에 진학했다. 우리나라에서 귀족학교라고 눈총받는 명문 외고나 자사고의 서울대 진학률보다 몇 배 이상 많은 수치다.

우리나라도 독일이나 유럽처럼 학벌 사회를 없애고 복지 체제를 강화하는 사회적인 대타협을 이루어야 하는데 여전히 미국이나 일본식 경쟁 체제를 유지해야 한다면 점점 사회가 보수화되고 귀족화될 것이다. 명문대, 명문 로스쿨을 나와도 인기 법무 법인(로펌)에 들어가는 사람들은 모두 부모가 법조인이거나 사회에서 영향력 있는 집의 자녀들이다. 불평하고 비판만 하기보다는 주어진 상황에서 대안을 찾고 빈틈을 찾아야 한다. 정말 실력으로 자신이 갖지 못한 부분을 채우거나, 아니면 남들이 안 가는 자신만의 진로를 찾아야 한다. 그리고 서민 가정의 경우 무조건 명문대, 로스쿨만 보내면 어떻게든 취업은 될 거라는 순진한 생각보다 냉정하게 현실을 보고 우리 가정 형편과 아이에게 맞는 교육 로드맵을 찾아가는 지혜가 필요하다.

로스쿨 진학을 위한 현실적인 전략

1 | 아이의 실력＋재력＋부모의 인맥이 되는 가정

이런 가정이라면 'Top 10 대학 진학 → 고민 없이 로스쿨 진학'이라는 무난한 진로를 선택하면 된다. 로스쿨 졸업생 2,000명 시대에서 변호사 자격증은 판검사가 되는 길이 아니라 사회 지도층들이 갖추고 있는 하나의 자격증이 되어가고 있다. 법조인의 길이 아니라면 로스쿨 학위나 변호사 자격증을 활용해서 할 수 있는 다른 분야의 길을 찾는 노력도 병행해야 한다. 최근에는 부동산이나 세무 등의 전문 분야에 변호사들이 많이 진출하고 있다. 법률 지식뿐만 아니라 자신의 전공 특기를 살릴 수 있는 지속적인 공부를 하며 자신만의 영역을 만들어 가야 한다.

2 | 아이가 실력은 있는데 재력과 부모의 인맥이 부족한 가정

이런 가정이라면 좀 더 전략적이고 창의적인 접근이 필요하다. 예를 들어 좀 극단적일 수 있지만, 지금까지는 어설프게 Top 3~4위권 대학의 인문 계열로 진학하는 것보다 경찰대에 진학해서 우선 경찰 근무(6년 의무 복무)를 하고 로스쿨에 진학하는 방법이 있다. 2023학년도 로스쿨 입시에서는 경찰대 출신 합격자가 87명으로, 전체 로스쿨 합격자(2,156명)의 4%를 차지했다.

하지만 이렇게 경찰대 출신이 로스쿨로 많이 이탈하자, 2020학년도부터 고등학교 졸업 입학자를 100명에서 50명으로 줄이고 50명은 일반대, 현직 경찰 편입으로 선발했다. 또한 군 복무 전환 특혜도 2019년부터 폐지했다. 물론 이런 방법은 경찰대 설립 취지에 맞지 않는 편법이지만, 가난한 서민 자녀들이 학비 걱정 없이 공부하면서 좀 더 큰 목표를 이룰 수 있는 마지막 샛길이기도 했다. 개인적으로는 정부가 이런 샛길을 좀 더 정당한 방법으로 많이 만들어서 서민층 자녀들이 돈 걱정 없이 자기 공부를 할 수 있는 다양한 방법을 제시해 주었으면 한다.

또한 최연소 로스쿨 출신 변호사로 유명한 손빈희 변호사와 같은 도전을 해 볼 수도 있다. 손빈희 변호사는 홈스쿨로 공부하고 검정고시를 거쳐 부산외대 법대와 동아대 로스쿨을 졸업하면서 로스쿨 출신 최연소 변호사(2014년 1월)가 되었다. 손 변호사는 학벌 대신 장학금을 줄 수 있는 대학과 로스쿨을 선택했다. 그리고 학벌보다 실력으로 승부하기 위해 우리나라 변호사 자격증 취득 이후 미국 템플대 로스쿨에 진학하여 국제 변호사가 되었고 우리나라로 되돌아와 유명 법무 법인에서 근무하고 있다.

투자은행 베어스턴스의 앨런 그린버그(Alan Greenberg) 회장은 자신들이 원하는 인재는 유명 MBA 학위를 가진 사람이 아니라 PSD 학위를 가진 사람이라고 했다. PSD는 Poor, Smart, Deep desire to be rich(or succeed)를 말한다. 즉 가난하고, 똑똑하고, 성공하려고 하는 간절한 소망을 가진 사람이다. 부모 찬스가 없고, 돈도 없고, 학벌이 약하면 출발선에서 조금 불리할 수 있지만, 완전히 길이 없는 것은 아니다. 적당한 결핍과 가난은 진정한 간절함(deep desire)을 불러오므로 이것이 더 큰 성공의 원동력이 될 수도 있다.

로스쿨 학비, 3년간 1억 원!

사법고시가 완전히 폐지되고 로스쿨제도만 남으면서 로스쿨에서 돈 걱정 없이 공부하려면 3년에 1억 원 정도의 비용을 감당할 수 있는 경제력이 필요하다. 교육부가 발표한 자료에 의하면 2023년 전국 25개 로스쿨의 평균 등록금은 1,442만 원이었다. 이 중에서 고려대와 연세대 등 상위 사립 로스쿨은 1,900만 원, 서울대가 1,300만 원 선이고 부산대가 990만 원, 충북대가 980만 원으로 가장 저렴하다. 여기에 학비 이외의 생활비나 거주 비용까지 합하면 3년에 1억 원 이상의 예산을 잡아야 한다. 사법고시 시절 3년간 공부하는 비용이 약 3,000~4,000만 원 정도였던 것을 생각하면 로스쿨 비용이 많이 드는 것은 사실이다.

하지만 미국에서는 상위권 로스쿨의 1년 평균 학비가 6만~7만 달러(2023년 기준, 약 8,000~9,300만 원) 이상이고 평균 3년간의 재학 기간에 드는 기타 생활비를 생각하면 우리나라만 비싸다고 할 수 없다. 미국에서 변호사가 되려면 우리나라보다 2~3배 이상 비용이 더 든다. 일본도 로스쿨 학비가 연간 800만~1,000만 엔(약 8,000만~1억 원) 정도에 우리와 같은 3년제이므로 학비만 3년에 3억 원을 잡아야 한다.

일반 서민 입장에서는 3년에 1억 원이 부담스럽지만, 우리나라 웬만한 중산층 가정에서 아이가 실력이 된다면 빚을 내서라도 공부시킬 수밖에 없는 상황이다. 또한 이 정도 비용을 감당할 수 있는 가정이 점점 늘어나고 있는 것도 사실이다. 2023년 기준 서울 아파트 평균 전세가가 6.4억이었다. 요즘은 집집마다 아이가 하나 둘이니 아이가 실력만 된다면 이 정도 투자는 기꺼이 감당하려고 할 것이다.

출세 보증수표였던 변호사 자격증의 미래는?

그런데 로스쿨을 나오면 미래가 보장되느냐 하는 것은 또 다른 문제다. 대한변호사협회의 자료에 따르면 2023년 8월 현재 전국 변호사는 34,061명이고 해마다 1,000명 이상의 변호사가 배출되고 있다. 2022년 합격자는 1,712명이었다. 변호사 업계에서 합격자를 1,200명 대 이하로 줄여달라고 요구하고 있지만 이런 의견이 계속 받아들여지지 않고 있다. 매년 검사나 예비 판사(로클럭)로 선발하는 인원은 150여 명 안팎이다. 대형 로펌에서 뽑는 인원에도 한계가 있으므로 결국 해마다 500명 이상은 각자 자기 살길을 찾아야 한다. 지금도 수습 변호사 초임이 거의 300만~400만 원대로 떨어지고 있다는 이야기가 나온다. 학부 졸업생도 아니고 석사 학위에 변호사 자격증까지 딴 사람들이 기대했던 급여는 아니다.

로스쿨 시행 이전에도 사법고시 합격자 수가 1990년대의 300명 대에서 점점 늘어 2000년대에는 1,000명대로 늘어났다. 사법고시만 합격하고 사법연수원을 나오면 출세가 보장되던 시대는 이미 2000년대부터 끝난 것이다. 이때부터 언론에서 '변호사회 회비도 못 내는 변호사가 나오고 있다!', '변호사 자격증을 갖고도 취업이 안 된다!'는 보도가 나오기 시작했다. 이제 변호사 자격증은 그 자체로 취업이나 출세의 보증수표가 되기보다는 그냥 하나의 자격증이 되었다고 볼 수 있다. 하지만 모든 선진 사회가 그렇듯이 법치국가의 정치와 경제에서 영향력 있는 사람이 되려면 법을 알아야 한다. 법은 여전히 행정이나 사회생활 전반에서 유용한 지식이다. 가정 형편이 된다면 학부 때 다양한 전공을 경험하면서 자신의 진로 적성을 찾은 후 로스쿨에서 공부해 변호사 자격증을 갖고 사회생활에 도전하는 것은 당분간 매우 유용한 옵션일 수 있다.

여러 번 강조하지만 이과의 진로 지도가 1차 방정식이라면 문과의 진로 지도는 고차 방정식이다. 문과 졸업생이 자기 전공으로 사회생활을 시작하는 비율은 50%도 되지 않는다. 그나마 법률 전공은 교대, 경영대 다음으로 자기 전공을 살려 나갈 수 있는 문과의 직업 특화 진로라고 할 수 있다. 아예 법이라면 넌더리가 난다고 하지 않는 한 아이에게 이런 길이 있다고 알려주고 하나의 진로로 선택하게 해볼 수 있다.

tip

변호사가 되는 과정

3년간 로스쿨에서 법학을 배우고 학점을 이수한 후 졸업 시험을 통과해서 법학 전문 석사 학위를 취득하고 변호사 시험에 합격하면 변호사 자격을 얻는다. 변호사 합격률은 50% 전후로, 변호사 시험 경쟁률도 치열한 셈이다. 변호사 시험 합격자는 6개월 이상 법률 사무 관련 기관에서 수습 기간을 거치거나, 대한변호사협회에서 연수받은 후 법률 사무소를 개설하거나, 법무 법인에 취업하여 사건을 수임하고 변호사로 활동할 수 있다.

문과 ③
선호도 최고!
상경대 합격 로드맵

문과 최고의 선호 학과 상경 계열

대학이 취업 훈련소냐는 비판이 있지만, 어쨌든 고등 교육 기관으로서 대학의 가장 큰 기능은 학생들이 다른 교육 기관에서 배울 수 없는 지식을 습득하고 이를 바탕으로 사회에서 일자리를 얻거나 의미 있는 생활을 할 수 있도록 준비하게 하는 것이다. '문과여서 죄송합니다!'(문송합니다!)라는 말이 나오는 가운데 문과에서, 그래도 대학이 아니면 배울 수 없는 전문 지식을 가르치는 대표적인 학과는 경제, 경영(회계, 세무), 통계, 무역 등 상경 계열이다. 그래서 문과에서도 당연히 이들 학과의 선호도가 높고 입시 경쟁이 치열하다. 특히 법학

교육이 대학원 로스쿨 체제로 바뀌면서 인문 계열 최고 학과는 경영학과와 경제학과가 되었다.

Top 10 대학의 경영학과 정원은 2,700명, 경제학과는 1,500명, 통계나 무역 등 연관된 상경 계열 정원을 합하면 대략 6,000명 정도다. 인문 계열 수능 응시 인원을 20만 명 정도로 보면 문과 상위 0.03% 안에 들어야 Top 10 대학 상경 계열에 진학할 수 있는 셈이다.

공인회계사의 합격률로 살펴보는 상경 계열 대학 경쟁력

현재 경영·경제 관련 학과를 졸업하고 취업할 수 있는 분야는 주요 기업의 재무 회계 분야, 은행, 증권사 등의 금융 계열, 공무원(행정고시), 개인 창업 등 다양하다. 또한 연관 학과라고 할 수 있는 무역, 관광 등의 취업 특화 학과들도 있다.

상경 계열 학생들이 많이 도전하는 공인회계사(CPA)는 초중등 교원 자격증과 더불어 문과에서 얻을 수 있는 대표적인 전문직 자격증이다. 2023년 제57회 공인회계사 시험에서 가장 많은 공인회계사 합격자(총 1,237명)를 낸 대학은 고려대(175명)였고 그 뒤를 성균관대(116명), 연세대(106명)가 차지했다. 2017년부터 2022년까지 총 6년간 누적 합격자 인원으로 보면 고려대(774명), 연세대(582명), 성균관대(553명), 중앙대(501명), 경희대(445명), 서울대(406명), 서강대(374명), 한양대(332명), 서울시립대(230명), 이화여대(211명) 순이다.

서울대의 경우 다른 학교에 비해 순위가 낮다. 하지만 경영학과 모집 인원이 300명대를 모집하는 다른 대학의 절반에도 못 미치는 129명(2024학년도 기준)이라는 점을 고려해서 경영학과 자체 합격률만 보면 70%대로, 1위다. 그리고 경영학과 이외 경제학부나 다른 상경 계열 학과의 행정고시 재경직 합격자 비중이 높고 은행 등 금융기관 취업률도 높아서 공인회계사 합격자 수가 다른 대학보다 적다고도 볼 수 있다.

앞으로의 취업 전망

하지만 앞으로도 이런 경영·경제 관련 학과의 높은 취업률이 보장

2014~2024 대학 전공별 인력 수급 전망

졸업자 수 > 일자리 수		졸업자 수 < 일자리 수	
1위	경영·경제(122,000명)	1위	기계·금속(78,000명)
2위	중등 교육(78,000명)	2위	전기·전자(73,000명)
3위	사회과학(75,000명)	3위	건축(33,000명)
4위	언어·문학(66,000명)	4위	화학공학(31,000명)
5위	생물·화학·환경(62,000명)	5위	농림·수산(26,000명)
6위	인문과학(35,000명)	6위	토목·도시(19,000명)
7위	디자인(28,000명)	7위	의료(11,000명)
8위	음악(20,000명)	8위	미술·조형(11,000명)
9위	법률(20,000명)	9위	약학(9,000명)
10위	특수 교육(19,000명)	10위	교통·운송(9,000명)

* 괄호 안의 숫자: 대학 초과 공급 및 초과 수요 상위 10개 전공자 수

될 것인지가 문제다. 2015년 12월 고용노동부는 향후 10년간 대학 졸업생 수와 일자리 수를 분석해서 어떤 전공의 취업난 또는 구직난이 심할 것인지 예측해 볼 수 있는 '2014~2024 대학 전공별 인력 수급 전망' 자료를 발표했다. 이 발표에서 대학과 전문대의 '초과 공급' 및 '초과 수요' 상위 10개 전공은 295쪽의 표와 같다.

　보고서에서는 경영·경제 분야에서 12만 명 이상의 인력이 과잉 공급될 것으로 예상했다. 실제로 상위 Top 10 대학의 상경 계열 취업률은 70~80%대를 꾸준히 유지하고 있지만, 상위권 대학과 중하위권 대학의 격차가 커서 중하위권 대학은 상경 계열 졸업 후에도 취업이 쉽지 않다. 상경 계열이 취업이 잘 된다는 이야기는 상위 10개 대학 정도에 해당하는 것이고 앞으로 인공지능이 더욱 발달하면 경영, 경제, 무역 등의 분야에서도 어설픈 화이트칼라 일자리는 더욱 줄어들 것이다.

문과 상위권도
수학을 잘해야 유리하다

수학이 안 되면 직업의 절반이 날아간다

진로 지도 특강 때 자주 하는 이야기가 있다. "수학이 안 되면 직업의 절반이 날아간다." 요즘 입시에서의 키워드도 '기-승-전-수학'이다. 수학을 잘해야 취업이 잘 되는 의·약학 계열이나 공학 계열로 진학할 수 있는데, 이것은 인문 계열도 마찬가지다.

인문 계열에서 최고의 취업률을 자랑하는 상경 계열에 진학한 후 대학에서도 학점을 잘 받아 원하는 직장에 취업하려면 수학을 잘해야 한다. 상경 계열에서 그나마 수학 부담이 덜한 곳은 마케팅이나 인사, 조직론 등의 분야가 있는 경영학과다. 하지만 경제학과에 진학하면 거의 이과 수학 수준의 수학을 해야 제대로 학점을 받을 수 있다. 경제학과에 진학해서 경제수학이나 계량경제이론, 선형대수, 해석학 등 거의 이과 수준의 수학이 나오기 시작하면 수학적 머리가 없는 학생들은 해도 안 된다는 좌절감에 빠지기 쉽다. 인문 계열에서 수학이 안 된다면 남는 분야는 법, 교육, 어학, 그리고 취업과는 그리 관계가 없는 인문, 사회 계열뿐이다.

대학에는 갈 수 있지만 대학 졸업 후 취업이 쉽지 않다. 또한 어차피 지금 고교 현장에서 문·이과 구분도 없어지고 수능 수학도 통합형으로 출제되므로 '나는 문과여서 수학은 약하다'는 이야기를 할 수 없는 상황이 되었다. 최소한 미적분 정도까지는 할 수 있는 수학 실력을 길러두어야 취업 걱정을 덜 수 있는 학과를 선택하거나 진로를 개척할 수 있다.

이과의 문과 침공과 경영대 합격 점수

2023학년도 입시에서 서울대 경영대는 정시 58명 모집 인원 중에서 1차 충원으로 5명(충원율 8.6%), 고려대의 경우 경영대학은 99명 모집에 1차 충원 53명(충원율 53.5%), 경제학과는 56명 모집에 1차 충원 23명(충원율 41.1%), 연세대는 경영학과의 경우 153명 모집에 1차 충원 96명(충원율 62.1%), 경제학과는 109명 모집에 1차 충원 45명(충원율 41.3%)을 기록했다. 인문 계열 최상위 학과라고 할 수 있는 연고대 경영 및 경제학과가 정시 충원율 1~2위를 기록하는 기현상이 나타난 것이다. 이것은 다른 대학 의대나 공대에 지원해서 합격한 학생들이 Top 3 대학의 경영학과와 경제학과에 원서를 넣고 합격은 했는데 최종 등록하지 않아서 발생한 일이다. '문과의 굴욕'이라고도 할 수 있

'대학어디가'에서 전년도 입시 결과 확인하기

해마다 지원자들의 실력과 경쟁률 등의 변수가 있지만, 수시와 정시에 지원할 때 참조할 수 있는 전년도 입시 결과는 '대학어디가'(www.adiga.kr)에 공개되어 있다. 학생이나 학부모 이름으로 회원 가입을 하면 각종 입시 정보를 무료로 볼 수 있다.

> '대학어디가'에 접속 → '대학/학과/전형' 선택 → 관심 대학 검색 → '전형 평가기준' 선택 → '공통', '학생부종합전형', '학생부교과전형', '수능위주전형' 중에서 선택 → 전년도 전형 결과 선택

정시의 경우 많은 대학이 최종 등록자 70% 백분위 컷 점수를 공개하고 있다. 이것은 100명 중 70등 합격 점수인 셈이므로 최종 합격선은 그보다 조금 낮다고 보면 된다.

'대학어디가'의 메인 화면

2023학년도 서울대의 정시 합격 컷 확인 화면

을 정도로 문과 학생들의 수학이나 수능 경쟁력이 이과 상위권 학생들에 비해 약하다는 것을 보여주는 대목이다.

두말할 필요 없이 상위 10개 대학의 경영학과 및 경제학과에 가려면 내신과 수능 모두 1~2등급 선이어야 한다. 2023학년도 입시에서 서울대 경영대의 70% 백분위 컷은 96이었다. 수능 전 영역에서 거의 1등급이 나와야 가능한 점수이고 다른 주요 대학도 대부분 수능 등급 평균 1점대가 나와야 안정적으로 합격할 수 있다.

2023학년도 주요 대학 경영학과의 정시 경쟁률 및 백분위 컷

대학교	모집군	모집 인원(명)	경쟁률	백분위 컷(%)
서울대	나군	58	2.71	96.00
고려대	가군	99	3.57	95.40
연세대	가군	153	4.02	92.50
성균관대	가군	101	2.86	92.00
한양대	가군	77	3.50	92.00
중앙대	다군	197	22.9	91.85
서강대	나군	102	4.65	91.50
한국외대	다군	64	19.00	90.67
경희대	가군	109	3.30	89.20
건국대	나군	70	4.63	87.67
숙명여대	가군	70	4.39	87.63
동국대	나군	48	5.65	87.17
국민대	가군	52	3.82	86.50
서울시립대	나군	81	4.14	86.20
부산대	가군	116	2.80	84.67

수학을 열심히 하는데도 점수가 잘 안 나오는 이유는?

입시 현장에서 보면 이런 학생들의 원인은 크게 2가지다. 심리적, 정서적인 부분에 문제가 있거나 수리, 논리, 공간 지각 능력 등의 수학적 재능이 부족해서 수학 공부 자체가 잘 안 되는 경우다.

원인 1 심리적, 정서적 문제가 있는 경우

시험을 볼 때는 생각보다 심리적인 변수가 크게 작용한다. 필자가 입시 지도를 하며 담임을 맡았던 고3 이과 학생은 하루에 5~6시간씩 수학 문제를 푸는데도 점수가 낮았다. 상담해 보니 공부는 열심히 하지만 수학적 원리를 알아가는 재미보다는 어떻게든지 학습 분량을 채워야 한다는 의무감으로 공부하고 있었다. 또한 공부를 잘해서 좋은 대학에 간 언니와 비교되고 엄마가 자기를 믿지 않는다는 염려에 시험 불안증도 있었다. 또 다른 상위권 학생은 실력은 있는데 모의고사 때마다 매번 두세 문제를 실수해 점수가 오르지 않았다. 알고 보니 화목하지 않은 집안 분위기에서 자기가 공부를 잘해야 가정이 유지된다는 강박 관념 때문에 시험을 볼 때마다 큰 부담을 느끼고 있었다. 이런 심리적 불안이 있으면 '2/3'를 '3/2'으로 쓰거나 '1234'를 '1324'로 읽는 등 '수학적 난독증'이 나타나기도 한다.

노력형이나 상위권 학생 중 점수가 오르지 않으면 믿을 만한 곳에서 심리 상담을 받아보는 것도 좋다. 하지만 고3 학생은 너무 바빠서 상담에 시간을 투자할 부모나 아이는 그리 많지 않았다. 그렇기에 이런 모습이 나타나는 학생은 어려서부터 꾸준히 심리적, 정서적인 부분을 확인하고 마음 근력을 길러야 한다. 충분한 수면이나 땀 흘리는 근육 운동, 감사 명상 등을 통해 마음 근력을 기를 수 있다.

원인 2 수학적 재능이 부족한 경우

반면 실제로 수학적 능력이 부족해서 수학을 못하는 아이들도 있다. 그러면 아이가 노력이 부족한 것인지, 수학적 재능이 부족한 것인지 어떻게 알 수 있을까? 이것은 공부머리 테스트를 통해 확인해 볼 수 있다. 아이가 실제 시험 환경에서 풀어서 받은 점수와 오픈북으로 봤을 때의 점수 차이는 노력으로 극복할 수 있는 범위다. 오픈북으로 시험을 봤는데도 향상된 점수가 10점 내외라면 이것은 노력의 문제가 아니라 재능의 문제다. 이런 아이는 안 되는 수학 공부를 더 하라고 희망 고문을 하기보다 아이가 더 좋아하고 잘하는 것을 찾아 강점을 강화하는 것이 입시에서도 훨씬 유리하다.

문과 ④
저출생 시대
교대와 사범대의 미래

취업률이 점점 떨어지는 교대와 사범대

초등학교 교사를 양성하는 교대와 중고등학교 교사를 길러내는 사범대는 '교사'라는 안정된 직업을 보장하는 진로로 오랫동안 선호되었다. 공무원과 같이 연금이 보장되고 일반 직장인들과는 달리 방학이라는 긴 휴가도 보낼 수 있다. 게다가 의지와 체력만 있다면 정년까지 일할 수 있고 특히 결혼과 출산 이후에도 직장 생활을 오래할 수 있어서 신붓감 1순위가 교사인 적도 있었다. 그래서 IMF 구제금융 이후에는 사범대에서 가장 인기 있었던 영어교육과가 문과 최고 선호 학과인 경영·경제학과 다음에 자리 잡기도 했고 Top 3 대학에 붙고도 서울교대에 진학하는 시절이 있었다.

하지만 저출생과 교권의 하락, 교육 현장의 여러 가지 문제 때문에 교대와 사범대의 인기는 이전만 못하다. 2023년 5월 정부가 국회에 제출한 자료에 의하면 2023년 3월 1일 기준으로 임용고시에 합격하고도 공립 학교에 발령을 받지 못한 임용 대기자는 2,161명이었고 그중 96.3%인 2,081명이 초등학교 교사였다. 졸업과 동시에 거의 임용이 보장된다는 교대가 이 정도인데, 임용고시 합격도 쉽지 않고 졸업생과 신규 교사 채용 규모의 차이가 큰 사범대는 사정이 더 좋지 않다. 그리고 더 큰 문제는 아이들이 앞으로 더 줄어든다는 것이다.

2017년 수능에서 수능 응시자 수 60만 명이 무너졌고 2022년 수능 응시자(2023학번)는 44만 명이었다. 2017년 기준으로 5년 사이 교육 시장이 30% 이상 줄어드는 셈이다. 이후 2007년 붉은(황금)돼지해 등 신생아 수가 49만 명으로 회복된 특수한 몇 해를 빼고는 40만 명 초반대를 넘지 못했다. 그러다가 드디어 2020년에는 신생아 수 27만 명으로, 30만 명대마저 무너지고 회복의 기미조차 보이지 않고 있다.

교대는 한때 졸업 후 임용 비율이 80%대로, 문과 최고의 취업률을 보였지만, 저출생 상황에서는 50%대로 줄어든 상황이다. 한국교육개발원의 '2022 교육 통계 분석 자료집'을 보면 2022학년도 전국 초등 교원 임용 시험에 7,338명이 지원해 3,565명(48.6%)이 합격했고 2019학년도 57.3%, 2020학년도 53.9%, 2021학년도 50.8%로 합격률이 꾸준히 하락 추세다. 교대와 사범대 진학을 단순히 취업과 직업

2023년도 기준 교육 인구 통계

출생 연도	2023년 기준 학년	고3 수능 보는 해	대학 학번	신생아 수(명)	수능 응시자 (예상)	비고
2004년	대1	2022년	23학번	472,761	44만 명 (447,669명)	
2005년	고3	2023년	24학번	435,031	42만 명	
2006년	고2	2024년	25학번	448,153	41만 명	
2007년	고1	2025년	26학번	493,189	45만 명	붉은(황금)돼지해
2008년	중3	2026년	27학번	465,892	44만 명	
2009년	중2	2027년	28학번	444,849	42만 명	2028 대입 개편 1세대
2010년	중1	2028년	29학번	471,710	43만 명	백호띠해
2011년	초6	2029년	30학번	471,265	43만 명	
2012년	초5	2030년	31학번	484,550	44만 명	흑룡해
2013년	초4	2031년	32학번	436,455	40만 명	
2014년	초3	2032년	33학번	435,435		
2015년	초2	2033년	34학번	438,420		
2016년	초1	2034년	35학번	406,243		
2017년	7세	2035년	36학번	357,771		신생아 40만 명 붕괴
2018년	6세	2036년	37학번	326,822		
2019년	5세	2037년	38학번	303,054		
2020년	4세	2038년	39학번	272,400		신생아 30만 명 붕괴
2021년	3세	2039년	40학번	260,562		
2022년	2세	2040년	41학번	249,000		
2023년	1세	2041년	42학번	24만 예상		

안정성을 위해 고려하는 학생들은 이러한 상황을 심각하게 고려하고 진학해야 한다.

실제로 이런 면이 반영되어 최근 교대 경쟁률은 계속 하향 곡선을 그리고 있다. 2024학년도 수시 입시에서 전국 교대 10곳과 초등교육과 3곳은 총 2,425명 모집에 1만 2,400명이 지원해 5.11:1의 경쟁률을 기록했다. 교대의 수시 모집 경쟁률은 2022년(6.11:1), 2023년(5.19:1)에 이어 3년 연속 하락하고 있다.

교대로 가는 길

전국의 교대는 서울교대, 경인교대, 공주교대, 광주교대, 대구교대, 부산교대, 전주교대, 진주교대, 청주교대, 춘천교대 등 총 10곳이고 한국교원대, 이화여대, 제주대에 초등교육과가 있다. 교대는 여전히 들어가기 힘들고 높은 내신과 수능 점수를 요구하는데, 서울 수도권 이외 지역에서 교대에 가는 가장 넓은 문은 지역 (인재) 전형이다. 306쪽의 표에서 2024학년도 수시 경쟁률을 살펴보면 가장 낮은 경쟁률인 2.14:1인 지방 교대도 있다. 교대는 보통 3:1에서 4:1의 경쟁률을 보이지만, 일반 전형의 경우 지방 교대는 경쟁률이 거의 10:1에 가깝다.

서울이나 수도권에서 중고등학교를 보내지 않은 지방 거주 학생이라면 적극적으로 거주 지역 교대의 지연 인재 전형을 활용하고 나머지 원서를 서울 및 수도권이나 본인이 선호하는 지역으로 넣을 수 있다. 2024학년도에 지방 8개 교대의 지역 인재 전형 전체 인원은 913명이었다. 수능 최저 조건도 진주교대, 전주교대, 춘천교대에만 있고 4개 과목합이 12, 한국사 4등급으로 그리 높지 않은 수준이다.

교대 인기가 이전 같지 않다고 하지만 여전히 지원자는 많고 합격선은 높은 편이다. 서울교대, 경인교대, 이화여대 초등교육과의 합격선은 수능이나 내신 기준으로 Top 5 대학 수준이고 지방 교대도 Top 20위권 대학 수준으로, 내신과 수능 1~2등급 안에 들어야 합격 안정권이다. 결국 교대도 국영수를 잘해야 원하는 곳에 갈 수 있다.

내신이나 학생부가 좋지 않다면 수능 정시를 통해 교대에 갈 수 있다. 교대는 대부분 정시에서도 면접이 있지만, 결국 수능 점수가 당락을 결정한다. 그리고 지방 교대를 나와도 본인이 원하는 지역에서 임용고시를 봐서 수도권 지역에 임용될 수 있는 길이 있다. 따라서 우선 내신과 수능 등급을 잘 받아야 초등학교 교사가 되는 첫 문을 두드려 볼 수 있는 것이다.

경인교대(인천과 안양에 캠퍼스가 있다.)

고려대 사범대학(서울시 성북구)

2024학년도 전국 교대 선발 인원

교대	수시 선발 인원	수시 선발 상세 인원(경쟁률)	정시 선발 인원(전형 방법)	2023학년도 정시 백분위 컷(%)
서울교대	140명	교직 인성 우수자 100명(3.96) 학교장 추천(교과) 40명(3.78)	202명 (수능 80%+면접 20%)	90.67
경인교대	318명	교직 적성 78명(9.71) 학교장 추천(교과) 240명(3.08)	236명 (수능 70%+면접 30%, 미적/기하 가산점 3%)	83.25
공주교대	200명	교직 적성 인재 80명(9.99) 지역 인재 선발 120명(3.05)	149명 (수능 90.1%+면접 9.9%)	82.15
광주교대	206명	교직 적성 우수자 46명(9.33) 전남 교육감 추천 80명(2.14) 광주 인재 40명(4.23) 전남 인재 40명(2.33)	108명 (수능 100%, 한국사 가산점)	87.67
대구교대	192명	참스승(학종) 42명(12.05) 지역 인재 특별 150명(3.43)	170명 (수능 97.1%+면접 2.9%)	82.50
부산교대	201명	초등 교직 적성자 74명(9.50) 지역 인재 특별 119명(5.71) 다문화 4명(6.50) 국가보훈대상자 4명(5.25)	156명 (수능 95.2%+면접 4.8%)	79.00
전주교대	97명	교직 적성 우수자 26명(6.19) 지역 인재 선발 71명(2.62) 다문화 3명(3.33) 국가보훈대상자 3명(4.67)	181명 (수능 90%+면접 10%)	81.67
진주교대	179명	21세기 교직 적성자 50명(8.98) 지역 인재 123명(3.64) 다문화 4명(6.50) 국가보훈대상자 3명(4.67)	140명 (수능 80%+면접 20%)	80.17
청주교대	150명	배움 나눔 인재 50명(13.90) 지역 인재 100명(2.90)	124명 (수능 90.9%+면접 9.1%)	78.50
춘천교대	166명	교직 적성 인재 96명(8.16) 강원 교육 인재 70명(2.97)	130명 (수능 100%)	80.17
합계	1,849명(54%)		1,596명 (46%)	총 3,445명 (수시, 정시 총 선발 인원)

• **정시 백분위 컷**: 학교에서 최종 입시 결과를 발표하는 형식으로, 정시의 경우 보통 상위 70% 합격 컷 점수를 공개한다.
2023 서울대 정시 일반 전형의 경우 70% 합격 컷이 의예과 99.25, 역사학부 92.25, 산림과학부 91.75였다.
자료 출처: 인포맨119(infoman119.com)

사범대, 졸업 후 취업 보장이 힘든 구조

중고등학교 선생님이 되려면 사범대(college of education)에 가야 한다. 그런데 중등 교원이 되는 길은 사범대 이외에도 교직 과정과 교육대학원이 더 있다. 사범대나 교육대학원을 졸업하거나 일반대에서 교직을 이수하면 2급 정교사 자격증이 나오고 이 자격증이 있으면 기간제 교사로 근무하거나 자체 임용을 하는 사립학교에서 학생들을 가르칠 수 있다.

공립중고등학교에 임용되려면 임용고사를 봐야 하는데, 임용고사 지원 자격이 되는 사람은 많고 신규 임용은 적은 것이 문제다. 2024년도에는 전국 공립 중등 교사 5,375명을 선발하는데 4만 3,426명이 지원해 평균 8.08:1의 경쟁률을 보였다. 이는 그나마 저출생과 교직 인기 하락으로 이전의 11:1 수준에서 많이 낮아진 것이다.

전국에는 국공립 16개 대학과 사립 30개 대학에 사범대가 있다. 2021학년도 전국 사범대 모집 정원은 8,884명으로, 저출생에도 계속 8,000명대 정원을 유지하고 있다. 이 외에도 일반대학 교직 과정이 전국 140여 개 대학에 개설되어 있고 교육대학원은 100여 곳이다. 교직 이수 인원은 5천 명대, 교육대학원은 1만 3천 명대다. 정규 사범대에 비사범 계열 교직 이수자와 교육대학원 졸업생 등 임용고시 지원 자격이 되는 인원만 해마다 1만 8,000명 이상이고 여기에 재수생과 삼수생, 학원강사나 기간제 교사를 하다가 지원하는 인원, 지역을 바꾸고자 하는 인원까지 포함하면 4만 명이 훌쩍 넘어버린다.

사범대 설치 대학

서울(12)	서울대(국립), 건국대, 고려대, 동국대, 상명대, 성균관대, 성신여대, 이화여대, 중앙대, 한국외대, 한양대, 홍익대
수도권(5)	인천대(국립), 강남대, 단국대, 성결대, 인하대
지방(29)	강원대(국립), 경북대(국립), 경상대(국립), 공주대(국립), 목포대(국립), 부산대(국립), 순천대(국립), 안동대(국립), 전남대(국립), 전북대(국립), 제주대(국립), 충남대(국립), 충북대(국립), 한국교원대(국립), 가톨릭관동대, 경남대, 계명대, 대구가톨릭대, 대구대, 목원대, 서원대, 신라대, 영남대, 우석대, 원광대, 전주대, 조선대, 청주대, 한남대

이러한 상황이다 보니 사범대 취업률은 해마다 사상 최저를 기록하고 있다. '대학알리미'의 발표에 의하면 2017년 상위 17개 대학 사범대 취업률은 48.2%였고 공학 계열이 75.3%, 상경 계열 71.1%, 인문과학 64.5%, 자연과학 59.8%였다. 2019년 서울권 상위 12개 대학 취업률 조사에서도 사범대는 47.3%로 최하위 수준이었다.

사범대 진학, 어떻게 준비해야 할까?

사범대는 교대와는 달리 대학마다 전형 방법이 달라서 일률적으로 말하기 힘들다. 서울대의 경우 다른 전형처럼 거의 학생부 종합 전형으로 선발하고 교직 적성 및 인성 평가를 통해 가산점을 부여한다. 각 대학의 사범대 수준은 해당 대학의 중위권 정도로 볼 수 있는

데, 인기 학과는 거의 경영학과나 경제학과에 맞먹을 정도로 상위권 성적이기도 한다. 특히 영어교육학과나 수학교육학과의 경우 서울대나 고려대 등 최상위 대학에 정시로 진학하려면 수능에서 거의 전 영역 1등급을 받아야 한다. 서울권 사범대에 진학하려면 기본적으로 내신, 수능 1~2등급 안에 들어야 원하는 학교에 갈 수 있다. 다음은 2023학년도 서울 지역 주요 사범대의 정시 경쟁률과 등록자 상위 70% 백분위 컷이다. 고려대의 경우 백분위 컷이 경영 95.40, 경제 94.75인데, 선호도가 최고인 국어교육학과는 경제학과에 육박하는 백분위 컷 점수 94.67을 보여주고 있다.

2023학년도 서울 지역 주요 사범대의 정시 경쟁률과 정시 백분위 컷

대학교(군)	학과	모집 인원(명)	경쟁률	합격자 백분위 컷(%)
고려대(가군)	국어교육학과	16	3.31	94.67
	영어교육학과	28	3.14	93.33
	수학교육학과	13	3.46	92.60
이화여대(나군)	국어교육학과	15	4.60	89.50
	영어교육학과	20	3.80	88.83
	수학교육학과	15	5.60	90.00
홍익대(다군)	국어교육학과	16	27.56	88.80
	영어교육학과	14	17.14	84.20
	수학교육학과	10	20.50	86.50
건국대(가군)	영어교육학과	8	6.13	88.00
	수학교육학과	7	6.57	84.83
	일어교육학과	4	6.75	86.00

가르치는 게 천직이라면
창의적 진로 설계가 필요하다

미래 시대에 맞는 창의적 진로 설계 방법

사범대는 졸업과 동시에 2급 정교사 자격증이 주어지고 어느 정도 취업이 보장되는 특성화 대학이다. 하지만 전국의 사범대나 중등 교원 양성 과정이 범람하여 다른 일반 학과보다 취업률이 낮은 상황이다. 고생해서 사범대에 들어간 후 임용 시험 준비로 몇 년을 보내고 힘들게 시험에 합격하고도 운이 안 좋으면 대기 발령을 받을 수도 있는 게 지금의 현실이다.

이상적으로는 교육 개혁을 통해 사범대나 중등 교사 양성 과정 수를 과감하게 줄이고 수급 균형을 맞춰야 하는데, 누구도 선뜻 나서서

이 작업을 하지 못하고 있다. 결국 학교 취업에 실패한 예비 선생님들은 학원이나 학습지, 개인과외, 공부방 같은 사교육 시장으로 나올 수밖에 없다. 지나친 사교육비가 가계 경제를 힘들게 한다면서 정부에서는 수많은 사교육비 경감 방안을 내놓지만, 정작 사교육이 줄면 청년 실업은 더 심각해지는 모순이 생기고 있다. 현실이 이러하므로 결국 학생이나 학부모가 스스로 지금 상황을 면밀하게 살펴서 처음부터 진로를 제대로 선택하는 수밖에 없다. "졸업하면 자동으로 선생님이 되는 줄 알았는데 이게 뭡니까?"라고 하소연해 봐야 해결해 줄 사람은 아무도 없다.

1 | 창의적인 교육 모델로 새로운 진로 개척하기

사범대의 취업난을 해결할 수 있는 하나의 방법은 기존 학교나 학원, 교육 관련 기업이 아닌 창의적인 교육 모델로 새로운 진로를 개척하는 것이다. 일종의 블루오션 개척인 셈이다. 최근에는 자기가 왜 공부해야 하는지 모르는 상황에서 강의를 듣고, 암기하고, 문제지 푸는 방식의 수업을 못 따라가는 아이들이 많다. 결국 앞으로의 교육은 1:1 수업이나 토론식 수업으로 가야 하는데, 현재 공교육이나 사교육 현장에서 이를 적용하기기 쉽지 않다.

공부방이나 소규모 그룹 지도와 같은 형태의 체계적인 맞춤형 지도가 절실한 상황에서, 현재의 공부방이나 과외는 여전히 지식 전달 중심이고 또 다른 교육 대안이 되기에는 부족하다. 앞으로 다가올 인공지능 시대의 교육에서는 지식 전달보다는 아이들과의 교감이나 소통이 중요하다. 또한 아이 한 명 한 명의 성향과 개성에 맞게 최적화한 교육을 안내할 수 있는 상담자와 조력자로서의 교사 모델이 필요하다. 이런 선생님에게서 학교나 학원에 내는 비용 정도를 지급해도 돈이 아깝지 않을 정도의 교육 서비스를 학생들이 받을 수 있다면 새로운 시장이 만들어질 수 있다.

2023년 필자는 진도에 있는 농촌유학센터를 방문했는데, 이 유학센터를 운영하는 선생님은 기존에 대안학교와 학원 선생님을 하셨던 분이었다. 전에 인연이 되었던 학생들을 중심으로 12명 정도의 도시 학생들을 받아 유학센터를 운영하면서 인근에 있는 초등학교와 중학교에 아이들을 보내고 있었다. 인지 교육은 학교에 맡기고 유학센터에서는 생활 습관 형성, 인성 교육에 초점을 두는 새로운 교육적 시도를 하고 있었는데, 기존에 대안학교나 학원을 할 때보다 선생님으로서의 스트레스나 부담이 훨씬 덜 하고 교육적 성과도 좋다고 하셨다.

필자도 앞으로 초등학교 고학년 학생을 대상으로 방학을 이용해 한 달씩 세계의 한 도시에 거주하며 그 도시를 공부하고 그 도시나 나라의 문제를 해결하는 이른바 '초등 버전 미네르바스쿨' 프로젝트를 준비하고 있다. 그리고 이 프로젝트의 기초 과정으로 인문 고전을 이용해서 가정 중심의 인성 교육을 하는 프로그램을 진행하고 있다. 앞으로의 교육은 이렇게 지식과 정보의 전달보다 관계와 경험이 중요하다. 이런 시대적 변화에 부응하는 새로운 교육 프로그램을 기획

하면서 교사로서의 새로운 영역을 개척해 볼 수도 있을 것이다.

진도 농촌유학센터

가족 세미나에 참여해 부모님과 플로깅(조깅하면서 동시에 쓰레기를 줍는 운동)을 하는 아이들

2 | 성인 교육 시장에도 도전해 보기

전통적인 아이 교육뿐만 아니라 성인 교육 시장에 눈을 돌려 새로운 시장을 개척하는 것도 하나의 방법이다. 2018년 이 책의 초판에서는 앞으로 주식, 부동산 등의 재테크, 경제 교육 시장이 성장할 가능성이 있다고 전망했는데, 지난 5~6년 사이 이 시장은 정말 폭발적인 성장을 하고 온라인 교육 분야에서도 두각을 나타내고 있다.

필자가 《심정섭의 대한민국 학군지도》를 쓰며 같이 부동산 공부를 한 '월급쟁이부자들'(weolbu.com)은 체계적인 강의와 학습 관리, 스터디 및 멘토링 시스템 등 검증된 교육 방법론을 도입하면서 재테크 전문 교육 업체로 성장했다. 또한 '월급쟁이부자들'은 2024년 2월 현재 구독자 수 131만 명으로, 30~40대 직장인들을 주 대상으로 하는 영향력 있는 유튜브 채널도 운영하고 있다. 2016년 초창기에는 몇천 명의 회원에 불과했지만, 7년 사이 이 정도로 성장한 것이다. 그리고 최근에는 ChatGPT의 등장 이후 인공지능을 활용한 업무 혁신이나 새로운 사업 기회를 돕는 각종 교육 스터디 모임과 유료 교육 프로그램이 생기고 있다.

물론 인공지능 시대에도 여전히 유, 초등 교육 등 인공지능이나 로봇이 대체하기 힘든 교육 분야는 그 영역이 더 확고해질 수 있다. 아울러 인공지능과의 협업을 통한 새로운 교육 프로그램도 많이 생길 것이다. 기존의 지식과 정보를 전달하는 것이 교사의 역할이라는 틀을 깨고 인간의 성장을 돕고 학생들과 함께 같이 배우면서 성장한다는 교학상장(教學相長)의 근본으로 돌아가면 인공지능 시대에도 수많은 교육 분야의 일자리가 생길 것이다.

취업을 떠나 정말로 선생님이 되고 싶은 걸까?

마지막으로 현재 교대와 사범대 면접에서도 중점적으로 살피고 있고 학생 자신도 분명히 생각해 봐야 하는 부분이 바로 교사로서 소명과 자질이다. 우리나라에서 공교육 교사는 가르치는 일 외에도 수많은 행정 업무와 학생, 학부모 상담 등의 부가 업무를 해야 한다. 그리고 조직 생활에 순응할 수 있는 마인드를 갖추고 있어야 스트레스 없이 오래 교직에 머무를 수 있다. 여기에 더해 사교육 강사는 언제 학원이 없어질지 모르는 불안정한 미래에 자신을 맡겨야 한다. 그냥 아이들이 좋고 가르치는 게 좋아서라는 순진한 마음만으로는 교직에서 오래 버티기가 쉽지 않다.

2023년 5월 한국교원단체총연합회가 유치원과 초중고등학교 및 대학 교원 6,751명을 대상으로 온라인 설문 조사를 한 결과, 현재 교직 생활에 만족한다는 응답은 23.6%에 그쳤다. 교직 만족도 조사는 2006년부터 시작했는데, 첫 설문에서의 만족도는 67.8%였다. 다시 태어나면 교직을 선택하겠냐는 질문에는 20%만이 그렇다고 답했다. 더 이상 교직이 안정적이고, 방학 때 쉴 수 있으며, 연금이 보장되는 꿈의 직장이 아님을 보여주는 통계다.

요즘에는 가정 교육이 무너지고 과잉 행동 증후군(ADHD)이나 자폐증이 증가하는 등 아이들의 상태가 점점 안 좋아지는 것도 큰 문제다. 이제 학교나 학원에서 지식 교육뿐만 아니라 인성 교육과 생활 지도까지 해야 하므로 교사들의 부담이 더 늘어났다. 여기에 게임이나 유튜브, 스마트폰 등 디지털 중독에 빠진 아이들에게 아날로그 교육을 해야 하는 난제가 기다리고 있다. 이런 상황일수록 정말 내가 아이들을 좋아하고 나의 행동과 말 하나하나가 아이의 미래를 결정할 수 있다는 교사로서 단단한 사명감 없이는 우리나라에서 행복한 교사로 살아가기가 쉽지 않다. 그러므로 안정된 직장을 구한다는 동기보다 내가 정말 선생님으로서 자질이 있고 아이들을 좋아하고 가르치는 일을 좋아하는지 묻고 또 물으면서 교대나 사범대 진학을 준비해야 선택에 후회가 없을 것이다.

사관학교와 경찰대 합격 로드맵

학비와 취업 모두 해결해 주는 사관학교의 인기

나라에서 세금으로 먹여주고, 재워주고, 옷도 주며, 학비도 대주고, 취업까지 시켜주는 대학. 우리나라뿐만 아니라 전 세계에 이런 대학이 꼭 있다. 바로 우수 장교 인력을 길러내기 위한 사관학교다. 또한 우리나라에는 준사관학교라고 할 수 있는 경찰대학도 있다. 물론 군이라는 엄격한 규율을 갖춘 조직에 잘 적응할 수 있느냐와 여러 가지 이유로 군에서 나왔을 때 사회에 잘 적응할 수 있느냐라는 부수적인 문제가 있어서 이들 학교가 보편적인 진로는 아니다. 하지만 요즘에는 군대가 많이 민주화되었고 점점 첨단화 및 정보화되어 사회와의 접점도 많이 만들어지고 있다.

선진 국가일수록 장교들의 학력 수준은 상당히 높다. 필자도 미군 부대에서 근무하며 미군 영관급 장교들이 대부분 석사 학위 이상인 것을 보고 깜짝 놀랐다. 그리고 다양한 군 경력을 바탕으로 사회에서 다시 취업하거나 창업할 수 있도록 다양하게 지원하고 있었는데, 이게 벌써 20여 년 전의 이야기다. 우리나라 군대도 점점 기술화 및 첨단화되고 저출생 시대에 맞춰 더욱 전문화될 것이다. 이런 점을 생각할 때 앞으로는 군인으로 시작하는 사회생활과 이후 진로도 상당히 매력적이라고 할 수 있다.

사관학교와 경찰대에 가려면 일반고 로드맵이 가장 무난

사관학교나 경찰대는 군인, 경찰이라는 특수 인력을 양성하는 학교여서 공부 이전에 체력과 확고한 가치관을 먼저 갖추어야 한다. 그리고 전형 요소도 국영수 자체 시험에 내신과 수능이 골고루 반영되는 경우가 많아서 군이 내신 경쟁이 심한 특목고나 자사고에 갈 이유가 없다. 수능 대비 능력이 좋은 일반고에서 내신과 학생부를 잘 관리하고 한국사능력검정시험이나 면접 대비를 하면서 본인이 가려고하는 학교의 전형을 준비하면 된다.

군 자녀를 위한 파주 한민고

파주 한민고는 군 자녀의 교육 문제를 해결하기 위해·설립된 기숙형 사립 일반고다. 2014년 개교하여 2017년 2월에 첫 졸업생을 배출했는데, 첫해 입시 실적은 서울대 10명(수시 5, 정시 5), 사관학교 10명, 경찰대 3명이었다. 2023학년도 입시 결과는 서울대 12건, 의약 계열 19건, 고려대 35건, 연세대 9건, 육사 13건, 해사 1건, 공사 8건, 간호사관 4건의 합격 건수(중복, 재수생 포함)가 있다. 단일 학교로는 사관학교 합격자가 전국에서 제일 많고 군 자녀들이 많아서 사관학교 지원자도 많은 편이다. 경기 지역 광역 선발 학교이므로 경기도의 중학교 졸업 예정자나 전국에 있는 현역 군인 자녀가 지원할 수 있다.

사관학교와 경찰대 입시 경쟁률

사관학교는 고등학교 3학년 1학기에 조기 선발하고 일반 수시 모집 지원 횟수인 6회에 포함되지 않아서 매년 30~40:1 이상 경쟁률이 높다. 국군간호사관학교는 2022년 1차 시험 경쟁률이 26:1이었다. 졸업 후 간호사 자격증을 딸 수 있으므로 군 복무 이외에도 다른 진로를 개척할 수 있다. 육사, 공사, 해사, 국군간호사관학교와 경찰대학은 7월에 전형이 시작되는데, 시험 날짜가 모두 같으므로 복수 지원은 불가능하다. 4개 사관학교의 경우 문·이과 계열을 구분하지만, 군의 첨단화를 위해 이과 선발 인원이 많은 편이다. 남녀별로 선발 인원에 차이가 있고 경찰대는 계열 및 성비 제한이 없다.

2023학년도 특수 대학의 입시 경쟁률

(단위: 명)

특수 학교	모집 인원(정원 내)	경쟁률	상세 인원(명)
육군사관학교	330	25.8:1	· 인문 155, 자연 175 · 남 288, 여 42
공군사관학교	235	47.7:1	· 인문 76, 자연 159 · 남 199, 여 36
해군사관학교	170	18.7:1	· 인문 78, 자연 92 · 남 144, 여 26
국군간호사관학교	90	경쟁률 미공개	· 인문 37, 자연 53 · 남 14, 여 76
경찰대학교	50	87.4:1	
합계	875		

육군사관학교

경찰대학교

사관학교와 경찰대 전형 방법

사관학교와 경찰대는 1차에서 자체 시험을 보고 2차에서 체력 검정 및 다른 전형 요소를 반영하는 다소 복잡한 전형 과정을 거친다. 특히 대학별로 국가 유공자 전형, 농어촌 전형, 재외국민 중에서 선발하는 다양한 특별 전형이 있으므로 자격 조건이 되면 이런 전형 기회를 적극 활용해서 좁은 입시의 문을 뚫어볼 수도 있다. 2024학년도 육사의 경우 특별 전형 18명, 재외국민 전형 5명 이내로 선발했다.

이들 특수 대학은 보통 수시라고 할 수 있는 '우선 선발'과 수능 점수가 반영되어 정시라고 할 수 있는 '종합 전형'으로 입시가 구성되어 있고 종합 전형도 우선 1차 시험을 본 응시생들에게 지원 기회를 준다. 그러므로 특수대 진학을 목표로 하는 학생들은 우선 7월의 1차 시험에 무조건 응시해야 한다. 2024학년도 기준 각 특수 대학의 전형 방법은 다음과 같다.

1 | 경찰대학교

경찰대학교는 1차 시험 20%(200점)+체력 검사 5%(50점)+면접 10%(100점)+학생부 15%(150점)+수능 50%(500점)로 합산해 모집 인원의 6배수를 선발한다. 수능은 국수영탐(탐구는 2과목 평균 반영) 중 2개 과목에서 2등급 이내의 수능 최저 요건을 맞춰야 한다. 한국사는 4등급 이하는 불합격이다.

2 | 육군사관학교

300명 이상 가장 많은 인원을 뽑는 육군사관학교는 전형 방법이 다양하다. '우선 선발'로 뽑히지 않아도 다른 전형에서 기회가 주어지는 구조다. 우선 학교장 추천 전형의 경우 면접 64%(640점)+체력 검정 16%(160점)+내신 20%(200점)로 선발한다. 배점 기준에 따라 총점 순으로 성별, 계열별로 우선 선발한다. 이때 선발되지 않은 인원은 적성 우수 우선 선발 대상이 되는데, 적성 우수 우선 선발은 학교장 추천 전형 불합격자와 1차 국영수 시험 합격자를 대상으로 선발한다. 배점은 1차 시험 30%(300점)+면접 50%(500점)+체력 검정 10%(100점)+내신 10%(100점)다. 선발되지 않은 인원 중 2차 시험 합격자는 종합 선발 대상이 되고 종합 선발의 배점은 1차 시험 5%(50점)+면접 20%(200점)+체력 검정 5%(50점)+내신 10%(100점)+수능 60%(600점)다.

3 | 공군사관학교

공사는 1차 시험 300점+2차 시험 600점(신체검사 합/불+체력 검정 150점+면접 450점)+학생부 100점으로 총점 1,000점이고 한국사능력검정 시험 등급에 따라 가산점을 부여한다.

4 | 해군사관학교

해사 학교장 추천 전형은 1차 시험 20%+면접 50%+비교과 10%+학생부(내신) 10%+체력 검정 10%로, 총점 1,000점에 한국사 5점, 체력 검정 3점의 가산점이 부여된다. 면접은 대면 면접(80%)+AI 면접(20%)으로 구성된다. 육사처럼 우선 선발되지 않은 학생들은 종합 선발 대상자로 지정되어 수능 점수를 가지고 다시 한번 도전할 수 있다. 종합 전형은 수능 65%+학생부(내신) 5%+면접 20%+체력 검정

10%로 선발하고 가산점은 체력 검정 3점이다.

5 | 국군간호사관학교

국군간호사관학교도 육사와 비슷하게 학교장 추천은 1차 시험 100점(20%)+면접 250점(50%)+체력 검정 50점(10%)+학생부(교과/비교과) 100점(20%)+한국사능력검정시험(가산점) 성적을 반영해 총점 500점+가산점으로 선발한다. 이중 미 선발자는 일반 우선 대상자로 기회가 한 번 더 주어진다. 종합 선발은 1, 2차 시험에 합격한 인원 중 수능 성적을 반영한 종합 성적순으로 선발한다. 전형은 면접 150점(15%)+체력 검정 50점(5%)+학생부(교과/비교과) 100점(10%)+수능 700점(70%)으로 총점 1,000점이다.

민간 조종사가 되는 길

공군사관학교를 나와 공군 장교로 약 15년 정도 근무하면 전역 후 민항기 조종사가 될 수 있다. 또한 항공대나 항공운항과가 개설된 대학(세종대, 영남대 공군 계약 학과인 항공운송학과, 국립 교통대, 한서대 등 지방 사립대)에 가는 길도 있는데, 항공운항과 역시 공군사관학교에 준하는 신체검사에 통과해야 한다. 만약 높은 국내 입시의 벽을 뚫지 못했다면 미국이나 호주, 필리핀 등의 항공학교에서 조종술을 배우고 항공 시간을 채워 국내외 민간 항공사에 취업하는 방법도 있다. 하지만 이 방법은 어학 공부와 항공학교 수료에 보통 수억 원의 비용이 든다. 또한 어렵게 조종사 자격을 따고도 국내에서 취업하지 못하는 이른바 '항공 낭인'이 수천 명이다. 돈을 많이 들이지 않고 비행기 조종사가 되거나 항공 관련 일을 하려면 역시 국영수를 잘해서 국내 루트를 활용하는 것이 가장 빠른 길이다.

사관학교와 경찰대 입시 준비 방법

1 | 건강과 체력

사관학교와 경찰대는 건강과 체력이 가장 기본으로, 모든 학교에 체력 검정이 있다. 4개 사관학교는 오래달리기, 윗몸일으키기, 팔굽혀펴기로 체력 검정을 하고 학교마다 불합격 기준이 조금씩 다르다. 경찰대는 매트 넘기, 계단 오르내리기, 장애물 달리기 등 7가지 항목으로 구성된 순환식 체력 검사를 하고 5분 10초 이하로 통과해야 한다. 이렇게 모든 학교가 신체검사를 엄격하게 실시하고 있다.

경찰대는 시력, 청력 미달뿐만 아니라 문신도 불합격 사유다. 특히 전투기 조종 자원 양성이 주목적인 공군사관학교의 경우 안경을 쓰지 않은 시력이 0.5 이상 등 엄격한 신체검사 기준이 있다. (최근에는 시력이 안 좋은 학생들이 많아서 합격 후 시력 교정 수술하는 조건으로 합격시키는 비율이 늘어나고 있다.) 다른 사관학교는 교정 시력 0.6 이상으로 안경을 써도 되지만, 기본적으로 공사는 안경을 써도 합격 이전에 교정 전 시력이 0.5 이상이어야 한다. 그래서 응시 전에 미리 병원에서 신체검사를 받는 경우가 많다. 또한 합격 이후에도 체력이 안 되면 조종사가 되기 힘들고 다른 병과로 배정받으므로 공군 조종사가 목표라면 강인한 체력과 시력 관리가 필수다.

2 | 1차 국영수 대학별 전형 준비

5개 특수 대학은 7월 같은 날 1차 시험을 치른다. 전국의 지정된 고사장에서 1교시 국어, 2교시 영어, 3교시 수학을 본다. 2024학년도 입시 기준으로 국어는 독서와 문학을, 영어는 공통 영어 I, II를 치르고 듣기 평가는 없다. 수학은 공통으로 수학 I, II를 본다. 문·이과를 구분하는 4개 사관학교는 문과는 확률통계, 미적분, 기하 중 한 과목을, 이과는 미적, 기하 중 한 과목을 선택해야 한다. 경찰대는 수학 선택 과목이 없다. 시험 수준은 수능 수준과 비슷하거나 좀 어려운 편이다.

1차 시험 성적이 비교적 우수한 것으로 알려진 공군사관학교의 경우 수능 성적으로 비교한다면 거의 연고대급 합격 점수가 나와야 합격할 수 있다. 하지만 시험 문제가 대부분 고등학교 교과 과정에서 출제되므로 기본적으로 내신과 수능 대비 공부를 성실히 하고 2학년 겨울방학부터 기출 문제를 중심으로 실전 연습을 해 두면 시험 대비는 충분하다. 또한 시중에 특수 대학 기출 문제집이나 동영상 강의가 많이 나와 있고 EBS에 사관학교 대비 특강도 있다. 메가스터디에서는 지필고사뿐만 아니라 면접 특강도 제공하고 있다.

3 | 고교생활과 내신 준비

대부분의 대학에서 고교 내신이나 학생부를 반영하므로 좋은 내신 성적을 유지하고 성실하게 학교생활을 해야 한다.

4 | 한국사능력검정시험 준비

공군사관학교, 해군사관학교, 국군간호사관학교는 한국사능력검정시험 가산점이 있으므로 미리 시험을 봐두면 등급에 따라 가산점을 받을 수 있다. 한국사능력검정시험 신청 사이트(www.historyexam.go.kr)에 가서 시험 일정을 확인하고 지원할 수 있다. 시험은 보통 1년에 6차례로, 토요일(5회)이나 일요일(1회)에 실시된다.

5 | 수능 준비

사관학교에서 종합 전형까지 가거나 경찰대에 가려면 수능 점수는 필수다. 전 과목을 다 잘할 수 없다면 전략 과목 중심으로 최대한 높은 수능 등급을 받아두어야 한다.

6 | 면접 준비

학생부를 중심으로 일반적인 내용을 물어보는 일반대 면접과는 달리 사관학교들은 입대 후 적응력 등을 살펴보기 위해 면접이 상세하게 진행된다. 육사의 경우 국가관, 표현력, 논리성, 자기 주도성, 자신감, 포용력을, 해사는 가치관, 군인의 기본 자세, 인성 품성, 적응력을, 공사는 품성, 가치관, 책임감, 국가관, 안보관, 성장 환경, 지원 동기, 용모, 태도, 학교생활, 자기소개서의 내용을, 국군간호사관학교는 품성, 가치관, 지원 동기, 학교생활, 외적 자세 등을 본다. 공사와 국군간호사관학교는 심리, 인성 검사도 평가에 반영하고 경찰대는 개인이나 집단 과제를 수행하기도 한다.

다양한 기회가 있는 군 장학생 선발 학과

사관학교 수준은 아니지만 각 대학에 군 전문 인력을 양성하기 위해 군과 협약을 맺어 운영하는 '국방 관련 학과'가 있다. 대표적으로 고려대에는 사이버국방학과가 있는데, 4년 동안 전액 장학금이 나오고 약간의 생활비도 지원된다. 경제적으로 어렵지만 공부를 잘하는 학생이라면 돈 걱정 없이 학교에 다닐 수 있는 좋은 기회다. 졸업 후 보안 전문 장교로 임관하여 7년간 의무 복무한 후 군에 남든지 민간 업체에 취업할 수 있다. 군에서도 연구원처럼 복무하고 석박사 학위를 따는 경우도 많아 7년 의무 복무를 크게 부담스러워하지 않는 분위기다. 그래서 사이버국방학과는 입학 경쟁이 치열하고 고려대 안에서도 최상위 학과로 분류된다. 2023학년도 입시에서 사이버국방학과 정시는 13명 모집에 경쟁률은 2.54:1, 등록자 상위 70% 백분위 컷 점수는 92.2였다. 공대 최고 인기 학과인 컴퓨터공학과는 정시 68명 모집에 경쟁률은 5.32:1, 등록자 상위 70% 백분위 컷은 96.2였다.

이런 국방 관련 학과는 크게 '(군)협약 학과'와 '자율 경쟁 대학'으로 나눈다. (군)협약 학과에 진학하면 나라에서 전액 장학금을 지원받고 졸업 후 바로 장교로 임관하는데, 고려대 사이버국방학과, 아주대 국방디지털융합학과, 용인대 군사학과, 충남대 해양안보학전공,

단국대(천안) 해병대군사학과가 해당된다. 이에 비해 자율 경쟁 대학
은 입학 후 군장학생으로 선발되어야 장학금을 받을 수 있고 시험을
봐서 장교로 임관되는데, 상명대 국가안보학과, 서경대 군사학과, 동
양대 컴퓨터정보통신군사학과, 충남대 국토안보학전공이 이런 과
다. 국방 관련 학과도 서울권 협약 학과는 경쟁이 치열하지만, 지방
소재 대학은 일반 수도권 대학에 비해 입학이 수월한 경우가 많고 몇
몇 대학은 수능 최저 조건 없이 갈 수도 있다. 다만 체력 검정에 통과

2024학년도 주요 국방 관련 학과의 모집 현황

대학교	모집	전형	인원(명)	전형 방법
고려대 (정원 외)	수시	사이버국방 전형 (1단계 5배수)	5	· 1단계(배수 선발): 서류 100% · 2단계: 1단계 60%+면접 20%+ 체력 검정 20%
		실기 특기자 전형 (1단계 3배수)	15	
	정시	사이버국방 전형	10	수능 80%+체력 검정, 군 면접 20%
아주대 (정원 외)	수시	국방 IT 우수 인재 전형 1	23	· 1단계(3배수): 서류 100% · 2단계: 1단계 70%+면접 30%
	정시	국방 IT 우수 인재 전형	7	· 1단계(5배수): 수능 100% · 2단계: 1단계 80%+면접 20%
충남대	수시	국가 안보 융합 전형 해양안보학전공 전형	32	· 1단계(4배수): 학생부 100% · 2단계: 학생부 57%+면접 29%+ 체력 검정 14%
	정시	국가 안보 융합 전형 해양안보학전공 전형	8	· 1단계(4배수): 수능 100% · 2단계: 수능 84.6%+면접 14.1%+ 체력 검정 1.3%

* 고려대 사이버국방 전형 수시 수능 최저: 4개 영역 합 7, 한국사 4등급 이내
  충남대 국가 안보 융합 국토안보학전공: 수시 26명(교과 11, 종합 I 3, 종합 II 12), 정시 4명

해야 하고 신원 조회를 통해 장교로 임관하는 데 결격 사유가 없어야 한다. 부모가 경제적으로 넉넉하게 지원하지 못하고 본인이 공부를 탁월하게 잘하지 못해도 조직 생활에 잘 적응할 수 있는 소통 능력과 근성만 있다면 이렇게 다양한 진로를 모색해 볼 수 있다.

사관학교와 경찰대 로드맵의 결론

사관학교와 경찰대 같은 특수 학교[+]는 일반 서민 자녀들도 돈 걱정 없이 대학 교육을 받을 수 있는 곳이다. 졸업 후에도 군인과 경찰이라는 안정된 일자리가 보장되고 꾸준히 복무하고 전역하면 연금 혜택도 받을 수 있어서 꿈의 진로라고 할 만하다. 하지만 우선 체력과 공부가 되어야 하고 엄격한 규율과 조직 생활에서 잘 버틸 수 있는 근성과 사회성도 갖춰야 한다. 적성에 맞기만 한다면 적극 추천할 만한 진로라고 할 수 있으므로 《공부 머리의 발견》에서 소개하고 있는 커리어넷 진로 심리 검사나 DiSC 행동 유형 검사를 활용해서 사관학교와 경찰대가 자신에게 맞는 진로인지를 잘 살펴보고 도전해 보자.

[+] **특수 대학 입시 정보가 많은 유튜브 채널**: 특수 대학 전문 재수학원 광릉한샘 기숙학원(www.youtube.com/@user-jc1zb9jt7h/featured)

음대와 미대 진로는
탁월한 실기 실력이나 성적이 좌우한다

공부가 안 되면 예체능하라는 건 반만 맞는 말!

보통 문제지 푸는 공부가 안 되면 예체능을 해 보려는 생각을 많이 한다. 하지만 예체능계 입시에서도 상위권 대학에 가려면 대부분 내신이나 수능의 상위 등급이 요구되는 경우가 많다. 그래서 국영수 공부가 어느 정도 되는 학생이 음악, 미술, 체육에 재능이 있으면 갈 수 있는 대학의 수준이 높아진다.

K-pop의 유행으로 위상이 높아진 음악 계열 학과

음대의 경우 기존의 서양음악과와 한국음악과(국악과)뿐만 아니라 K-pop의 전 세계적인 유행으로 실용음악과(공연예술학과)가 크게 늘었다. 유명 대학의 보컬학과나 악기학과의 경우 경쟁률이 100:1을 넘는 경우도 많다. 기존의 서양 음악계도 조성진이나 임윤찬 등 전 세계를 석권하는 음악인이 계속 나오고 있고 국악도 퓨전 국악으로 세계 공연 무대에서 주목받고 있다. 순수 국악은 여전히 어렵지만, 트로트 경연 대회 등에서 국악 베이스의 가수들이 상위권에 입상하는 등 입지를 넓히고 있다.

음악 쪽도 여전히 전공을 살려 취업하기는 쉽지 않다. 하지만 대한민국 교육계에서 지난 20~30년간 자체적으로 신규 일자리를 만들고 좋은 인재가 계속 들어오면서 선순환 구조를 만든 거의 유일한 분야가 음악계다. 음악은 전문 연주자뿐만 아니라 공교육과 사교육의 선생님이 될 기회도 많다. 많은 음대에 교직이 개설되어 있고 건국대, 경남대, 경산국립대, 공주대, 목원대, 서원대, 전남대, 조선대, 한국교원대 등 전국 9개 대학에 음악교육과가 개설되어 있다.

음대 선호 대학과 전형 방법

음대 선호 대학은 한국예술종합대학(한예종), 서울대, 연세대, 한양대, 경희대, 이화여대, 숙명여대, 중앙대, 국민대, 세종대 등이 있고 피아노와 바이올린 등 대표적 악기의 경우에는 기본 경쟁률이 10:1 이상이다. 음대 입시에서는 실기가 절대적인 비중을 차지하고 실기 만으로 선발하는 대학도 있다. 보통은 실기 70~80% 비중에 학생부 를 보는 경우가 많고 정시보다 수시 비중이 높다.

1 | 서양음악 전공

서양음악과는 피아노와 바이올린 등의 서양 악기와 성악을 전공 하는 학과로, 주로 실기를 중심으로 실시하는 수시 선발이 많다.

2024학년도 주요 대학 서양음악 전공 학과의 모집 인원 및 전형 방법

(단위: 명)

대학교	모집 단위	모집 인원	전형 방법	2023학년도 경쟁률	합격자 성적	비고
서울대 (교직)	음악 대학	수시 70	·1단계: 실기 100%(2.5배수) ·2단계: 2단계 실기 40%+서류 60% (학생부 전 교과 영역 서류 종합 평가)	·피아노 (23명) 8.75 ·바이올린 4.79	◆ 70% 백분위 컷 학생부 ·피아노 4.53 ·관현악 5.59	◆ 정시 ·성악 25 ·작곡 11 ·음악학과 8
한양대 (교직)	관현 악과	수시 20	·1단계: 실기 100% (3배수) ·2단계: 실기 100%	·바이올린 15.8 ·클라리넷 11.5	학생부 미반영	정시 16
숙명 여대 (교직)	피아 노과	9	·1단계: 실기 100% (3배수 내외) ·2단계: 실기 90%+ 교과 10%(국어, 영어, 사회, 한국사 등)	22.89	미공개	정시 10

* 자료 출처: '대학어디가'(www.adiga.kr) 및 서울특별시교육청 교육연구정보원

2 │ 한국음악 전공

한국음악과는 가야금, 해금 등의 전통 악기와 성악을 전공하는 학과로, 주로 실기를 중심으로 수시 선발이 많다. 서양음악에 비해 선발 인원이 많지 않고 개설된 대학도 적다.

2024학년도 주요 대학 한국음악 전공 학과의 모집 인원 및 전형 방법

(단위: 명)

대학교	모집 단위	모집 인원	전형 방법	2023학년도 경쟁률	합격자 성적	비고
서울대 (교직)	국악과	28	· 1단계: 실기 60%+서류 40%(2.5배수) · 2단계: 1단계 서류 50%+2단계 실기 40%+면접, 구술 10%	◆ 평균 9.29 · 가야금(5명) 10.4 · 해금 4명 (10.25)	70% 백분위 컷 학생부 3.79	정시 ×
이화여대 (교직)	한국음악과	44	· 1단계: 교과 100%(5배수 거문고, 대금 등, 7배수 가야금, 해금, 성악 등) · 2단계: 실기 80%+1단계 성적 20%	◆ 평균 6.83 · 가야금(9명) 8.89 · 해금(5명) 9.8	70% 백분위 컷 학생부 2.6	정시 ×
동국대	한국음악과	15	· 수시 일괄 · 실기 70%+학생부 30%(교과 20%+출결 10%)	15.13	50% 백분위 컷 학생부 3.91	정시 ×

* **자료 출처:** '대학어디가'(www.adiga.kr) 및 서울특별시교육청 교육연구정보원

3 │ 실용음악 전공

실용음악과는 K-pop의 발전과 전 세계적인 유행으로 크게 성장했고 각 대학에 개설된 관련 학과가 많다. 전문대인 서울예술대와 동

아방송예술대가 강세를 보이는 분야로, 서울예술대는 배우 안재욱, 황정민, 코미디언 최양락, 신동엽 등 우리나라 연예계를 대표하는 인물들을 배출한 명문 학교이고 실용음악과 출신으로는 20학번 이무진이 싱어송라이터로 큰 인기를 얻고 있다. 동아방송대도 코미디언 유세윤과 장동민을 비롯해서 민경훈, 하이라이트 양요섭, 빅마마 이영현, 2AM 창민 등 수많은 가수를 배출했다. 교수진과 프로그램뿐만 아니라 기존 연예계 인맥이 좋아 기본 경쟁률이 100:1을 넘는 경우가 많다.

2024학년도 주요 대학 실용음악 전공 학과의 모집 인원 및 전형 방법

(단위: 명)

대학교	모집 단위	모집 인원	전형 방법	2023학년도 경쟁률	합격자 성적	비고
서울 예술대 (전문대)	실용음악 (노래, 연주, 작곡)	수시 30	· 1단계: 실기 100% (3배수 내외) · 2단계: 실기 70%+교과 30%(국영수 전 과목 반영), 실용음악통론(필답고사)+ 구두 문답 5분	110.40	학생부 50% 백분위 컷: 5.7등급	정시 23
동아방송 예술대 (전문대)	실용음악 학부 (보컬, 기악, 작곡)	수시 48	· 1단계: 실기 100% · 2단계: 실기 80%+ 교과 20%(1~2학년 중 최우수 2개 학기 전교과 반영)	남자 보컬 174.50 여자 보컬 179.00 싱어송 65.00 기타 46.00	학생부 50% 백분위 컷: 5.25등급	정시 36
호원대 (산업대)	실용음악 학부	112	실기 70%+교과 30% (공통 및 일반 선택 전 과목)	보컬(23명) 66.83 피아노(10명) 14.67	전공별로 5~6등급	정시 114
홍익대	실용 음악	28	· 1단계: 실기 100% (10배수) · 2단계: 실기 80%+ 교과 10%+출결 10%	보컬(8명) 276.63 작곡(3명) 101.33	미공개	정시 2

* **자료 출처**: '대학어디가'(www.adiga.kr) 및 서울특별시교육청 교육정보연구원

미대 선호 대학과 전형 방법

미대는 음대와 달리 실기 못지않게 공부가 더 중요한 분야다. 비실기로 전형하는 대학이 있고 수능 점수가 요구되는 정시 선발 인원도 상당히 많은 편이다. 미대는 크게 '디자인-공예' 분야, '회화-조소' 분야, '만화-애니메이션' 분야로 나눌 수 있는데, 선호 상위 10개 대학은 일반고 기준으로 내신 1~2등급은 나와야 수시 전형에 합격할 수 있다. 미대 선호 상위 10개 대학은 서울대, 홍익대, 국민대, 서울과학기술대, 건국대, 이화여대, 한국예술종합학교, 고려대, 성균관대, 중앙대다.

2023학년도 주요 대학 미대 디자인 계열 학과의 수시 모집 인원 및 경쟁률

대학교	모집 학과	모집 인원(명)	경쟁률	학생부 합격자 70% 백분위 컷	수능 최저 (국수영탐구)
서울대	디자인	7	29.9	1.41	3합7(탐구 2과목)
홍익대	디자인학부	68	7.3	2.20	3합9(탐구 1과목)
국민대	시각디자인	10	46.7	2.53	
고려대	디자인조형학부	15	17.8	2.80	3합8(탐구 1과목)
서울과기대	시각디자인	3	37.3	1.75	

또 다른 한류를 만드는 웹툰 산업

음악의 K-pop과 필적할 만한 미술 분야의 신성장 동력은 웹툰과 애니메이션 분야다. 넷플릭스 비영어권 1위에 오른 '지금 우리 학교는'을 비롯해서 '타짜', '미생' '이태원 클라쓰' 등 유명 영화와 드라마 원작이 만화나 웹툰이다. 2011년부터 2020년 사이 국내에서 방영된 드라마 시리즈의 약 32.4%가 웹툰을 원작으로 한다는 조사 결과도 있다. 우리나라에서뿐만 아니라 네이버 웹툰과 카카오 웹툰은 일본, 유럽 등 전 세계에서 인기를 얻고 있다. 이러한 웹툰과 애니메이션 분야에서 가장 유명한 대학이 청강문화산업대학(이천)이다. 네이버 웹툰 작가의 70%가 이 학교 출신이라고 할 정도로 이 분야에서의 영향력이 대단하고 입시 경쟁률도 가장 높다.

2023학년도 청강문화산업대학의 수시 모집 인원 및 경쟁률

모집 학과		모집 인원(명)	경쟁률	학생부 평균/최저
애니메이션 전공	학생부 종합	8	10.6(85명 지원)	1.5/1.8
	실기	84	10.6(889명 지원)	4.1/7.0
웹 소설 창작 전공	학생부 종합	19	3.8	2.7/3.6
	실기	40	5.5	4.9/7.3

2023학년도 청강문화산업대학의 정시 모집 인원 및 경쟁률

모집 학과		모집 인원(명)	경쟁률	수능 평균/최저 (200점 만점 환산)
애니메이션 전공	수능 전형	3	23.0	182.5/175.5
	실기	76	6.0	97.7/33.5
웹툰 만화 콘텐츠 전공	수능 전형	3	15.0	181.5/174.0
	실기	41	8.0	106.4/42.0

명문 음대와 미대로 가는 가장 빠른 길

다음은 우리나라 음악, 미술 학과의 최고 학부인 서울대와 각 분야 선호 대학 합격자를 제일 많이 배출하는 상위 6개 예술 관련 고등학교 목록이다.

전국 상위 6개 예술 관련 고등학교 현황

(단위: 명)

학교명(위치)	학생 수	교원 수	설립연도
서울예고(서울시 종로구)	1,058명(남 169, 여 889)	54명(남 18, 여 36)	1953
선화예고(서울시 광진구)	1,078명(남 155, 여 923)	51명(남 16, 여 35)	1974
국립국악고(서울시 강남구)	437명(남 74, 여 363)	46명 (남 8, 여 38)	1955
계원예고(성남시 분당구)	967명(남 179, 여 788)	49명(남 15, 여 34)	1980
국립전통예고(서울시 금천구)	519명(남 103, 여 416)	147명(남 42, 여 105)	1960
덕원예고(서울시 강서구)	606명(남 88, 여 518)	38명(남 12, 여 26)	1991

2023학년도 입시에서 서울대는 미대 102명(수시 7, 정시 95), 음대 147명(수시 101, 정시 46)으로 총 249명을 선발했는데, 그중 위의 상위 6개 예고의 합격생이 60% 이상을 차지했다. 물론 음대와 미대 분야에서 서울대가 모두 최고라고 할 수는 없지만, 서울대를 기준으로 대략 판단하면 위의 상위권 예고에서 다른 선호 음대와 미대에 어느 정도이면 진학할 수 있는지 쉽게 추정해 볼 수 있다.

예중, 예고, 명문 음·미대 로드맵

현재 우리나라에서 음악 및 예술 분야로 나가는 가장 빠른 길은 명문 예술고등학교(예고)를 거쳐서 명문 음대, 미대에 진학하는 것이다. 그리고 선호하는 예고에 가려면 실기뿐만 아니라 상당한 수준의 내신 성적이 요구된다.

서울예고나 선화예고의 경우 일반 중학교를 졸업한다면 상위 10~15% 안에 들어야 합격할 수 있다. 실기뿐만 아니라 어느 정도 성적이 되어야 상위권 예고나 음악, 미술 관련 대학에 갈 수 있고 이런 대학에 갈만한 실력이 되어야 음악이나 미술 관련 전공으로 생계를 유지할 수 있다. 그리고 명문 예고에 가려면 같은 재단의 예술 중학교(예중)에 가는 것이 입시에 유리하다. 보통 같은 예중 출신의 70% 이상이 명문 예고에 가기 때문이다. 아무래도 관련 입시 정보가 많고

2024학년도 주요 예술고등학교의 입학 정원

(단위: 명)

	서울예고 (서울시 종로구)	선화예고 (서울시 광진구)	국립국악고 (서울시 강남구)	계원예고 (성남시 분당구)
입학 정원	360	360	150	320
관련 예중 정원	예원학교 300	선화예중 280	국악중 120	계원예중 140

과별 정원	· 무용과 40(1학급)
	· 미술과 138(4학급)
	· 음악과 182(5학급)
		· 무용과 40(1학급)
		· 미술과 160(4학급)
		· 음악과 160(4학급)
			· 한국무용과 30
			  (1학급)
			· 국악과 120(4학급)
			· 무용과 40(1학급)
				· 미술과 120(3학급)
				· 음악과 120(3학급)
				· 연극영화과 40
				  (1학급)

예고를 준비하는 학생들이 많으므로 명문 예고로 진학하는 노하우가 일반 중학교보다 앞설 수밖에 없다.

국립국악고(강남구 개포동)   선화예고(광진구 능동)

가정 형편에 따른 입시 준비가 필요하다

현재 우리나라에서 예고, 음대, 미대 진학은 대부분 사교육에 의존하는 구조다. 학교 내신은 본인이 알아서 할 수 있어도 실기는 일반 학교 수업만 받아서는 해결하기 어렵고 학원뿐만 아니라 개인 레슨 비용도 만만치 않다. 집안 형편이 넉넉한 가정에서 음악, 미술에 어느 정도 재능이 있고 성적까지 좋다면 음대, 미대 진학은 충분히 선택할 수 있는 진로다. 공부 쪽으로 승부를 거는 것보다 문이 좀 더 넓을 수 있기 때문이다. 하지만 집안 형편이 넉넉하지 않다면 현실적으로 재능만 가지고 승부 보기가 쉽지 않다.

서민 자녀들에게 음대와 미대 진로는 준비 단계부터 부담이 크다. 대학 입시를 대비하는 사교육뿐만 아니라 예중, 예고를 다니는 동안에도 적지 않은 학비와 사교육 비용을 감당해야 하기 때문이다. 2020년 기준 사립 예고 평균 학비는 1인당 600만 원대였다. 국공립학교의 학비 부담은 덜 하지만 다른 비용을 고려해야 하는데, 음악에 필요한 악기값이나 미술의 재룟값도 적은 비용이 아니다. 무용 관련 학과도 매번 대회에 나갈 때마다 의상이나 메이크업 비용이 든다. 정말 천재적인 재능으로 승부를 보거나 재능을 알아보는 든든한 후원자가 있지 않는 한 쉽지 않은 길이다.

유사 전공으로 진학하거나
바로 사회에 부딪혀 보는 것도 방법이다

서민 자녀들 중에서 가정 형편은 안 되지만 음악, 미술 재능이 있다면 열심히 공부해서 유사 전공 방향으로 진출하는 것이 오히려 더 빠를 수 있다. 예를 들어 디자인 쪽에 관심이 있다면 공대 쪽 건축학과나 산업디자인, 컴퓨터그래픽디자인이나 패션디자인 쪽으로 우회하는 방법이다. 우선 생계 문제를 해결한 후 순수하게 미술 쪽을 더 공부하고 싶다면 이후 유학을 가거나 대학원에 가는 방식으로 길을 찾을 수도 있다.

음악 쪽은 음대를 거치지 않고 바로 사회에 부딪혀 보는 정공법을 쓸 수도 있다. 요즘은 각종 오디션 프로그램이 많다. 본인이 재능만 있다면 열심히 연습해서 자기 길을 찾을 수 있다. 또한 유튜브로 자신의 재능을 알리는 방법으로 도전해 볼 수도 있다. 물론 이 길이 쉽지는 않지만, 그래도 정말 자신이 음악, 미술을 좋아하고 잘한다면 이전보다는 더욱 다양하게 대중과의 접점을 만들 수 있다.

생계가 먼저 보장되어야 도전할 수 있는 분야

예술고와 명문대를 나왔지만 전공과 관련된 일을 하지 못하고 아르바이트로 생계를 유지하면서 틈틈이 공연하는 사람들이 있다. 음악과 미술, 무용, 연기와 같은 예술 분야는 여전히 배가 고프고 '열정페이(pay)'라는 이름으로 제대로 보수도 못 받고 일하는 곳이 많다. 우선 생계 문제가 해결되어 큰 수입 없이도 좋아하는 일을 하면서 살고 싶다면 상관없지만, 그렇지 않다면 선뜻 부모가 자녀에게 권할 수 없는 진로다.

예술 계열 진로 로드맵의 결론

예술 계열 쪽에서는 "공부가 되고 실기가 되면 예중-예고-명문대로 가고, 실기는 되는데 공부가 안 되면 비명문 학교-사회에서 실력으로 승부하고, 실기도 안 되고 공부도 안 되면 착각하지 말고 그냥 공부해라."라고 흔히 말한다. 그리고 끝까지 뒷바라지할 수 있는 재력이나 먹고 사는 걱정하지 않고 예술을 계속할 수 있는 경제력을 큰 변수로 본다. 공부, 실기, 가정 형편, 그리고 아이의 진로 적성 변수 등 예술 계열은 다른 진로보다 고려할 점이 많다.

음대와 미대 입시 관련 정보는 관련 학원뿐만 아니라 유튜브와 인터넷 등에서 많이 구할 수 있다. 서울특별시교육청 교육연구정보원에서도 매년 음대, 미대, 체대와 관련된 수시, 정시 입시 정보를 업데이트하고 있으니 이런 자료를 활용하면 입시 준비에 큰 도움을 받을 수 있다.

tip

수능 점수가 필요 없는 한국예술종합학교(한예종)

한국예술종합학교는 예술 영재 교육과 체계적인 예술 실기 교육을 통한 전문 예술인 양성을 목표로 설립된 국립학교다. 한예종은 '각종학교'로 분류되고 졸업하면 학사 학위에 해당하는 예술사 학위가 주어진다. 2024학년도에는 음악원 133명(성악 25, 기악 87 등), 연극원 85명, 영상원(영화, 애니메이션) 105명, 무용원 60명, 미술원 90명, 전통예술원 85명 등 총 558명을 선발했다. 과마다 입시 일정이나 전형 방법도 다르지만, 다른 대학의 수시, 정시 지원 횟수에 포함되지 않아서 경쟁률이 높다. 2023학년도 피아노학과의 경우 12명 모집에 83명이 지원해 6.9:1의 경쟁률을 보였다.

한예종은 이론보다 실제적인 실기 교육에 중점을 두는 학교로, 예술계의 한 축을 담당하고 있다. 내신을 10~20% 정도 반영하는 분야도 있지만, 기본적으로 수능 점수가 필요 없어서 한 분야에 대한 전문적인 공부를 더 높이 평가받을 수 있다. 과거에는 홈스쿨러 중에서 독서와 영화, 영상에 대한 관심과 관련된 활동이나 스토리를 바탕으로 한예종에 합격한 사례도 있었다. 연극, 영상원의 논술 문제는 상당한 독서 능력과 주어진 정보를 이용해 스토리텔링하는 능력이 요구되므로 일반 수능보다는 자기가 관심 있는 분야에 몰입하는 마니아적 성향이 있는 학생이라면 도전해 볼 만하다.

취업 기회가 많은 체대 로드맵

부와 명예를 쌓을 수 있는 또 하나의 넓은 길, 체육

체육은 예체능 중에서 그나마 취업 기회가 가장 많고 부와 명예를 쌓을 수 있는 길이 가장 넓은 분야다. 야구나 축구, 농구와 같은 인기 프로 스포츠 선수로 자리 잡거나 올림픽 같은 국제 대회에서 수상한 후 다양한 사회활동을 할 수도 있다. 하지만 모든 분야가 그렇듯 정상까지 오르려면 많은 인내와 노력이 필요하다.

수많은 스포츠 스타의 탄생으로 아이가 어려서 운동에 재능을 보이면 전적으로 밀어주려는 부모들이 많아졌다. 그리고 매년 전국 체전이나 각종 대회가 많이 열리므로 재능을 알아보고 도전해 볼 기회도 많다. 스포츠 스타가 되지 못해도 체육 쪽은 우선 몸이 튼튼하면 뭐라도 해 볼 수 있는 제1의 자산은 확보한 셈이다. 체력을 바탕으로 최소한 내가 좋아하고 잘할 수 있는 분야의 책을 찾아 읽고 토론할 수 있는 능력과 내가 어떻게 살아야 하는지에 대해 고민할 수 있는 능력만 있다면 체육 계열은 다른 분야에 비해 진로가 훨씬 넓다.

선수 외에도 다양한 진로 가능

체육 분야는 전문 선수로의 길 외에도 음악, 미술에 비해 전공을 살려 일할 수 있는 곳이 많은 편이다. 학교에서 체육 선생님이 되는 것은 음악이나 미술 선생님처럼 쉽지는 않지만, 사교육이나 평생 스포츠와 관련된 다양한 직종이 계속 늘어나고 있다. 단적으로 피아노학원과 미술학원에 비해 태권도학원이 압도적으로 많다. 또한 최근에는 건강 사업의 발달로 관련 일자리도 많이 늘어났고 군인이나 경찰 등 무술이 필요한 직군으로 적성을 살려볼 만하다.

요즘에는 개인 피트니스나 요가 등으로 상징되는 생활체육 분야로도 진출할 수 있다. 각 지역 문화센터나 백화점에 요가나 필라테스 같은 프로그램이 거의 갖춰져 있고 공부를 더 하면 운동 관련 처방이나 의료 관련 업종에도 도전해 볼 수 있다. 게다가 아직 초기 단계지만 스포츠 에이전시나 스포츠 마케팅 관련 직무로도 진출할 수 있다.

체육대학 전형 방법 현황

1 | 체육학과, 체육교육과

전문 운동선수 이외에 보통 '체대 입시'라고 하면 각 대학의 체육학 관련 학과나 체육교육과 입시를 말한다. 상위권 대학의 체육 관련 학과에서는 높은 성적을 요구하는 경우가 많다. 그러므로 운동에 소질이 있어서 공부를 시작한 아이들보다 공부를 잘하는 아이 중에서 운동에도 소질 있는 아이들이 합격할 가능성이 높다. 서울대, 고려대, 연세대 등 최상위권 대학은 정시 기준으로 수능 1등급 후반에서 2등급 대 초반, 인서울 중상위권 대학은 2~4등급 대 학생들이 주로 지원하고 합격한다.

2023학년도 주요 대학 체육교육학과의 정시 입시 결과

대학교(군)	학과	합격자 백분위 컷	전형 방법	수능 반영 방법
서울대(나군)	체육교육과	90.75	1단계 수능 100%(3배수) 2단계 수능 80%+실기 20%	국, 수, 영, 탐(2)
고려대(가군)	체육교육과	87.73	수능 70%+실기 30%	국, 수, 영, 탐(2)
연세대	체육교육과	91.00	수능 85%+면접 5%+실기 10%	국, 수, 영, 탐(2)
경희대	태권도학과	87.50 (80% 컷)	수능 100%	국, 영, 탐(1)
단국대	체육교육과	83.28 (50% 컷)	수능 70%+실기 30%	국, 수, 영, 탐(2)
한국체대	특수체육교육과	89.00 (50% 컷)	수능 65%+실기 25%+ 면접 10%	국, 수, 영 중 택 2+ 탐구(1)

2 | 태권도 관련 학과

우리나라는 전국 어디에나 태권도장이 있고 세계적으로 널리 진출해 있는 태권도의 위상을 반영하듯 한때 단일 체육 과목 중 태권도가 가장 인기 있던 시절이 있었다. 하지만 최근에는 인력의 과잉 공급과 저출생 등으로 경쟁이 심해지면서 이전처럼 상황이 좋지는 않다.

태권도 관련 학과 중 제일 선호도가 높은 대학은 경희대, 한국체육대, 용인대다. 경희대학교 태권도학과는 2024학년도 입시에서 수시 54명, 정시 21명을 선발했는데, 수시는 국내외 대회 입상 실적을 반영하고 정시도 태권도 2단 이상의 단증 소지자만 지원할 수 있다. 용인대학교는 태권도학과에서 115명을 선발하는데, 수시 105명(일반전형 55명, 체육 우수자 전형 48명, 국가보훈대상자 2명), 정시 10명이다. 이 중 수시 체육 우수자 전형에서도 국내외 입상 실적을 반영한다. 한국체육대학교의 태권도학과 정원은 30명이고 수시 22명, 정시 8명을 뽑는다. 수시는 실기 위주이므로 각종 대회 수상 실적이 중요하고 정시는 수능이 반영되므로 선호 대학에 가려면 공부도 열심히 해야 한다.

체육 관련 로드맵 준비하기

운동하다가 공부로 가야 하는 학생은 학교나 체대 입시 학원에서 고등학교 1~2학년 때 본인이 어느 정도 공부해야 할지 미리 감을 잡아야 한다. 서울대와 연세대, 고려대는 수능 전 과목을 반영하고 대학에 따라 수능 반영 과목과 비율이 다르므로 본인의 장점을 살릴 수 있는 대학에 초점을 두고 잘하는 과목을 더 잘하는 전략으로 준비해야 한다.

반대로 공부하다가 운동으로 가는 학생의 경우에는 기본적인 운동 신경이 있으면 1년 정도 공부와 실기를 집중적으로 준비하면 무난히 합격할 수 있다. 물론 체육 특기자가 아니라 일반 체대나 체육교육과에 지원할 때의 이야기다. 일반고등학교에서 체대 입시를 준비하는 인원은 소수여서 학교의 지원을 받기가 쉽지 않으므로 체육 선생님이나 체대 입시 학원에서 상담을 받아야 한다.

tip

체대 입시 정보는 어디서 얻을까?

체육 관련 학과의 경우 구글이나 네이버에서 '체대 입시'나 '태권도 입시'를 검색하면 지역에서 유명한 학원을 쉽게 검색할 수 있다. 보통 어려서부터 운동을 시작하는 경우가 많으므로 학교 선생님이나 해당 학원과 상담하여 이쪽의 진로 가능성을 확인해 보는 것이 가장 좋다.

집안 형편은 넉넉한데 아이 공부가 안 된다면?

서민 가정이라면 냉정하고 현실적인 입시 지도가 중요하다

중위권 아이들은 더욱 촘촘한 입시 전략이 필수!

중위권 맞춤 사교육과 학원 활용법

늦된 아이를 기다리는 방법 – 재수와 편입

또 다른 선택지를 찾아서 – 대학원과 유학

대안학교는 과연 대안이 될 수 있을까?

사회적 인식이 개선된 홈스쿨링

새로운 미래 교육을 꿈꾼다면? 스토리 교육

AI 시대에 살아남을 학교 ① 미네르바스쿨

AI 시대에 살아남을 학교 ② 에콜 42

AI 시대,
중하위권 틈새 공략법

우리 아이를 위한 입시 지도

집안 형편은 넉넉한데
아이 공부가 안 된다면?

부모가 명문대이면 자녀도 자동으로 명문대?

보통 부모가 명문대 출신이면 자녀들도 명문대 합격 가능성이 높다고 본다. 흔히 부모의 유전자가 아이들에게 전해지기 때문이라고 하지만, 최근의 연구 결과에 의하면 부모의 공부에 대한 태도와 자연스럽게 공부하는 집안 분위기 등 환경적 변수가 더 크다고 한다. 그래서 부모가 명문대 출신이어도 자녀들은 공부를 못하는 가정도 있다. 여기서 공부란 우리나라 입시에서 '문제지 잘 풀어서 선호하는 대학에 가는' 좁은 의미의 공부를 말한다. 서울의 대치동이나 목동 같은 명문 학군지에도 이런 자녀들이 많다. 어려서부터 영어유치원-사립초등학교-자사고나 강남 일반고를 다녔는데도 Top 30위권 또는 인서울이 안 되는 아이들도 있다.

의사나 판검사, 회계사 등 이른바 전문직 종사자들의 자녀들은 이런 결과가 나오면 대부분 재수나 삼수를 선택하고 그래도 안 되면 유학을 가는 경우가 많다. 'US News & World Report'에서 발표한 2023년 기준 미국 사립대학의 평균 등록금은 42,162달러였다. 환율을 1,300원으로 계산하면 6천만 원이다. 미국 대학은 공립도 웬만한 우리나라 사립대보다 비싸서 기숙사비나 생활비, 교재비 등의 부대비용까지 합하면 1년에 평균 최소 3만~4만 달러는 필요하다. 이렇게 4년을 공부하면 최소 2억 원 전후의 예산이 든다. 그리고 돈만 있다고 되는 게 아니다. 미국이나 유럽 대학은 입학은 수월해도 졸업이 쉽지 않다. 교육통계센터(NCES)의 2021년 발표 자료에 따르면 미국 4년제 대학의 졸업률은 41%다. 아시아계가 그나마 높아서 4년 졸업률이 50%지만, 결국 절반의 학생이 4년 안에 졸업을 못하는 셈이다.

이렇게 유학한 뒤의 진로도 문제다. 우리나라에서 학부를 졸업하고 미국 대학원으로 유학을 가도 이공계 이외에는 미국 사회에서 자리 잡기가 쉽지 않다. 결국 우리나라로 돌아와야 하는데 우리나라에 기반도 없고 자유로운 분위기의 외국 생활에 익숙해져서 한국적 조직 문화에 적응하기 힘들 수도 있다. 따라서 그 비용과 시간이면 입시에 매달리기보다 아이의 기와 자존심을 살려주고 부모가 노력해서 이룬 부와 재산을 지킬 수 있는 내공을 길러주는 로드맵을 짜는 게 더 현명할 수도 있다.

미국 유학 후 아버지 치과에 취직한 사례

필자가 아는 치과 의사 한 분은 우리나라에서 치대를 나온 후 미국 유학을 다녀와서 영어가 매우 유창했다. 그래서 치과 고객 중 국내 체류 외국인들이 많았다. 이 분의 아들은 영어유치원과 사립초등학교를 거쳐 강남에서 고등학교를 나왔지만, 재수하고도 서울권 대학에 못 가서 할 수 없이 미국 중부의 모 대학으로 유학을 보냈다. 처음에는 경제학을 전공하다 학점 받기 힘들다고 커뮤니케이션 학과로 전공을 바꾸는 등 우여곡절 끝에 간신히 졸업장을 받은 후 우리나라에 돌아와서 공익 근무로 군 복무를 마쳤다. 우리나라에서 몇 년 동안 취업 준비를 했지만, 원하는 직장 취업이 쉽지 않았다. 보다 못한 아버지는 공연히 시간만 더 낭비하지 말고 본인 치과의 외국인고객팀에서 외국인 고객을 응대하고 마케팅하는 일을 해 보라고 했다. 아들은 그래도 미국에서 4년 이상 살아서 외국인과 이야기하는 데 두려움은 없었기에 이 정도 일은 할 수 있었다.

그러면 결과적으로 이 치과 의사의 경우 굳이 아들을 미국으로 유학 보낼 필요가 있었을까? 우리나라에서 방통대나 독학사를 통해 학사 학위를 따고 아버지 치과에서 일하며 치과 경영이나 관련 의료 산업 쪽 일을 더 해 볼 수도 있었을 것이다. 공부가 필요하면 학사 학위를 바탕으로 국내외 대학 MBA나 경영대학원에 가는 방법도 있다. 기본적인 회화 실력으로 고객을 응대할 정도의 영어라면 우리나라에서도 충분히 배우거나 필요하면 1년 정도 외국 연수를 다녀와도 된다. 하지만 현실적으로는 남의 시선도 있고 의사 집안의 위신 때문에라도 이런 실용적인 판단을 내리기가 쉽지 않다.

대학보다 엄마 따라 부동산 경매를 배운 사례

이런 사례가 소위 있는 집의 예외적인 사례라면 다음은 어떨까? 부동산 경매 쪽에서 유명한 한 블로거는 자기 딸이 공부에 그다지 소질이 없는 것을 보고 공부에 매달리기보다 시간 나는 대로 자기를 따라다니면서 경매하는 법을 배우라고 조언했다. 그리고 딸과 같이 공부해서 공인중개사 자격증을 땄다. 딸에게는 일하고 남는 시간에는 악기를 배우든, 그림을 그리든 하고 싶은 것을 하라고 했다.

이렇게 4년이 지난 후 이제 딸은 엄마 못지않게 경매 물건을 찾고 이후 관련 업무를 처리하는 데도 능숙해졌다. 대학을 나오거나 이름 있는 회사에는 못 들어갔지만, 최소한 앞으로 밥벌이할 수 있는 한 가지 기술을 부모에게 배운 셈이다. 그리고 이 기술이나 직업을 바탕으로 경제적 자유를 이루고 난 후에는 유학을 가거나, 세계 여행을 하거나, 자기가 하고 싶은 일을 찾아 더 큰 도전을 해 볼 수 있다.

물론 자녀들이 돈 되는 가업이나 부모의 일을 물려받기 싫어하는 예도 있다. 하지만 부모가 어느 정도 먹고 살 수 있는 기반을 마련했는데 자식이 공부하기 싫어한다면 억지로 공부시키기보다는 때를 기다리고 훗날 아이가 정말 하고 싶은 일이 생겼을 때 아낌없이 지원해 주는 것도 하나의 길이다.

빚내서 자식 교육? 현명한 투자가 필수!

앞의 치과 의사 사례는 자식을 외국에 유학 보내고도 경제적으로 감당이 된 경우다. 하지만 의사나 전문직 종사자로 소득 수준은 꽤 높지만, 지나친 사교육비와 유학 비용 때문에 빚에서 벗어나지 못하는 경우도 꽤 있다. 서민들의 경우는 더 말할 필요가 없다. 공부 쪽이 아닌 자녀를 공부시키겠다고 명문 학군지에 가서 사교육에 올인하다가 집 한 채 마련 못하고 본인 노후 준비도 안 되는 경우가 상당히 많다.

냉정하게 말해서 중고등학교 내신 기준으로 80점대 B등급 이상이 안 되는 아이들은 대학을 나와도 의미 있는 일자리를 갖기 쉽지 않고 눈높이만 높아진 고학력 실업자가 될 가능성이 크다. 현실이 이렇다면 공부 안 되는 아이에게 계속 공부하라고 스트레스를 주고 학원에 보내느니 그 돈을 아껴 저축하거나 좀 더 생산적인 데 쓰는 게 낫지 않을까? 중학교 때까지 공부를 시켜보았지만 자녀가 공부로 승부를 보지 못할 것 같다면 부모가 자기 자신에게 투자하는 것도 하나의 방법이다.

서민 가정이라면 냉정하고 현실적인
입시 지도가 중요하다

대학 간판 vs 취업 잘되는 과

해마다 대학 원서를 쓰는 입시 철이 되면 반복되는 고민이 있다. Top 10 대학 경영학과를 지원할지, Top 3 대학 인문대를 지원할지, Top 10 대학 공대를 가야할지, Top 3 대학 자연대에 가야할지와 같은 고민이다. 물론 대학이냐, 과냐 하는 이런 고민은 그래도 공부 좀 하는 아이들에게 해당한다. 공부가 안 되는 아이라면 당연히 대학 고민보다는 취업에 우선순위를 두고 과 중심으로 진로를 선택할 것이다. 그리고 하위권은 그 나름대로 취업이 잘 되는 전문대냐, 그래도 4년제냐를 두고 고민해야 한다.

대학을 나와도 취업이 쉽지 않은 것이 현실이다. 최근에는 '대학 간판이 뭐가 중요하냐? 어찌 되었든 취업이 되는 과를 가야지.'가 좀 더 대세이지만, 막상 원서를 쓸 때가 되면 학생뿐만 아니라 부모도 마음이 달라진다. 그래도 학벌이 중요한 한국 사회에서 '한 곳이라도 높은 대학이 낫지!' 싶고 어떻게든 좋은 대학을 나오면 전공에서 밀려도 사회생활에 유리하지 않을까 하는 생각이 든다. 이런 고민은 필자가 고3 때 진로 지도를 받았던 20여 년 전이나 지금이나 큰 차이가 없다.

필자는 제자들 중에서도 집안 형편도 넉넉하지 않은데 "저는 문학을 해서, 철학 공부를 해서, 역사를 배워서…"라는 포부를 밝히면서 이른바 먹고살기 힘든 전공을 선택하겠다고 하면 이런 이야기를 해 주었다. "아주 좋은 생각이야. 그런데 혹시 네가 그런 전공을 선택하려는 이유가 대학 레벨을 올려서 주변에 ○○대 출신이라는 걸 자랑하고 싶거나 부모님 체면을 세워 드리려고 하는 건 아닌지, 또한 정말 네가 생각한 대로 그 꿈을 이루는 사람들이 많은지 그 전공의 현실을 냉정하게 검토해 보는 것은 어떨까? 선생님도 우리나라 대학교수의 대부분을 배출한다는 S대 인문대를 나왔지만, 전공을 살려서 전공과 관련 있는 일을 하는 친구나 선배는 100명 중 한두 명뿐이야. 속물처럼 들릴 수 있지만 사실 그런 전공은 먹고사는 문제가 해결되어야 매달려서 할 수 있어. 지금 당장은 많은 걸 포기하는 것 같겠지만, 인문학 공부는 나중에도 언제든지 할 수 있고 굳이 학부에서 전공할 필요도 없어. 어느 정도 경제적으로 독립해서 경제적인 부담이 없는 상황이 되었을 때 본격적으로 공부를 시작해도 되거든. 인문대 대학원은 40~50살이 넘어도 공부하겠다고 하면 대부분 받아준다. 만약 우리나라에서 받아주는 곳이 없다면 유학 갈 곳도 많아. 어떻게 보면 충분한 사회생활을 통해 다양한 경험을 해 본 후에 인문학을 공부하는 것이 더 깊게 공부할 수 있는 지름길일 수도 있어."

서민 자녀는 대학보다 취업 잘되는 과가 우선!

이과 쪽 제자들도 마찬가지다. 필자는 서민 우등생 자녀라면 대학을 낮추더라도 가능하면 공대를 추천한다. 물론 공대에서도 다양한 변수가 있지만, 우선 취업 가능성이 높은 전공을 권하고 이후 좀 더 자료를 찾아보라고 한다. 지금은 더 힘들어졌지만, 의대에 갈 실력이 된다면 빚을 내서라도 가라고 한다. 의대에 가서 적성이 안 맞을 수도 있지만, 의사가 싫다면 연구원이나 의학 전문 기자가 될 수도 있고 병원 경영을 할 수도 있는 등 연관 분야가 무척 많다. 물론 그만큼 들어가기 힘든 게 사실이지만, 목표한 대학이 어려울 것 같으면 한두 단계 대학을 낮추어 길을 찾을 수도 있다.

경제적 기반을 다진 후에 공부해도 늦지 않다

인문학이나 순수과학이 쓸데없는 학문이라는 이야기가 아니다.

이른바 기초 학문으로 더욱 발전해야 할 분야다. 하지만 우리나라에서 인문학이나 순수학문의 토양은 너무나 척박해서 서민 자녀들이 없는 돈을 투자하면서 공부할 영역은 더더욱 아닐 수 있다. 정말 그런 공부를 하고 싶다면 자기 생계를 해결할 만큼 경제적 기반을 닦고 난 후 몰입해서 공부하면 된다.

어려운 형편에 그래도 아이가 공부를 잘해서 뿌듯하다면 대학보다는 과를 잘 선택하게 하고 경제적 성취를 먼저 이룬 후 다소 늦더라도 본인이 하지 못한 공부를 할 수 있게 이끌어주는 것이 좀 더 현실적인 판단일 것이다. 한편 2025학년도 입시부터 무전공 입학 인원이 확대되면서 앞으로 대학 선호 현상이 더 심해질 가능성이 있다. 하지만 무전공 입학 후에도 선호 학과 전공이 보장되지 않는 경우라면 여전히 대학보다 '과'를 중점으로 진로 계획을 짤 필요가 있다.

> **tip**
>
> ## 교육 시장에서는 누가 서민인가?
>
> '서민'의 사전적 정의는 '사회적 특권이나 경제적 부를 누리지 못하는 일반 사람'이다. 각종 복지 정책 집행에서 많이 사용하는 2023 도시 근로자 4인 가구 월평균 소득은 760만 원 선으로, 연봉으로 계산하면 9,120만 원이다. 연봉이 거의 1억 원에 가까운 가정도 수도권이나 지방 광역시에 내 집 마련하고 아이들을 교육시키고 나면 노후 준비가 막연한 게 지금 현실이다. 많은 재정 전문가는 자녀 교육에 올인하느라 노후가 위태로운 서민 가정이 많다고 경고한다. 로스쿨을 나와도 변호사 합격률이 50%밖에 안 되는 시대다. 정말 공부로 확실히 승부를 볼 수 있다는 확신이 서지 않으면 자녀 사교육비나 대학 교육 비용을 좀 더 합리적으로 책정해서 지원해야 한다.

중위권 아이들은
더욱 촘촘한 입시 전략이 필수!

중위권 전략이 필요한 이유

엄밀히 말하면 상위권은 입시에서 대단한 전략이 필요 없다. 아이가 감당할 수 있는 학교 공부와 적절한 사교육을 시키면서 주도적으로 공부할 수 있게 해 주면 된다. 아예 하위권도 마찬가지다. 부모나 아이나 이 정도로 공부해서 대학에 가는 게 쉽지 않고 대학에 간다고 한들 아이 인생이 의미 있게 달라지지 않을 것을 알고 있다. 항상 중간이 애매하다. 계속 공부를 시키자니 성과가 난다는 보장도 없고 안 시키자니 불안하고 딱히 다른 대안도 없어 보인다.

이제는 대학을 나온다고 해서 취업이 보장되는 시대가 아니다. 필자는 종종 자녀 교육 강연에서 "제가 대학에 보낸 제자들의 반은 취업이 안 되고 취업한 아이들의 반은 비정규직입니다."라고 말한다. 2023년 대학교육연구소에서 발표한 '학점과 취업률 관계' 보고서에 의하면 전국 4년제 대학 196곳의 취업률을 전수 조사한 결과, 인서울대 취업률은 68.3%, 지방대는 62%였다. 이 통계에는 비정규직 통계까지 들어간 것이므로 이 중 3~4년 이상 지속해서 근무할 수 있는 정규직이나 안정적인 직업을 찾아간 학생들의 비율은 발표된 취업률의 절반 정도로 생각해야 한다. 그렇다고 하나나 둘밖에 없는 귀한 자녀들을 100만 외국인 노동자들이 일하는 3D 업종 공장으로 보낼 수도 없다. 정부나 언론에서도 어차피 대학을 나와도 절반은 취업이 안 되니 성적이 애매한 아이들은 대학에 가지 말라고 할 수도 없다. 결국 열린 마인드와 내공을 갖춘 부모들이 냉정한 현실을 인정하고 더욱 현실적인 대안을 세워야 한다.

주체적인 대안 사교육이 필요하다

그렇다면 문제는 대학 이외에 대안이 있느냐다. 대학을 나와도 절반 이상은 제대로 된 취업이 어렵다는 걸 뻔히 알면서도 중고등학교 때 학원에 보내고 입시 경쟁을 통해 어떻게든 대학에 보내는 것 말고는 다른 대책이 없어 보인다. 이런 문제를 학교가 나서서 해결하기도 쉽지 않고 과도한 입시 경쟁으로 유지되고 있는 사교육에서는 더더욱 어렵다. 아직 입시 이외의 다른 대안 사례가 많지 않은 것도 사실이다. 하지만 그렇다고 이 길을 포기할 수는 없다. 지금 이 순간에도 좁은 교실에 갇혀 문제지만 풀다 꿈과 희망을 잃어버리는 아이들이 너무 많기 때문이다.

아이의 재능을 살리는 실용적인 사교육을 찾자

필자가 제시하는 대안은 이렇다. 초등학교 고학년이나 중학교 때 아이가 공부로는 아니다 싶으면 국영수 학원을 다 보내지 말고 그중 아이가 가장 잘하는 한 과목만 학원을 보내거나 과외를 시키고 나머지 주 2~3일은 아이가 좋아하고 잘할 수 있는 다른 학원을 보내는 것이다. 예를 들어 아이가 영어는 재미있어하는데 다른 과목은 싫어한다면 영어학원은 계속 보내고 남는 저녁 시간에는 관광 가이드 대비 학원을 보내거나, 요리나 제빵을 좋아하면 요리학원에 보내는 것이다. 운동, 미용, 사진, 웹툰, 드론, 코딩, 유튜브 방송 제작 기술 등등 찾아보면 아이가 좋아하는 것을 배울 수 있는 학원은 많다.

관심 있는 주제의 동호회나 카페 활동을 하면서 관심 분야에서 활동하고 있는 어른들을 많이 만나게 하는 것도 좋은 방법이다. 가능한 한 아이가 학교라는 울타리를 벗어나서 사회와 빨리 접촉하게 하는 것도 바람직하다. 자기가 하고 싶은 분야에서 활동하는 사람들을 보면 왜 공부해야 하는지 동기 부여가 되고 자기가 무엇을 좋아하고 잘할 수 있는지 구체적으로 감을 잡을 수도 있다.

중학교 자유학기제나 공교육에서의 진로 탐색 수업이 이런 취지로 진행되는 교육이지만, 현실에서는 각자 꿈과 끼가 다른 아이들을 대기업에 견학을 보내거나 몇 가지 체험하는 정도의 형식적인 활동으로 끝나는 경우가 많다. 그래서 결국 각 가정에서 자기 자녀가 자신에게 맞는 꿈과 끼를 찾도록 도와주는 것이 가장 현실적인 대안이다.

실제 이런 방법으로 자녀를 교육한 사례가 많다. IT 업계에서 일하는 한 지인은 자기 딸이 중학교에서 중위권 정도 하는 것을 보고 과감한 선택을 했다. 딸이 소설 읽는 것을 가장 좋아하므로 영어와 수학학원을 끊고 국어학원과 글쓰기학원을 보냈다. "너는 국영수 다 잘할 필요가 없다. 네가 제일 좋아하고 잘하는 한 과목만 열심히 해라. 대신 그 과목은 1등급을 목표로 해야 한다. 만약 그 과목도 잘 못하면 학교에 가기도 싫고 공부 자신감도 없어질 거야."

아이는 중학교에서 국어는 항상 내신 A등급을 받았고, 글쓰기 동아리에도 들었으며, 인터넷으로 웹 소설을 쓰기 시작했다. 고등학교 때도 마찬가지였다. 언어 영역만 내신 1등급, 수능 1등급을 목표로 하고 나머지 시간은 소설을 읽고 쓰는 데 집중했다. 대학은 신경 쓰지 않는데, 그동안의 웹 소설 성과물과 동아리 활동 등이 인정되어서 서울권 대학의 문예창작학과에 특기자 전형으로 합격했다. 그리고 대학 내내 글을 써서 대학을 졸업할 때쯤 되니 자기 팔로워가 1만 명 이상이 되는 웹소설 작가가 되었다.

필자는 2018년에 KBS 아침 방송 〈여유만만〉 출연을 준비하면서 작가들에게 이런 이야기를 해 주니 작가들도 이 이야기에 적극 공감했다. "맞아요, 선생님! 우리 기획사에 고참 작가 언니가 있는데, 그 언니는 고등학교 졸업 후에 바로 작가가 되어서 지금 경력이 10년 차예요. 저희는 대학 4년, 그리고 취업 준비한다고 몇 년을 보내서 나이가 비슷한데도 보조 작가이고요."

또한 대학이 아니라 사회에서의 성공을 목표로 하면 더 많은 길이 열린다. 한 아이는 중학교 때부터 화장하고 머리 만지는 것을 좋아해서 아빠가 아예 중학교 때부터 미용학원을 보냈다. 그리고 자기가 좋아하는 일에 집중해서 지금은 미용, 메이크업, 네일아트 자격증을 다 따고 유명 헤어숍에서 아르바이트를 하고 있다. 경력이 좀 쌓이면 개업도 하고 일본어나 프랑스어를 공부해서 유학도 가고 싶다고 한다. 실제로 필자는 재테크 카페에서 20대에 1억 원을 모으고 어느 정도 사회적 기반을 잡은 청년을 만난 적이 있다. 앞의 학생처럼 대학을 안 가고 바로 사회에 나왔는데, 이 친구의 명함이 적힌 글귀가 너무 인상적이었다.

태양이 뜨면 나는 달려야 한다.

이런 마인드와 함께 20대에 경제적으로도 성과를 이룬 경험을 가질 수 있다면 굳이 대학에 가지 않아도 사회생활을 멋지게 잘할 수 있지 않을까? 결국 문제지 푸는 공부를 못하는 학생들은 특성화학교에서 가서 자신이 잘할 수 있는 하나나 둘에 집중해야 하는데, 현실적으로 특성화학교에 보내면 친구 잘못 사귈까 염려하는 부모도 많다. 하지만 지금은 인문계 고등학교에 다니면서도 자기 길을 찾아갈 수 있는 방법이 많다. 사실 진짜 사교육은 강의를 듣고 문제지 푸는 교육이 아니라 이렇게 자기 꿈과 끼를 찾아갈 수 있는 교육에서 더 필요하다. 이것이 필자가 말하는 '대안 사교육'이다.

중위권 맞춤 사교육과
학원 활용법

비료를 많이 준다고 식물이 잘 자랄까?

옛날 어느 지역에 농사가 잘되는 마을이 있었다. 토양이 좋아서 씨를 뿌린 뒤 거름을 약간 주고 김만 잘 매주면 대부분의 곡식과 채소가 잘 자랐다. 그런데 몇몇 마을 사람들이 도시에 가서 화학 비료를 사왔다. 몇 집에서 거름 대신 비료를 주니 채소가 쑥쑥 자라는 게 눈에 보였다. 마을 사람들은 거름보다 비료를 주면 식물이 더 빨리 잘 자란다는 것을 알게 되었지만, 값이 비싸서 대부분 화학 비료를 살 수 없었다. 그러다가 마을 사람들의 수입이 늘면서 어느 정도 비룟값을 댈 수 있는 가정이 하나둘씩 늘자, 너도나도 곡식과 채소에 비료를 주기 시작했다. 이제 전통적인 방식으로 거름만 주며 농사짓는 집이 드물어졌고 마을 사람들은 점차 비료를 주지 않으면 식물이 자라지 않는다고 생각하게 되었다.

그런데 얼마 지나지 않아 문제가 나타났다. 어떤 집에서는 작물이 너무 어릴 때부터 비료를 지나치게 많이 주어 식물이 노랗게 뜨기 시작했다. 이를 본 비료업자들은 다른 성분이 들어 있는 좀 더 센 비료를 뿌려야 한다고 했다. 하지만 센 비료를 친 작물의 상태는 더욱 안 좋아졌다. 또한 해가 갈수록 마을 땅은 전체적으로 지력이 고갈되어 갔다. 비료의 양도 늘고 비룟값으로 들어가는 돈도 점점 많아졌지만, 작물 생산량은 이전만 못 했다. 그리고 비룟값을 감당하지 못해 파산하는 가정도 하나둘 생겨났다.

그래도 여전히 마을 사람들은 비료의 힘을 믿었다. 비료 없이 농사를 짓는다는 것은 이제 생각할 수 없었다. 여전히 농사를 잘 짓는 집에 가보면 대부분 비료를 쓴 흔적이 보였고 가서 물어보면 비료를 썼지만 작물이 크는 상황을 봐서 적당히 썼다고 했다. 어떤 집은 초기부터 꾸준히 비료를 줬다고 했다. 하지만 자세히 살펴보니 그런 집들은 원래 다른 집들보다 토양이 좋았고, 농사짓기 전에 밭갈이도 제대로 했으며, 물 대기가 수월한 지대에서 농사를 짓고 있었다. 마을 사람들은 이제 마을 전체에 큰 부담이 된 비료를 어떻게 해야 몰라 갈피를 못 잡고 우왕좌왕했다.

사교육도 적절히 해야 빛을 발한다

이 이야기를 읽고 약간 씁쓸해 할 분도 있겠지만, 우리나라 사교육 상황을 우화로 한번 만들어 보았다. 비료 없이 농사짓는 것이 아예 불가능하다고 생각하는 마을 사람들처럼, 우리나라에서도 사교육 없이 입시를 대비하는 것이 불가능하다고 생각하는 부모들이 많다. 그리고 어느 정도 입시에서 성과를 낸 가정의 아이치고 학원 안 다니고 과외 안 받은 아이들이 없는 듯하다. 하지만 대부분 입시에서 성과를 낸 아이들을 자세히 살펴보면 학원을 잘 활용한 것이지, 학원에만 의존한 것이 아님을 알 수 있다.

일전에 모 일간지에서 수능 만점자들을 대상으로 수험 기간에 가장 큰 도움이 된 공부 방법이 무엇인지에 대해 설문 조사를 했는데, '학원 수강' → '인터넷 강의 수강' → '학교 공부' 순으로 답이 나왔다. 이들은 학원에서 무엇이 가장 도움이 되었느냐고 물으니 '잘 틀리는 유형의 문제 푸는 연습을 많이 해 볼 수 있어서'라고 답했다.

수능이나 각종 입시에서 학원이 가장 잘해줄 수 있는 것은 기출 문제를 분석하고 기출 문제와 비슷한 유형의 모의고사나 학생들이 잘 틀리는 유사 문제를 많이 제공하여 풀게 해 주는 것이다. 그리고 결국 이런 사교육의 효과를 보려면 학교 수업이나 인터넷 강의를 통해 기본 개념을 확실히 배운 후 문제를 푸는 단계에서 자신만의 노하우를 만들어갈 수 있는 기본 토양을 갖추어야 한다.

어설픈 선행 학습의 문제점

그런데 '선행 학습'과 '관리'(틀린 문제를 반복해서 풀게 하고 다 외우거나 문제를 풀지 않으면 집에 보내지 않는 방식의 관리)로 대표되는 지금의 수많은 조기 인지 사교육은 고등학교 내신이나 수능 같은 입시에서 힘을 발휘하지 못하는 경우가 너무 많다. 선행 사교육에만 너무 매달리다 보면 ① 스스로 시험에 대비하는 능력을 기르지 못하고 ② 스스로 생각하는 힘을 기르지 못하는 문제가 발생한다.

1 | 스스로 시험에 대비하는 능력을 기르지 못하는 아이들

그래서 필자가 가장 안타깝게 생각하는 것이 바로 중학교 내신 대비 학원이다. 지금은 중학교에서 자유학기제나 자유학년제 이후에 본격적으로 내신 시험을 보는데, 이런 본격적인 입시 체제에 들어서면 스스로 시험에 대비하는 방법을 찾아야 한다. 시험 일정에 맞춰 언제부터 어떤 과목을 공부하고, 어떤 문제지를 풀며, 암기 과목은 어떤 식으로 정리하고 등등 시험을 대비하는 전략과 자신만의 방법을 찾아야만 이후 수많은 내신과 수능에서 경쟁력을 가질 수 있다. 이런 메타인지(meta-cognitive)⁺ 능력은 정도(定道)가 없고 사람마다 방

✦ 메타인지(meta-cognitive): 자신이 아는 것과 모르는 것을 구분한 후 모르는 것을 보완하기 위한 공부 계획을 세우고 이것을 실행하는 과정을 스스로 조절할 수 있는 지적 능력

법이 다르므로 자기에게 맞는 방법을 스스로 찾아야 한다. 초반에는 전략을 잘못 세워 실패할 수도 있지만, 그러면서 배우는 것이고 중학교 때 미리 적절하게 시행착오를 겪어야 고등학교 때 전략적으로 공부할 수 있다.

그런데 중학교 때부터 내신 대비 학원에 다니면서 학원에 의존하기 시작하면 이런 메타인지 능력은 물 건너간다. 학원에서는 몇 년 치 해당 학교 내신 기출 문제뿐만 아니라 같은 교과서를 쓰는 다른 학교 기출 문제를 바탕으로 내신 대비 책자를 만들어 계속 반복해서 풀게 한다. 이런 방법은 단기간에 내신 점수가 잘 나올 수는 있지만, 장기적으로는 스스로 공부 전략을 짜는 능력을 기르는 데 걸림돌이 된다. 결국 중학교 때까지는 잘하는 줄 알고 있었는데, 고등학교에 가서 범위가 없는 수능 유형의 영어나 수학 시험에 부딪히면 자신의 진짜 실력을 보게 되는 어설픈 상위권 학생들이 많이 생긴다.

2 | 스스로 생각하는 힘을 기르지 못하는 아이들

자기 주도적인 질적 선행이 아니라 어설픈 양적 선행도 문제다. 어려서부터 수학 선행 학습을 지나치게 많이 받아온 명문 학군지의 수많은 아이는 고등학교 지수·로그함수나 삼각함수 단원부터 본격적으로 한계를 드러낸다. 스스로 고민하고 생각해서 문제를 푸는 훈련이 되어 있지 않아서 깊은 사고력이 필요한 문제는 풀지 못하는 것이다.

학원 선생님들의 이야기를 들어보면 어설프게 선행 학습을 많이 한 아이들은 문제를 풀다가 조금만 막히면 금방 해설지를 보거나 선생님이나 조교에게 질문하는 쉬운 해결 방법을 찾는다고 한다. 그러니 깊이 생각하는 능력이 떨어지고 제대로 된 수학 실력이 쌓이지 않는다. 심지어 어떤 아이들은 "왜 저 선생님은 저렇게 문제를 어렵게 풀지? 다른 선생님은 훨씬 간단하고 빨리 푸는 요령을 가르쳐 줬는데…." 하는 식으로 선생님들의 문제 푸는 방법을 품평하기도 한다. 하지만 막상 직접 문제를 풀어보라고 하면 제대로 풀지 못한다. 어설픈 선행 학습으로는 '문제를 눈으로 푸는' 아이들만 양산할 뿐 '생각하는 힘'을 가진 아이들은 길러내지 못하는 것이다.

가장 근본적인 문제는 초등학교 저학년 때부터 너무 많은 학원을 다니고 문제지 푸는 공부만 하다 보니 학원 선생님들 표현대로 '좀비'처럼 멍하니 앉아 있는 아이들이 점점 늘어난다는 것이다. 너무 일찍, 너무 많은 학원에 다니면서 문제지를 풀다가 진이 빠진 아이들에게 공부는 그저 해치워야 할 짐일 뿐이다. 빨리 문제지 풀고 수업은 대충 듣고 뛰쳐나가 아이들과 게임하고 수다 떠는 게 즐거우므로 공부가 점점 하기 싫고 기피하고 싶은 대상이 되는 것이다. 고등학교 수준에서 성과가 나고 수능에서 의미 있는 점수를 얻을 수 있는 공부 그릇은 문제지를 많이 풀게 한다고 길러지지 않는다.

양적 선행보다 더 중요한 질적 몰입

이런 관점에서 유치원과 초등학교 때는 무리하게 문제지 푸는 공부를 시키는 것보다 아이가 관심 있고 잘하는 분야에 질적으로 몰입하는 시간을 갖게 하는 것이 더 효과적인 입시 전략일 수 있다. 암기력과 계산력이라는 인지 능력이 있는 아이는 중학교 2학년 때부터 5년간 정말 강도 높게 문제지 푸는 공부에 집중하면 대부분 원하는 대학에 갈 수 있다. 혹시 공부량이 부족하다면 재수하거나 편입도 할 수 있다. 입시 성과가 나느냐의 여부는 아이의 인지 능력이 어느 정도 되느냐지, 언제부터 문제지 푸는 공부를 체계적으로 시작했느냐의 문제가 아닐 수 있다.

사교육으로 점수는 올려도 등급을 올리기는 쉽지 않다

암기력과 계산력이라는 인지 능력이 안 되는 아이들은 아무리 유치원과 초등학교 저학년부터 선행 학습을 하고 문제지 푸는 스킬을 길러주어도 어느 선에서는 벽에 부딪히게 된다. 이러한 현상에 대해 필자는 "선행과 사교육으로 점수는 올려도 등급은 바꿔줄 수 없다."고 말한다. 선행으로 71점 받을 아이를 78점까지 올려줄 수는 있지만, 3등급 받을 아이를 2등급으로 만들기는 쉽지 않다. 또한 수능 기준으로 50~60점대를 받을 점수를 초중학교 선행으로 빨리 만들어 줄

수는 있지만, 질적인 몰입이 안 되고 스스로 공부하는 힘이 없으면 고등학교 때 70~80점대 이상의 점수를 받을 수 없다. 그리고 70~80점대 이상의 점수와 수능 기준 2, 3등급의 점수가 나오지 않으면 원하는 대학에 가기 힘들다.

결국 아이의 지적 능력과 암기력과 계산력이라는 인지 능력을 보고 어느 정도 문제지 푸는 공부를 시킬지 학습의 강도를 결정해야 한다. 그리고 이렇게 문제지 푸는 공부는 집에서 엄마나 아빠가 시키기보다

---

tip

학원 수업 시간보다 자습 시간 확보가 중요하다!

열심히 공부하는데도 성적이 안 나오는 학생들의 공통점은 자기만의 공부할 시간이 부족하다는 것이다. 필자는 학생들에게 자주 이렇게 말한다.

"10시간 수업 듣고 20시간 자습할 시간을 확보하는 학생들은 90점대 성적이 나오고, 10시간 수업 듣고 10시간 자습할 시간을 확보하는 학생들은 70~80점대 성적이 나온다. 10시간 수업 듣고 10시간 정도 자습할 시간을 확보하지 못하면 70점 이하의 성적이 나오는데, 입시에서 70점 이하는 불합격이다."

입시 공부에서는 수업을 많이 듣는 게 중요한 게 아니라 수업 시간에 배운 내용을 자습 시간을 통해서 얼마나 내 것으로 만드느냐가 중요한데, 이 시간을 '순수 공부 시간'이라고 한다. 건강을 위해서도 많이 먹는 것보다 얼마나 잘 소화 흡수하느냐가 더 중요한 것과 같은 원리다. 그래서 종종 학생들에게 공연히 이런저런 특강을 찾아 듣지 말고 수업 내용을 내 것으로 만들기 위해 최소한 수업 시간만큼의 또는 그 이상의 자습 시간을 확보하라고 조언한다. 그게 안 되면 욕심부리지 말고 듣는 수업 시간과 다니는 학원 수를 줄여야 한다. 이렇게 해서 수업에서 들은 내용을 내 지식으로 만드는 데 더 많은 시간을 확보해야 한다.

이 원리는 아이를 학원에 얼마나 보내야 할지 고민하는 유치원과 초중등생 부모에게도 기준점을 줄 수 있다. 아이가 학원에서 내준 숙제를 하며 학원에서 배운 내용을 충분히 소화할 수 있는 정도까지 학원에 보내는 게 가장 적당하다.

학교나 학원 같은 인지 교육 장소에서 하고 집에서는 편히 쉬면서 인성과 지혜를 기르는 독서를 부모와 아이가 같이하는 것이 현명하다.

학원 활용 대원칙

이런 이야기를 하면 매번 "그래도 공부 잘하고 좋은 대학 가는 아이들은 다 학원 다니는 아이들이잖아요!"라고 반론할 수 있다. 물론 그럴 수도 있다. 하지만 상위권 아이들에게 어떻게 학원을 이용했는지 자세히 물어보면 엄마가 짜준 계획대로 학원을 수동적으로 다닌 아이보다 자기 스스로 학원과 공부법을 정한 아이가 훨씬 좋은 결과를 낸다. 또한 현실적으로 맞벌이 가정에서는 보육 차원에서 아이를 학원에 보낼 수밖에 없는 측면도 있다. 이런 상황에서 우리 가정은 어떤 기준으로 학원이나 과외 등의 사교육을 활용하는 게 좋을지 다음 3가지 기준을 잡아보았다.

1 | 아이가 최종적으로 학원을 선택하게 한다

문제지 푸는 인지 공부에서 가장 중요한 것은 누가 공부 주도권을 갖고 있느냐다. 문제지 푸는 공부는 기본적으로 재미가 없고 반복 연습을 통해 실수를 줄여야 하는 힘든 과정이다. 하지만 어느 정도 단계를 넘어가면 문제 푸는 재미가 생기고 성적도 올라 칭찬을 받으니 더 열심히 하게 되는데, 이 정도까지 가려면 자기 절제력을 가지고 하기 싫은 것도 할 수 있어야 한다. 그리고 자기 절제력과 인내력의 핵심은 '자기 주도성'이다. 해야 하는 건 나도 잘 알고 있는데 남이 하라고 하면 하기 싫은 법이고 부모가 하라고 하면 더 하기 싫다.

민사고와 서울대 수석으로 유명한 김태훈 씨는 공부하면서 가장 성과가 안 났을 때는 자기가 아니라 어머니가 정해준 학원에 다녔을 때라고 했다. 아무리 좋은 학원이라도 가기 싫은데 억지로 가면 성과를 내기 힘들다. 이것은 공부 잘하는 학생이나 못하는 학생이나 마찬가지다. 그러므로 학원을 보내기 전에 아이와 충분히 소통할 필요가 있다. 아무것도 모를 것 같은 초등학교 저학년이나 유치원 때도 마찬가지다. "앞으로 이런 교육이 필요해서 엄마와 아빠가 알아보니 이런 학원들이 있는데 너는 어떤 학원에 다녀볼래?"라고 말해 볼 수 있다. 그리고 학원을 다니는 중간에도 아이의 의견을 자주 물어서 본인이 다니고 싶어 하는 곳으로 다니게 하고 학원에 다니는 목표를 확실히 해 두는 게 좋다.

2 | 학원에 다니면서 아이가 고마워하는지 살펴본다

이것은 학원뿐만 아니라 아이에게 입시 정보를 제공해 줄 때도 마찬가지다. 엄마와 아빠가 힘들게 학원 설명회와 입시 설명회에 쫓아다니며 정보를 모아서 가져다주고, 학원 보내고, 과외를 시켜도 아이가 고마워하지 않으면 더 이상 그렇게 해 줄 필요가 없다. 감사하는 마음이 없는데 긍정적인 마음이 나올 수 없고 긍정적인 마음이 없는

데 하기 싫은 공부를 잘할 리 없기 때문이다. 하지만 이렇게 말하면 다음과 같은 반론이 나온다. "선생님, 애가 뭘 알겠어요. 애들이야 다 놀기 좋아하죠. 아이가 뭐가 중요한지 모르면 부모가 중심을 잡고 제대로 이끌어 주어야 하는 것 아닌가요?"

그렇다면 반대로 그렇게 하기 싫어하는 공부를 억지로 시켰을 때 아이가 감사해하고 성적도 많이 올라가는 사례가 많을까? 결국 공부는 아이가 하는 것이므로 공부의 주도권을 아이에게 돌려주어야 한다. 그래서 필자는 아이가 학원에 가고 싶다고 할 때나 과외를 시켜 달라고 할 때가 사교육을 시작할 최적의 시기라고 생각한다.

"이번 중간고사 수학 시험을 너무 망쳤는데 어떡해요? ○○는 어느 학원 다녀서 점수가 올랐다고 하는데, 나도 학원 다니면 안 돼요?"

"이 학원은 아는 친구가 많아서 학원 가서 놀게만 되고 수업도 제 수준에 안 맞는 것 같아요. 이 과목은 저 혼자만 과외 선생님한테 배웠으면 좋겠는데, 어떻게 선생님 알아봐 줄 수 있어요?"

이런 이야기가 나올 때 사교육을 시작해야 한다. 종종 언제부터 본격적으로 학원에 보내야 좋을지 물어보는 학부모들이 있는데, 이에 대한 필자의 대답은 항상 같다. 아이가 '가고 싶어 하고', '보내 달라고 할 때' 보내면 된다. 그러면 꼭 "우리 아이는 평생 그런 말을 할 애가 아니예요."라는 말이 나온다. 그러면 더 고마운 것 아닌가? 이 책에서 여러 번 말한 대로 그런 아이는 아직 자기 공부할 때가 오지 않은 것이니 쓸데없이 사교육비를 많이 쓰지 말고 나중에 교육적 투자를 위해 절약하는 것이 현명하다.

3 | 학원을 보내는 목표를 분명히 한다

공교육과 달리 사교육은 많은 돈이 들므로 일반 서민들의 가계와 노후 준비에 큰 부담이 되고 있다. 그러니 돈을 쓴 만큼 성과가 나와야 하는데, 학원 현장에서 보면 참가에 의의를 두는 '올림픽 정신'(?)으로 꾸준히 학원비만 납부하는 학생들이 참 많다. 학원가에는 '성적은 상위권이 내주고 중하위권은 학원 전기세와 운영비를 내준다.'는 이야기가 있다. 결국 이렇게 학원 운영비를 내주는 학생이 되지 않으려면 이 학원에 다녀서 내가 올려야 할 점수가 어디까지이고 무엇을 배우고 무엇을 얻어가야 할지에 대한 숫자로 된 분명한 목표가 있어야 한다. 예를 들면 '6개월 다녀서 수학 점수를 20점 올린다.', '영어 점수를 10점 이상 올리고 자주 반복해서 틀리는 문법 문제를 완전히 잡는다.'와 같이 구체적인 목표가 필요하다.

고3 과외는 효과가 있을까?

필자는 고3 입시 학원에서 오래 일하다 보니 마지막으로 급한 마음에 고3 과외를 요청하는 부모님들을 많이 만난다. 하지만 고3 과외야말로 효과가 가장 미미한 마지막 도박이다. 상대적으로 비용이 비싸고 아이가 충분히 공부할 시간을 확보하기가 어려울 뿐만 아니라 고3 막바지에 성적을 올려줄 만큼 실력 좋은 선생님을 찾기도 어렵기 때문이다. 고3 공부는 결국 문제지 풀어주는 공부인데, 과외로 주당 4시간 문제 풀어주는 것과 학원 수업으로 8~10시간 문제 풀어주는 것 중 어떤 게 나을까? 1:1 과외가 최적의 교육 방법이지만, 시간이 부족한 고3에게는 이와 같은 여러 한계가 있다는 것을 꼭 고려하자.

늦된 아이를 기다리는 방법 — 재수와 편입

늦게 치고 나오던 아이들은 다 어디로 갔을까?

'개천에서 용 나는 시대는 끝났다.'는 말과 함께 '이제 늦게 치고 나오는 아이는 없다.'라는 입시 격언이 생기고 있다. 이전에는 초등학교 때까지 별로 두각을 나타내지 못하다가 중학교나 고등학교 때부터 치고 나와 명문 대학에 가는 아이들이 꽤 있었다. 필자의 동생도 초등학교 때는 마음껏 뛰어놀다가 중학교 때부터 본격적으로 공부해서 서울대에 갔고 지금은 미국 듀크대 유전공학 연구원으로 근무하고 있다. 하지만 이런 사례를 말하면서 아이를 믿고 좀 기다려 보자고 하면 그건 옛날이야기고 지금은 그런 아이들이 없다고 한다. 그렇다면 이전에 있었던 늦게 치고 나오던 아이들은 다 어디로 간 걸까?

이른 사교육과 디지털 오염으로 가능성을 잃는 아이들

아이들이 입시에서 성과를 낸다는 것은 결국 어느 정도 공부 머리가 있다는 것이다. 다만 시기의 차이일 뿐이다. 어떤 아이들은 초등학교 때부터 공부 머리가 확 드러나지만, 어떤 아이들은 중학교 이후에 늦게 드러나기도 한다. 이렇게 늦게 발동이 걸리는 아이들은 본인이 공부 주도권을 가질 때까지 기다려주어야 한다. 그런데 주변에서 너무 일찍 경쟁을 시작하다 보니 천천히 될 아이를 급하게 몰아붙이고 어려서부터 지나치게 일찍 학원을 보내다가 문제지 푸는 공부에 질려 오히려 공부 싹이 말라버리는 아이들이 많다.

게다가 최근에는 스마트폰, 게임, 유튜브 같은 디지털 미디어의 영향으로 아이들이 생각할 시간을 뺏긴 것도 한몫한다. 옛날에 늦게 치고 나온 아이들은 주로 자연 속에서 놀았고 학교 공부는 안 해도 본인이 관심 있는 책은 열심히 봤다. 그런데 요즘은 대부분의 아이가 도시에 살고 있고 긴긴밤이 심심해서 책을 보는 아이도 드물다. 게임과 유튜브에서 맛보는 '경박한 즐거움'으로 잠시도 심심할 틈이 없기 때문이다. 결국 늦게 치고 나오던 아이들이 사라진 이유는 2가지다. 너무 일찍 비료를 많이 줘서 노랗게 말라버리거나, 디지털 오염에 물들어 어느 수준까지 자라지 못하기 때문이다.

그러면 늦게 치고 나올지, 아니면 그냥 이대로 입시 경쟁력 없는 아이가 될지 알 수 없는 상황에서 어떻게 부모가 아이를 믿고 기다려 줄 수 있을까? 중고등학교 입시에서 승부가 나지는 않아도 이후에 공부 욕심이 생겼을 때 제대로 공부할 수 있는 몇 가지 차선책을 알아 두면 이런 불안한 마음을 좀 가라앉힐 수 있다. 그런데 관건은 결국 돈이다. 어느 정도 자금이 있어야 아이가 뒤늦게 재수, 편입, 대학원에 진학하겠다고 할 때 돈 걱정 없이 공부에 집중하라고 말할 수 있다. 그런데 영유아 때부터 성과가 나지 않는 사교육에 엄청난 돈을 쏟아부었다면 이 옵션도 사용할 수 없다.

1 | 재수

재수는 잘 알려진 대로 1년 또는 그 이상의 시간을 투자해서 수능 시험을 다시 보고 대학 입시에 재도전하는 것이다. 물론 재수도 점점 힘들어지고 있다. 해마다 재수생의 숫자는 늘어나고 이들의 실력도 더욱 향상되고 있기 때문이다.

2024학년도 수능에서는 전체 응시생 50만 명 중에서 15만 9천 명이 재수생 이상으로, 1995학년도 38.9%, 1996학년도 37.3%에 이어 28년 만에 최대 비율(31.7%)이었다. 또한 2023학년도 수능에서는 수학 1등급 중 62.9%가 재수생 이상의 N수생이었고 탐구 영역에서

1등급 재수생 비율은 68%나 되었다.

대부분의 재수생은 내신이 좋지 않으므로 수시보다 상대적으로 좁은 정시의 문을 뚫어야 한다. 가장 확실한 재수 성공 여부는 공부 머리 테스트와 회복 탄력성 검사로 해 볼 수 있는데, 늦게 공부를 시작해서 공부량이 부족했거나 공부 머리 테스트를 통해 의미 있는 점수 향상이 가능하다면 재수를 한번 도전해 볼 만하다. 또한 수능은 긴장된 시험장에서 단 한 번의 시험으로 결과가 정해지므로 강한 멘탈이 필요하다. 회복 탄력성 검사를 해 봐서 평균 이상의 점수가 나와야 재수 성공 가능성이 크다.

❶ 재수학원의 종류와 비용

재수학원은 크게 '기숙 재수학원', 통학 가능한 '재수 종합반(재종반)', '독학 재수학원'이 있다. 기숙 재수학원은 강남대성, 메가스터디, 이투스 등 대형 교육 업체가 운영하는 곳과 기숙 전문 중소 학원들이 있다. 이들 학원은 보통 수도권 외곽에 자리 잡고 아침부터 저녁까지 공부만 하는 시스템으로 운영된다. 체육복을 입고 공부하며 남녀 분반에 연애나 스마트폰 사용도 제약을 받으면서 군대식으로 공부하는 곳이 많다. 보통 '노베이스(no base)'라고 공부 기초가 없고 주변의 영향을 많이 받는 학생들에게 기숙학원을 많이 권하는데, 비용은 2023년도 기준 유명 브랜드 학원은 거의 월 350만 원 전후다. 여기에 책값, 모의고사 비용, 인터넷 강의(인강) 비용 등으로 월 30만~40만 원을 추가로 생각해야 한다. 장학금 없이 다닌다면 1년 비용만 거의 4~5천만 원 정도의 예산을 잡아야 한다.

또한 집에서 통학하거나 자취 또는 하숙을 하면서 재수 종합학원(재종반)에 다니는 방법이 있다. 2024학년도 현재 제일 유명한 재수 종합학원은 서울 강남역에 있는 강남대성학원과 대치동의 시대인재 학원이다. 유명 학원의 경우 기본 교습비가 250만 원 전후로, 유명한 재수 종합학원이 대부분 교육특구에 자리 잡고 있어서 거주 비용이나 하숙 비용까지 포함하면 기숙학원 못지않은 비용이 든다.

마지막으로 독학 재수는 수업 없이 인터넷 강의를 중심으로 혼자 공부하는 개념이다. 어느 정도 공부의 기본이 잡힌 학생들이 시작해 볼 수 있는데, 입시 결과도 극과 극으로 나뉘는 경우가 많다. 비용은 50만 원에서 100만 원 선까지 다양하고 학습 관리를 해 주면서 질문을 받아주는 강사가 있는 학원도 있다.

❷ 재수의 성공 확률

재수도 결국 자신의 실력과 공부 성향에 따라 자신에게 맞는 방법을 찾아야 성공 확률을 높일 수 있는데, 가장 객관적인 판단 기준은 역시 가정 형편이다. 기본 재수 비용이 한 해에 2~3천만 원 이상인데, 해마다 15만 명 이상이 재수를 하고 있다. 연세대 장용석 교수가 발표한 자료에 의하면 2023년 재수 총비용은 3조 원이고 재수로 1년 늦게 사회에 진출하는 비용 2조 2,797억 원을 합치면 총 5조 이상의 사회적 비용이 든다고 한다. 그러므로 재수 성공 가능성을 냉정하게 살펴본 후 재수 여부를 검토할 필요가 있다.

2 | 편입

편입은 휴학이나 자퇴로 발생한 대학 3~4학년의 빈자리를 다른 학생들로 채우는 제도다. 편입은 '일반 편입'과 '학사 편입'으로 나뉜다. 보통 일반 편입은 이전 대학에서 1~2학년을 다니거나 학점은행제로 70학점을 채운 후 새로운 대학의 3학년으로 입학하는 것이고 학사 편입은 4년제 대학 졸업 학점인 140학점을 채운 상태에서 새로운 대학의 3학년으로 편입하는 것을 말한다. 이 중에서 대부분의 편입생은 일반 편입을 선택한다.

❶ 모집 인원

해마다 약 1만 명 정도의 편입 인원이 발생하는데, 2023학년도의 경우 주요 50개 대학의 편입 정원은 1만 708명(일반 편입 8,625명, 학사 편입 2,083명)이었다. 뽑는 인원이 적다 보니 경쟁률이 높은 편이어서 2023학년도에 인문 계열 일반 편입은 총 1,928명 모집에 62,884건 지원으로 평균 경쟁률은 33:1이었고 자연 계열 일반 편입은 총 3,708명 모집에 57,002건 지원으로 평균 경쟁률 15:1을 기록했다.

❷ 특징

편입은 수능에 비해 훨씬 문이 좁지만, 전형 과목이 문과는 보통 영어나 영어+국어, 이과는 영어+수학으로 공부 부담이 수능에 비해 훨씬 적다는 큰 장점이 있다. 물론 영어 어휘 수준이 수능 난이도를 넘어서는 대학원 영어나 SAT 수준이기는 하다. 그래서 편입 영어를 해두면 나중에 공무원 영어 시험이나 각종 수험 영어에 도움이 된다고 생각하고 공부하는 학생들도 있다.

❸ 비용

편입학원 비용은 재수 비용에 비해 훨씬 저렴하다. 한 달 수강료가 과목당 40만 원 전후이고 영수 두 과목을 듣는데 교재비 등을 더해도 100만 원을 넘지 않는다. 그래서 재수할 형편이 되지 않으면 우선 대학에 진학한 후 2학년을 마치고 일반 편입으로 방향을 선회하는 학생들도 많다.

❹ 편입을 선택할 때 고려할 점

필자는 20년간 대치동에서 주로 대입을 담당하면서 강남에서 편입 입시 지도를 15년 이상 병행했다. 그동안 편입하는 학생들을 지켜보니 결국 Top 10위권 대학은 Top 30위권 대학에 다니던 학생들이, Top 30위권 대학은 Top 60위권 전후 대학에 다니던 학생들이 합격했다. 즉 1~2년의 편입 공부로 대학 레벨을 1~2단계 올리는 것이다.

그러나 이렇게 대학 레벨을 1~2단계 올려도 취업이 어려운 것은 마찬가지다. 필자는 매번 강의실에서 편입은 짧고 굵게 끝내고 빨리 사회에 나올 준비를 하라고 조언한다. 하지만 학부 간판 때문에 스펙에서 밀려 취업이 잘 안 된다는 피해의식에 젖은 학생들에게 이런 말이 귀에 잘 들어오지 않는 것 같다.

결국 입시 현장에서 보면 100명이 편입을 준비하면 5명 정도가 목

> 🚩 **tip**
>
> ### 수학이나 영어를 잘하면 편입이 쉬울까?
>
> 편입에서 영어의 비중이 절대적으로 높고 상당히 어렵게 출제되므로 다른 과목은 못해도 영어만 잘하면 좋은 대학에 갈 수 있다고 생각하기 쉽다. 이렇게 생각하면 조기 유학으로 외국에서 중고등학교를 나오거나 영미권 대학에서 2년 정도 다니고 편입 시험에 응시하면 한국 Top 10 대학에 쉽게 편입할 수 있을 것 같지만, 실상은 그렇지 않다. 우선 해외파의 경우 문법이 약하고 SAT나 GRE 수준의 어려운 어휘 암기력도 약한 편이다. 또한 해외에서 어느 정도 성적이 나오는 학생들은 국내 대학으로 유턴할 이유가 별로 없다. 이 말은 곧 한국으로 돌아오는 학생들의 입시 경쟁력이 그리 높지 않다는 뜻이다. 공부 잘하는 아이들이 영어 시험을 잘 보는 것이지, 영어 회화 좀 하고 영어 수업을 좀 들을 수준의 청취력이 있다고 해서 어려운 영어 시험을 잘 보는 것은 아니다. 최상위권 대학 편입의 경우 해외파보다 국내 대학 Top 20권 학생들이 1~2년 동안 편입 영어 시험 공부를 열심히 해서 합격하는 사례가 훨씬 많다. 다른 과목은 못해도 영어 하나만 잘하면 어떻게든 살 길이 열린다는 막연한 생각이 현실에서는 그리 맞지 않다.
>
> 또한 주요 대학 자연 계열 편입 전형 과목은 대개 영어+수학이다. 수학 시험의 경우 대학 수학이 출제되는데, 많은 수험생이 편입 수학이 양은 많지만, 수능처럼 융합 사고를 해야 하고 여러 개념이 얽혀 있는 문제가 아니므로 기본 개념을 이해하고 문제를 풀 수 있는 능력이 있으면 충분히 공부해 볼 만한 수준이라고 말한다. 즉 편입 수학은 공부량이 많지만 성실하게 하면 수능 수학에 비해 좀 더 수월하게 접근할 수 있다는 평이다. 그래서 필자의 제자 중에는 고등학교 때는 문과였지만, 취업을 고려해서 편입 수학을 공부하여 이공계로 편입한 학생들도 꽤 있다.

표한 정도의 대학 레벨업을 하고, 20~30명은 이전에 다니던 대학에 비해 1~2단계 높은 대학에 가며, 나머지 절반 이상은 실패하고 이전 대학으로 돌아가는 학생들이 많다. 그래서 편입 입시를 시작하기 전에 공부 머리 테스트를 통해 내가 1~2년 동안 공부해서 어느 정도의 대학에 갈 수 있는지에 대해 냉정하게 평가 및 계산하고 도전할 필요가 있다.

또 다른 선택지를 찾아서 —
대학원과 유학

학벌을 업그레이드하고 싶다면? – 대학원

앞의 편입 이야기에서 이어지는 내용으로, 학벌에 신경이 많이 쓰이고 요즘 세상에 그래도 좋은 대학 졸업장이 있어야 한다고 생각한다면 대학원이라는 옵션도 생각해 볼 수 있다. 한 아이가 철학에 관심이 있어서 철학과에 가고 싶은데, 영어와 수학 점수가 잘 나오지 않아서 좋은 대학에 갈 수 없다면서 고민을 상담해 왔다. 이 아이의 부모님은 경제적 형편도 좋아서 아이가 하고 싶은 공부를 할 수 있도록 지원하겠다는 입장이셨고 아이는 가능하다면 Top 20위권 대학에 가고 싶다고 했다. 이런 경우 수능을 봐서 대입으로 Top 20위권 대학

철학과에 가기는 힘들지만, Top 20위권 대학원이라면 충분히 도전해 볼 만하다.

우리나라에서는 인문학이나 순수과학을 전공하면 취업이 잘 안 된다. 대학원을 나오고 박사 학위를 받아도 갈 수 있는 연구직이나 교수 자리는 매우 한정적이다. 이런 학과는 학부 졸업생은 20~30명이지만, 매년 2~3명 이상의 대학원생을 확보하기가 쉽지 않다. 그러다 보니 인문대나 비인기 학과의 대학원 입학 문턱은 대학에 비해 훨씬 낮다. 그래서 Top 3 대학의 인문대 대학원은 Top 20위권 졸업생이, Top 20 위권 대학원은 Top 50~60위권 졸업생이 충분히 도전할 수 있다.

앞의 학생의 경우 수능으로 목표한 대학에 가기 힘들다면 방송통신대학교나 사이버대학교, 또는 학점은행제 등을 활용해서 학사 학위를 취득한 후 곧바로 대학원 진학을 목표로 하는 것도 방법이다. 방통대나 사이버대, 학점은행제에는 철학과가 없지만, 어문 계열이나 상담심리 등 유사 전공을 공부하고 철학과 대학원에 진학할 수 있다. 진학하려는 대학원 시험 문제를 확보해서 공부하고 정식으로 지원하면 된다. 대학원에 가서 지도받고 싶은 교수님의 외부 강연을 부지런히 찾아 듣거나 저서를 읽고 적극적으로 진학 의사를 밝히면서 대학원에 진학 방법을 찾아볼 수도 있다. 학생이 부족해서 학과 존립 자체를 걱정해야 하는 인문학과 순수학문 전공 대학원이 많으므로 기본적인 자격을 갖추고 열심히 공부하려는 학생을 거부할 학교는 그리 많지 않다.

만약 우리나라에서 대학원 진학이 힘들다면 학사 학위를 바탕으로 외국 대학원에 도전해 볼 수도 있다. 외국 대학원도 순수학문 쪽은 학부에 비해 훨씬 문이 넓고 장학금 등 재정 지원도 학부보다 많을 수 있다. 이 경우 해당 국가의 외국어를 공부해야 하는 부담이 있지만, 수능과 재수나 삼수, 또는 편입을 통해 2~3년을 낭비하는 시간과 비용을 생각하면 충분히 도전해 볼 만하다.

tip

방송통신대학교와 사이버대학교

방송통신대학교는 직장인이나 만학도를 위한 국립 원격 대학교로, 4개 단과대학에 24개 학과가 있다. 4년간 140학점 이수가 졸업 기준이지만, 학점은행제 등을 통해 학점을 확보하고 2~3학년으로 편입하는 방법으로 졸업을 단축할 수 있다. 아무래도 공부에만 전념할 수 없는 학생들이 많아 졸업이 쉽지는 않으므로 입학 대비 졸업생 비율은 20% 전후로 알려져 있다. 사이버대학교는 사립대학이 운영하는 원격 대학교로, 학부뿐만 아니라 다양한 대학원 석사 과정 프로그램도 있다.

학비는 방통대가 1학기당 100~150만 원 정도이고 사이버대학교는 학점당 8만 원 전후로, 1학기에 20학점을 들으면 학비가 160만 원 전후다. 방통대는 출석 수업도 있지만 대부분이 온라인 수업으로 진행되므로 시간을 자유롭게 쓸 수 있다. 대신 방통대에서는 얼마나 자기 중심을 잡고 공부하느냐가 관건이다.

한국식 입시가 맞지 않으면? – 유학

중고등학교 때 한국식 입시 제도가 맞지 않아 입시로 승부를 볼 수 없을 거라는 판단이 들고 경제적 여유가 있다면 유학을 생각해 볼 수 있다. 이 경우 대부분 언어, 특히 영어가 관건이다. iBT 토플 점수 100점(120점 만점) 전후라면 웬만한 미국 대학의 입학 허가를 받는 것은 그리 어렵지 않다. 또한 영미권 대학뿐만 아니라 영어 점수를 바탕으로 일본이나 중국, 유럽 대학에 영어 전형으로 진학하는 방법도 있다. 이런 유학 상담을 해 주는 유학원이나 컨설팅 업체가 많으므로 인터넷 검색을 통해 몇 군데 설명회에 참석하고 상담을 받으면 많은 정보를 얻을 수 있다.

유학은 아이가 외국에 나가 수많은 유혹을 뿌리치고 열심히 공부하면서 언어와 문화 차이를 극복하고 잘 견딜 수 있느냐가 관건이다. 또한 그 나라에 잘 적응해서 현지 일자리를 얻으면 좋지만, 그렇지 않고 외국 생활 후 우리나라로 되돌아왔을 때 기반 잡기가 쉽지 않다는 것도 문제다. 최근에는 독일 등 학비가 많이 들지 않는 유럽 지역의 유학도 많은 관심을 끌고 있다. (독일은 우리나라 고등학교 내신과 수능 점수를 인정해 주는데, 과학 성적이 있어야 한다.) 하지만 유럽도 다른 영미권과 마찬가지로 입학보다 졸업이 어렵고 독일이나 유럽에서 자리 잡고 취업하지 않는 한 독일 학위를 가지고 우리나라에서 생활하거나 기반을 만들기가 쉽지는 않다. 결국 유학도 어느 방법을 취하느냐보다는 아이가 어떤 환경에서도 잘 적응하고 살아갈 수 있는 근성과 내공을 갖추었느냐가 관건이다.

와세다대학 국제교양학부와 일본 국립대 유학

와세다대학은 게이오대학과 함께 일본의 양대 명문 사학이다. 와세다대학과 게이오대학은 종종 우리나라의 고려대와 연세대에 비교되기도 한다. 서울대와 같은 학교는 도쿄대와 교토대로, 이들 대학에서는 모두 다수의 노벨상 수상자를 배출했다.

와세다대학의 국제교양학부(School of International Liberal Studies)에서는 매년 100여 명의 신입생을 선발하는데, 외국인도 지원할 수 있다. 2022학년도의 경우 312명이 지원하여 106명을 선발했다. 고등학교 졸업장과 토플 등의 영어 공인 성적, SAT나 한국 수능 점수 등이 있어야 하고 첫해 학비는 입학금 포함 160만 엔으로, 우리나라 돈으로 약 1,600만 원 수준이다.

와세다대학 이외에 APU(Asia Pacific University), 메이지대학 등 영어로 수업하고 영어로 전형을 진행하는 주요 대학도 있다. 중국 명문대에도 이런 과정이 있지만, 중국은 졸업 후 현지에서 취업이 쉽지 않다. 하지만 일본은 대졸 인력이 부족해서 현지 취업 가능성도 높은 편이다. 이외에도 일본 지방 국립대는 학생 수가 부족해서 해외 유학생을 적극 유치하고, 장학금 혜택도 많으며, 졸업 이후 취업 기회가 상당히 많다. 지방 국립대의 경우 영어 실력이 부족해도 일본어 능력만 되면 입학할 수 있는 학교가 많으므로 국어나 일본어에 강점이 있는 학생들은 적극적으로 활용해 볼 필요가 있다. 일본 유학에 관한 정보도 관련 유학원이나 어학원에서 쉽게 구할 수 있다.

새로운 선택지의 전제 조건 - 소신과 문제 해결 능력

필자의 특례 입시 제자 중 학원 모의고사에서는 거의 문과 최상위권이었지만, 입학 자격이 상위권 대학 몇 군데밖에 안 되는 학생이 있었다. 성적이 너무 좋아 합격을 낙관했는데, 아쉽게도 지원 자격이 되는 대학에서 모두 떨어지고 말았다. 재수와 편입 등 여러 가지 진로를 놓고 고민하다가 결국 호주 유학을 선택했고 최종적으로 세계

100대 대학에 드는 호주 맥쿼리대학교(Macquarie University)에 입학했다. 몇 년 후 필자에게 인사하러 찾아왔는데, 학점도 잘 나오고 장학금도 받으며 호주에서 잘 생활하고 있다고 했다.

어떻게 보면 앞에서 말한 수많은 선택지의 성공 여부는 아이의 역량에 달려있다. 시험 운이나 입시 운이 없거나, 공부의 때를 놓쳤어도 늦게 치고 나올 가능성이 있는 아이들에게는 수많은 선택지가 모두 유용할 수 있다. 흔히 '안에서 새는 바가지 밖에서도 샌다.'라고 한다. 우리나라에서 공부도 안 되고 입시에서도 잘 안 풀려서 등 떠밀리다시피 해외로 유학 간 아이들과 관련된 안 좋은 소식이 끊임없이 들려올 때는 무척 안타깝다.

또한 국영수 문제지 푸는 공부는 안 되더라도 아이가 ① 자기 소신이 뚜렷하고 ② 어느 환경에서나 잘 적응하면서 문제를 해결하는 능력이 있으며 ③ 작은 실패를 뚫고 앞으로 나아갈 수 있는 근성이 있다면 수능 이외에도 수많은 선택지가 있다. 하지만 가장 중요한 이 3가지가 없으면 이 모든 선택지는 그림의 떡일 뿐이다.

이런 현실을 고려해 보면 초중등 때 인지 공부가 안 되는 아이들에게는 문제지 푸는 공부가 아니라 내가 왜 살아야 하는지에 대한 인문학 교육과 다른 사람과의 소통 능력을 높이는 훈련을 더 시켜야 한다. 근성과 소통 능력이 되는 아이들은 세계 어디에서도 자기 길을 찾고 나름의 방법으로 살아남을 수 있기 때문이다. 이런 맥락에서 필자는 10여 년 전부터 필자가 집필한《하루 15분 인문학 지혜 독서법》

과 《탈무드식 역사 토론》을 통해 지혜 교육과 소통 교육을 강조하고 뜻을 같이하는 가정들과 함께 실천해 왔다. 관심 있는 독자들은 필자의 블로그에 있는 여러 활동을 보고 이런 실천에 동참해 볼 수 있다.

서울대 대학원도 미달인 교육 현실

2023년 10월 18일 서울대가 국회 강득구 의원실에 제출한 '학과별 신입생·재학생 충원율'에 따르면 2023학년도 서울대 자연과학대학은 석사 과정 신입생을 선발한 12개 학과 중 6개 학과에서, 박사 과정은 13개 학과 중 8개 학과에서, 석박사 통합 과정은 12개 학과 중 8개 학과에서 미달되었다. 자연대 물리학 전공 석박사 통합 과정은 2020년 등록률이 79.1%였지만, 2023학년도에는 72.9%로 낮아졌다. 공대도 석사 과정은 16개 학과 중 10개가, 박사 과정은 16개 학과 중 8개가, 석박사 통합 과정은 14개 학과 중 13개가 정원을 채우지 못했다. 물론 서울대에서는 미달이어도 실력이 안 되는 학생은 뽑지 않을 가능성이 있다. 하지만 우리나라 최고 학부와 대학원이 있는 서울대도 이런 상황인데, 다른 대학의 대학원과 비인기 학과 대학원의 미래는 어느 정도인지 서울대 통계를 보고 짐작할 수 있다.

대안학교는
과연 대안이 될 수 있을까?

오해를 벗고 다양한 성과를 내기 시작한 대안학교

지난 20년간 우리나라에서 대안학교와 홈스쿨링은 꾸준히 발전하면서 하나의 교육적 대안으로 자리를 잡았다. 하지만 이러한 교육 형태는 여전히 평범한 가정에서는 쉽게 선택할 수 없는 옵션이다.

1 │ 대안학교의 역사

우리나라에 '대안학교'라는 이름이 알려지게 된 계기는 1992년 MBC 다큐멘터리에서 영국의 서머힐학교(Summerhill School)가 소개되면서였다. 영국 서퍽 주(Suffolk County)에 위치한 서머힐은 알렉산더

닐(Alexander S. Neill)이 '세상에서 가장 자유롭고 행복한 학교'를 지향하며 설립한 학교였다. 이후 우리나라에서도 종교, 생태, 평화, 인권, 아이 중심, 공동체 의식과 같은 새로운 가치를 지향하는 교사나 부모들이 1998년부터 1세대 대안학교를 만들었는데, 영산성지학교(전남 영광, 원불교 계통)와 간디학교 등이 대표적이다. 대안학교는 기존 제도권 교육에 대한 또 하나의 '대안'을 제시한다는 의미지만, 개념상 의미가 모호해서 일부에서는 '민주학교'라고 부르는 것이 좋다는 의견도 있다.

시간의 흐름 속에 대안학교는 이제 적어도 기존 학교에 적응하지 못하는 문제 학생들이 가는 곳이라는 오해에서는 자유로워졌다. 많은 유명 인사들이 자녀를 대안학교에 보내기도 하고 대안학교 졸업생들이 사회적으로 주목받는 경우도 많아지고 있다. 대안학교 최초로 서울대 합격자를 배출한 성남의 이우학교도 있고 광주광역시에 있는 비인가 대안학교*인 지혜학교를 졸업한 심지환 군이 2018년도 수능에서 만점을 받고 서울대 경제학과에 진학하기도 했다. 물론 대안교육의 목표가 입시는 아니지만, 이런 사례는 인지 능력이 탁월한 학생은 대안교육을 받아도 입시 쪽 경쟁력이 있다는 방증이기도 하다.

✦ **비인가 대안학교**: 교육부의 인가를 받지 않은 대안학교. 인가를 받지 않아 학력이 인정되지 않는 대신 정부의 감독이 없어 교육의 자율성을 가지고 있다. 보통 검정고시를 처러 학력을 인정받는다.

2 | 대안학교 비용

최근에는 비인가 대안학교를 중심으로 부담스러운 교육비가 논란이 되어 '대안귀족학교'라는 오해가 생기기도 했다. 하지만 비인가 대안학교는 정부의 지원을 전혀 받지 않으므로 학교 부지와 건물, 교사 인건비, 유지비 등 학교 운영에 필요한 거의 모든 비용을 설립자나 교육 참여자들의 기부금과 수업료에 의존할 수밖에 없다. 후원 구조가 잘 갖춰져서 예탁금이나 기부금이 없거나 월 30만 원 미만의 수업료를 내는 학교도 있다. 반면 200만~600만 원의 예탁금이나 출자금에 연간 1,000만 원 전후의 운영 지원금과 기부금을 내는 학교도 있다.

대표적인 대안학교

비인가 대안학교 중 유명한 학교는 거침없는우다다학교(중고, 부산, 통학), 대안교육공간 민들레(학년 구분 없는 사랑방 형태, 서울, 통학), 금산간디학교(중고, 충남, 기숙), 꽃피는학교(고등, 서울, 통학), 꿈꾸는아이들의학교(중고, 서울, 통학), 더불어가는배움터길학교(중고, 경기, 통학), 풀이학교(중고, 서울, 통학), 은평씨앗학교(중등, 서울, 통학), 제천간디학교(중고, 충북, 기숙), 꽃피는학교(하남, 부산, 대전에 유, 초등 과정, 충북 옥천에 중등 과정, 서울에 고등 과정), 지혜학교(중고, 광주, 기숙), 청계자유발도르프학교(초중고, 경기, 통학), 푸른숲발도르프학교(초중고, 경기, 통학), 성미산학교(초중고, 서울, 통학), 마이폴학교(초중고, 충북, 기숙) 등이 있다.

성미산학교의 경우 지역 공동체와 학부모 공동체의 연계가 튼튼한 것으로 유명하고 많은 지자체의 벤치마킹 대상이 되기도 한다. 마이폴학교(이전 명칭은 폴수학학교)는 유일하게 수학을 중점으로 한 대안학교다. 종교 재단을 중심으로 영어 중심 수업과 외국 대학 진학을 목표로 하는 국제학교 형태의 대안학교는 많았지만, 수학을 중심으로 한 대안학교는 마이폴학교가 처음이었다. 마이폴학교는 카이스트 박사 출신의 박왕근 교장이 충북 괴산군에 기숙학교로 설립했는데, 학생들은 자신이 관심 있는 주제로 연구 논문을 쓰며 그 안에서 수학적 사고를 녹여내는 훈련을 한다. 최근에는 고학년 재학 중 독학사와 학점은행제로 학부 과정을 공부하고 바로 이공계 대학원으로 진학하는 사례도 나오고 있다. 중고등 6년 동안 기존의 커리큘럼이 아닌 학생 중심의 연구 수업을 했을 때 어느 수준까지 아이들이 도달할 수 있는지를 보여주는 의미 있는 결과라고 할 수 있다. 그리고 광주광역시의 지혜학교는 인문학과 토론 수업을 중심으로 하는 대안학교로, 학생들이 사회 문제에도 적극적으로 관심을 두고 참여하거나 본인이 관심 있는 주제로 논문을 쓰는 것으로 유명하다.

학력 인정 대안학교인 이우학교(경기도 성남시)   수학 연구 중심 대안학교인 마이폴학교(충북 괴산군)

주요 비인가 대안학교

대안학교	위치	URL	특징
마이폴학교	충북 괴산군	www.mypaul.org	• 수학, 과학 연구 중심의 초중고 기숙 대안학교로, 2014년에 폴수학학교로 개교했다. • 학생 중심, 연구 중심 커리큘럼으로 운영된다.
서울국제 크리스천 아카데미 (SICA)	서울시 서초구, 경기도 여주시	www.sicakorea.org	• 세 아이를 홈스쿨로 키우고 홈스쿨 청소년 오케스트라를 이끌던 이경원 원장이 설립한 기독교 고전 교육 기관으로, 학원으로 등록되어 있다. • 유치원과 초등 과정은 서초구 양재동에, 중고 등 과정은 경기도 여주시에 있다.
성미산학교	서울시 마포구	sungmisan.modoo.at	• 1994년 마포 성미산 일대의 공동육아공동체에서 시작한 비인가 대안학교이다. • 마을공동체에서 자생적으로 생긴 대안학교로, 생태 교육과 자기 주도 학습에 초점을 두고 있다. • 초중고 전 과정으로 운영된다.
양평자유 발도르프학교	경기도 양평군	www.yangpyeongfreeschool.org	• 햇살아래발도르프어린이집에서 시작하여 2018년 개교했다. • 박규현 교장을 중심으로 동서통합인지학당 등 부모와 교사의 학습 공동체가 잘 형성되어 있다.
청계자유 발도르프학교	경기도 의왕시	www.cgfreeschool.kr	• 2002년에 설립된 우리나라에서 규모가 가장 큰 발도르프학교이다. • 2002년 과천자유학교로 시작하여 2011년 이후 의왕시로 이전했다.

대안학교를 선택할 때 고려할 점

아이가 기존 제도권 학교에 잘 적응하지 못하거나 현재 학교 교육이 많이 아쉽다면 아이를 대안학교에 보낼까 생각하기도 한다. 하지만 막상 대안학교를 알아보고 참여하는 과정에서 상당한 노력과 정성이 필요한 경우가 많다. 게다가 비인가 대안학교의 경우에는 사교육을 시키는 것 못지않게 경제적 투자를 해야 할 수도 있다. 그러면 대안학교를 고려하는 부모들이 점검해야 할 것은 무엇일까?

1 | 누가 대안학교에 가기를 원했나?

간혹 대안학교 졸업생이나 홈스쿨링을 한 아이들 중에는 부모가 왜 자기를 그 학교에 보냈는지, 왜 홈스쿨링을 시켰는지 불만을 가지는 학생들이 있다. 종교적 성향의 대안학교일수록 아이가 아니라 부모가 학교를 선택하는 경우가 많다. 그런데 학교는 결국 부모가 아니라 아이가 다녀야 한다. 대안학교는 아이가 기존 학교에서 불편하고 행복하지 않아 대안을 찾는 과정에서 출발하는 것이 가장 좋다. 이럴 때 부모가 이런 학교나 이런 방법도 있다고 제시해 줄 수 있다. 부모 입장에서 아이가 다니고 있는 학교가 불편하고 이건 아닌 것 같다는 생각에 가기 싫다는 아이를 억지로 대안학교에 보낼 필요는 없다.

2 | 대안학교의 건학 이념과 교육 철학을 충분히 공부해야 한다

대안학교의 건학 이념과 교육 철학은 아이뿐만 아니라 부모도 공부해야 한다. 이 공부를 부모와 아이가 함께 공유하지 않으면 학교를 보내는 동안 여러 가지 문제로 갈등하고 아이를 계속 학교에 보내야 할지를 고민할 수도 있다. 이런 부분 때문에 대부분의 대안학교에서는 부모 교육을 강조하고 학생뿐만 아니라 부모를 면접하는 경우가 많다. 입학 이후에도 부모가 재정적인 후원뿐만 아니라 여러 가지 형태로 아이 교육에 참여할 기회가 많다. 따라서 단순히 그 학교의 지향점이나 가치관이 좋아서 아이를 맡긴다는 마음으로 대안학교를 선택해서는 곤란하다. 본인이 교육의 주체로서 분명한 역할을 하겠다는 마음가짐과 헌신이 있을 때 대안학교를 보낸 목적을 온전히 달성할 수 있다.

3 | 교육 목표를 분명히 해야 한다

유명한 비인가 대안학교에 아이 둘을 보내는 지인은 "아이가 학교 가기 좋아하고 행복해한다. 난 그거면 된다. 대학은 가도 좋고 안 가도 좋다. 아이가 즐거워하고 행복하다면 다른 것은 다 내려놓을 수 있다."고 말한다. 어떻게 보면 이처럼 분명한 자기 소신과 자녀 교육에 대한 목표가 있어야 대안학교라는 선택을 후회하지 않을 수 있다. 대안학교에 보낸다는 것은 지금의 입시 위주 교육에서 탈피하고 대학 합격을 넘어 자녀 교육의 큰 그림을 그린다는 뜻이다.

　최근에는 대안학교에서도 다양한 입시 대안을 갖추고 있다. 국내 대학 이외에 해외 대학으로 진학하기도 하고 대안학교에서 일반 학교로 전학을 가거나 검정고시 후 수능을 봐서 어느 정도 의미 있는 성적을 내기도 한다. 하지만 대안교육에서 입시는 부수적인 부분이다. 입시를 넘어서는 분명한 교육적 가치를 찾지 못한다면 대안학교를 다니는 내내 과연 잘하는 일인지 고민할 수 있다.

tip

학력이 인정되는 인가 대안학교

2023년 3월 기준으로 교육부에서 발표한 전국의 인가 대안학교는 다음과 같다. 인가 대안학교는 비인가 학교와는 달리 학력이 인정되므로 검정고시를 보지 않고도 상급 학교나 대학에 진학할 수 있다. 그 대신 학교가 정부의 지휘 감독을 받아야 하므로 학사 운영이나 교육 자율성에는 나름의 제약이 있다. 이런 이유로 많은 대안학교가 인가를 받지 않고 비인가 형태로 운영되기도 한다. 비인가 학교는 검정고시를 통해 학력을 인정받아야 상급 학교나 대학에 진학할 수 있다.

1. 대안교육 (학력 인정) 각종학교(51개교: 공립 22, 사립 29)

시도	학교(과정)	설립 구분	설립 연도	소재지
서울(4)	서울다솜관광고등학교(고)	공립	2012년	종로구 숭인동
	서울실용음악학교(고)	사립	2009년	중구 신당동
	여명학교(고)	사립	2010년	중구 남산동
	지구촌학교(초)	사립	2012년	구로구 오류동
경기(11)	경기새울학교(중)	공립	2013년	이천시 율면
	광성드림학교(초, 중 통합)	사립	2014년	고양시 일산서구
	군서미래국제학교	공립	2021년	시흥시 정왕동
	노비따스음악중고등학교 (중, 고 통합)	사립	2019년	가평군 설악면

시도	학교(과정)	설립 구분	설립 연도	소재지
경기	새나래학교(중, 고 통합)	사립	2011년	용인시 처인구
	쉐마기독학교(초, 중, 고 통합)	사립	2011년	양주시 은현면
	신나는학교(중, 고 통합)	공립	2022년	안성시 보개면
	중앙예닮학교(중, 고 통합)	사립	2018년	용인시 수지구
	티엘비유글로벌학교(초, 중 통합)	사립	2008년	고양시 수정구
	하늘꿈중고등학교(중, 고 통합)	사립	2016년	성남시 전곡읍
	화요일아침예술학교(고)	사립	2011년	연천군 덕양구
인천(3)	인천청담학교(고)	사립	2011년	연수구 동춘동
	인천한누리학교(초, 중, 고 통합)	공립	2013년	남동구 논현동
	인천해밀학교(중, 고 통합)	공립	2012년	남동 구월동
강원(2)	노천초등학교(초)	공립	2019년	홍천군 동면
	해밀학교(중)	사립	2018년	홍천군 남면
경북(6)	글로벌선진학교 문경(중, 고 통합)	사립	2013년	문경시 영순면
	나무와중학교(중)	사립	2014년	영천시 대창면
	대경문화예술고등학교(고)	사립	2017년	경산시 자인면
	링컨중고등학교(중, 고 통합)	사립	2017년	김천시 대덕면
	산자연중학교(중)	사립	2014년	영천시 화북면
	한동글로벌학교(초, 중, 고 통합)	사립	2011년	포항시 북구
경남(6)	고성음악고등학교(고)	공립	2017년	고성군 하일면
	거창연극고등학교(고)	공립	2020년	거창군 위천면
	꿈키움중학교(중)	공립	2014년	진주시 이반성면
	김해금곡고등학교(고)	공립	2020년	김해시 한림면
	남해보물섬고등학교(고)	공립	2021년	남해군 창선면
	밀양영화고등학교(고)	공립	2017년	밀양시 상남면
광주(1)	월광기독학교(초)	사립	2014년	서구 화정동
대구(1)	대구해올고등학교(고)	공립	2018년	달서구 성당동

시도	학교(과정)	설립 구분	설립 연도	소재지
대전(2)	새소리음악고등학교(고)	사립	2012년	서구 도마동
	새소리음악중학교(중)	사립	2017년	서구 도마동
부산(2)	송정중학교(중)	공립	2019년	강서구 송정동
	장대현중고등학교	사립	2023년	강서구 신호동
울산(1)	울산고운중학교(중)	공립	2021년	울주군 두서면
전남(4)	성요셉상호문화고등학교(고)	사립	2018년	강진군 강진읍
	송강고등학교(고)	공립	2021년	담양군 봉산면
	월광기독학교(중, 고 통합)	사립	2018년	함평군 대동면
	이음학교	공립	2020년	광양시 광양읍
충북(5)	글로벌선진학교(중, 고 통합)	사립	2011년	음성군 원남면
	다다예술학교(초, 중 통합)	사립	2017년	청주시 상당구
	은여울중학교(중)	공립	2017년	진천군 문백면
	은여울고등학교(고)	공립	2021년	진천군 문백면
	한국폴리텍다솜학교(고)	사립	2012년	제천시 강제동
충남(3)	드림학교(고)	사립	2018년	천안시 동남구
	여해학교(중)	공립	2013년	아산시 염치읍
	충남다사랑학교(고)	공립	2019년	아산시 둔포면

• 자료 출처: 교육부 보고 자료, 이하 동일

2. 대안교육 특성화중학교(19개교: 공립 5, 사립 14)

지역	중학교	설립 구분	지정 연도	소재지
경기(5)	두레자연중학교	사립	2003년	화성시 우정읍
	이우중학교	사립	2003년	성남시 분당구
	중앙기독중학교	사립	2006년	수원시 영통구
	한겨레중학교	사립	2006년	안성시 죽산면
	헌산중학교	사립	2003년	용인시 처인구

지역	중학교	설립 구분	지정 연도	소재지
강원(2)	가정중학교	공립	2017년	춘천시 남면
	팔렬중학교	사립	2011년	홍천군 내촌면
경남(2)	남해상주중학교	사립	2015년	남해군 상주면
	대병중학교	사립	2021년	합천군 대병면
광주(2)	살레시오여자중학교	사립	2022년	동구 지산동
	평동중학교	공립	2014년	광산구 용동
대구(2)	가창중학교	사립	2018년	달성군 가창면
	한울안중학교	사립	2018년	달성군 현풍읍
전북(2)	전북동화중학교	공립	2009년	정읍시 태인면
	지평선중학교	사립	2002년	김제시 성덕면
전남(4)	나산실용예술중학교	공립	2018년	함평군 나산면
	성지송학중학교	사립	2002년	영광군 군서면
	용정중학교	사립	2003년	보성군 미력면
	청람중학교	공립	2013년	강진군 군동면

3. 대안교육 특성화고등학교(25개교: 공립 5, 사립 20)

지역	고등학교	설립 구분	지정 연도	소재지
경기(4)	경기대명고등학교	공립	2002년	수원시 권선구
	두레자연고등학교	사립	1999년	화성시 우정읍
	이우고등학교	사립	2003년	성남시 분당구
	한겨레고등학교	사립	2006년	안성시 죽산면
인천(1)	산마을고등학교	사립	2000년	강화군 양도면
강원(3)	전인고등학교	사립	2005년	춘천시 동산면
	팔렬고등학교	사립	2006년	홍천군 내촌면
	현천고등학교	공립	2014년	횡성군 둔내면
경북(1)	경주화랑고등학교	사립	1998년	경주시 양북면

지역	고등학교	설립 구분	지정 연도	소재지
경남(4)	간디고등학교	사립	1998년	산청군 신안면
	지리산고등학교	사립	2004년	산청군 단성면
	태봉고등학교	공립	2010년	창원시 마산합포구
	합천평화고등학교	사립	1998년	합천군 적중면
광주(1)	동명고등학교	사립	1999년	광산구 서봉동
대구(1)	달구벌고등학교	사립	2003년	동구 덕공동
전북(4)	고산고등학교	공립	2018년	완주군 고산면
	세인고등학교	사립	1999년	완주군 화산면
	지평선고등학교	사립	2009년	김제시 성덕면
	푸른꿈고등학교	사립	1999년	무주군 안성면
전남(3)	한빛고등학교	사립	1998년	담양군 대전면
	한울고등학교	공립	2012년	곡성군 목사동면
	영산성지고등학교	사립	1998년	영광군 백수읍
충북(1)	양업고등학교	사립	1998년	청주시 흥덕구
충남(2)	공동체비전고등학교	사립	2003년	서천군 서천읍
	한마음고등학교	사립	2003년	천안시 동남구

• **대안학교**: 초중등교육법 제60조 3에 따라 시도 교육감의 설립 및 인가를 받아 운영되는 각종학교
로, 학력을 인정한다.
미인가, 미등록 대안교육 시설: 초중등교육법 제4조에 따른 인가나 대안교육기관법 제5조에 따른
등록을 하지 아니한 교육 시설로, 학력을 인정하지 않는다.

사회적 인식이 개선된
홈스쿨링

홈스쿨링도 대안교육과 함께 지난 20여 년간 꾸준히 자리 잡아 온 또 하나의 교육 형태다. 홈스쿨링을 하는 학생들은 집에서만 공부하는 것이 아니라 다양한 사회 경험을 하고 지역 사회 교육 시설이나 학원을 통해 배우기도 한다. 그러므로 홈스쿨링이라기보다 학교 밖 교육을 뜻하는 '언스쿨링(Unschooling)'이라고 불러야 하는데, '홈스쿨링'이 더 보편화된 용어이므로 이 책에서는 '홈스쿨링'이라는 용어를 계속 사용하도록 하겠다.

서구 선진국 중에서 미국, 영국, 핀란드 등은 홈스쿨링을 인정하고 독일이나 스웨덴은 홈스쿨링을 인정하지 않는다. 독일은 학교에 보내지 않는 부모를 법으로 제재하기도 한다. 최근 유명 인사들이 자녀들을 홈스쿨링하거나 홈스쿨링 출신 아이들이 연예계를 중심으로 방송에 많이 소개되면서 홈스쿨링에 대한 사회적 인식도 크게 좋아졌다.

대표적으로 케이팝 스타 출신으로 인기 가수로 자리 잡은 악동뮤지션(악뮤, AKMU)의 찬혁, 수현 남매와 슈퍼스타K 6 우승자 곽진언 씨도 홈스쿨링을 했다. 천재 소년으로 알려진 송유근 군도 홈스쿨링을 했고 비슷한 사례로 언어나 예술 분야에서 천재성을 보이는 아이들의 홈스쿨링 사례도 많이 보도되고 있다. 이는 우리나라뿐만 아니라 다른 나라도 마찬가지인데, 미국의 경우 그래미상 11회 수상의 역사를 쓴 여가수 테일러 스위프트(Taylor Swift), 영화 〈해리포터 시리즈〉의 헤르미온느 역할의 엠마 왓슨(Emma Watson)이 대표적인 홈스쿨러다. 흥미롭게도 이 두 사람 모두 사회적인 문제에 관심이 많고 불의에 저항하는 목소리를 소신껏 내고 있다.

우리나라에서 홈스쿨링하는 방법

초중등 교육이 의무 교육인 우리나라에서는 원칙적으로 초중등 연령의 자녀를 학교에 보내지 않으면 문제가 된다. 그래서 홈스쿨링을 하는 가정의 경우 초등학교는 입학 통지서를 받은 이후 입학 유예를 신청한 다음 계속 갱신하고 중학교는 유예 신청을 한 뒤 전체 수업 일수 1/3 결석이 되면 '정원 외 관리자'로 분류되어 검정고시에 응시하는 방법을 사용하고 있다. 고등학교 과정은 법률상 의무 교육이 아니어서 자퇴하고 혼자 공부하거나 검정고시를 봐서 대학에 진학해도 전혀 문제가 되지 않는다.

홈스쿨링의 동기와 장단점

1 | 홈스쿨링의 동기

각 가정에서 홈스쿨링을 하게 되는 동기는 다양하다. 기존 학교나 제도권 교육에 대한 거부감도 있고 종교나 사상적 신념이 달라서 일반 학교에 아이를 보내기 싫어하는 예도 있다. 또한 '미래 사회에서 살아갈 아이들이 지금의 획일적인 공장식 교육 체제에서 생존력을 기를 수 있을까?'라는 깊은 고민에서 홈스쿨링을 시작하거나 아이가 학교에 가서 친구로부터 게임이나 화장 등 부모가 원치 않는 영향을 받는 것이 싫어서 홈스쿨링을 생각하는 예도 있다.

최근에는 부모의 소신보다 아이들이 학교에 가기 싫어해서 어쩔 수 없이 홈스쿨링 같은 대안을 모색하는 가정도 점점 늘고 있다. 우리나라는 집단 따돌림이나 학교 폭력 문제가 많고 미국은 총기 사고나 마약 등의 문제가 추가되기도 한다.

홈스쿨링에 대한 평가는 매우 다양하고 교육적 효과나 의미에 대해서도 다양한 논쟁이 있다. 이것은 우리나라뿐만 아니라 홈스쿨링을 교육제도의 하나로 인정하는 미국도 마찬가지다.

2 | 홈스쿨링의 장점

- 아이의 학습 능력에 따라 맞춤형으로 교육할 수 있다.
- 시간을 자유롭게 활용할 수 있다. 특히 평일 낮에 박물관, 미술관, 도서관 등 학교 밖 교육 시설을 다양하게 활용할 수 있다.
- 특정 분야에 재능 있는 아이들이 불필요한 범용 교육을 받기 위해 시간을 낭비하지 않고 자기 재능에 집중할 수 있다.
- 아이가 어느 정도 클 때까지 또래 아이들과의 비교나 경쟁에서 벗어날 수 있고 상업적 유행이나 나쁜 습관 등 안 좋은 영향을 차단할 수 있다.
- 획일적 사고방식에서 벗어나 다양한 경험을 통해 새로운 안목을 기를 수 있고 창의적으로 사고할 수 있다.

3 | 홈스쿨링의 단점

- 아이가 사회성이 부족해지고 나중에 사회 적응력이 떨어질 수 있다.
- 부모의 신념을 빌미로 아이가 정상적으로 교육받을 수 있는 권리를 제약할 수 있다.
- 읽기, 쓰기, 단순 계산 능력 이상의 전문 교육을 받을 수 없다. 일반적으로 수학, 과학 등의 전문 분야는 부모가 가르치기 힘들다.
- 진로 선택의 폭이 좁아지고 대학을 나와도 전문직을 얻기가 쉽지 않다.

- 시간적으로나 경제적으로 여유 있는 가정이 아니면 쉽게 적용할 수 있는 교육 모델이 아니다.
- 아이가 어느 정도 클 때까지 부모가 직접 집에서 가르치거나 체험 교육을 하러 아이를 데리고 다녀야 하므로 부모의 부담이 상당히 크다.
- 홈스쿨링을 명분으로 일부 부모들의 아동 학대나 방치 등 사회적 문제가 발생할 수 있다.

개인적으로 필자 주변에는 홈스쿨링을 하는 가정이 상당히 많다. 대부분 유대인 자녀 교육 원리를 한국적으로 적용하려는 셰마(Shema) 교육이나 기독교 계통의 홈스쿨링이다. 이런 홈스쿨링을 하는 가정을 보면 대체로 부모나 아이 모두 만족하는 편이다. 이제는 어려서부터 홈스쿨링으로 성장하여 결혼하고 사회생활을 하는 아이들도 있는데, 이들은 대부분 제도권 교육을 받은 아이들과 크게 다르지 않은 삶을 살고 있다.

홈스쿨링으로 입시에 성공한 사례도 간혹 있지만, 몇몇 천재적인 아이들을 제외하고는 홈스쿨링으로 명문대에 진학하거나 전문직을 얻기는 쉽지 않다. 하지만 반대로 생각해 보면 명문대 진학이나 전문직 진출은 제도권 교육을 받은 아이들에게도 상위 1% 미만의 좁은 문이다. 평범한 대한민국 국민으로 사는 데는 제도권 교육을 받으나 홈스쿨링을 하나 큰 차이는 없어 보인다.

홈스쿨링을 하면 주변에서 아이들이 너무 순하게 자라서 독한 사회 현실에 잘 적응하지 못하거나 또래 친구와 관계 맺기가 어려워 사회생활이 힘들 거라고 우려하는 목소리를 듣게 된다. 하지만 사회성이나 소통 능력은 홈스쿨링 여부와 관계없이 개인의 성향에 의해 좌우되는 경우가 많다. 대개 홈스쿨러들은 위아래 5살은 친구로 생각하고 같이 놀거나 협력하며 어른들과 잘 소통하는 아이들도 많다. 요즘에는 각종 동호회나 스포츠 모임 등 다양한 사회적 관계를 맺을 수 있는 통로가 많다. 따라서 홈스쿨러는 사회성이 없다는 생각은 가장 대표적인 편견인 것이다.

반대로 생각해 보자. 제도권 학교에서 12년 교육을 받으면 또래 관계가 좋고 독한 사회(남자아이들의 경우 군대와 같은 조직 문화)에 적응하는 능력이 자연스럽게 길러질까? 사회성이나 소통 능력은 홈스쿨 여부와 관계없이 본인이 노력에 따라 크게 좌우되는 인성 영역이라고 할 수 있다.

홈스쿨링을 선택할 때 고려할 점

1 | 누가 홈스쿨링을 원했고 홈스쿨링하는 근본적인 동기가 무엇인가?

서덕희 교수의 《홈스쿨링을 만나다》는 홈스쿨러들과의 1:1 인터뷰와 같은 질적 연구 방법론을 통해 홈스쿨링의 가능성과 한계를 점검한 책이다. 이 책에는 부모가 자기를 학교에 보내지 않은 것을 원망하며 뒤늦게 수험생활을 하는 홈스쿨러의 이야기도 나온다. 아이가 원해서가 아니라 부모의 강요로 교육할 때 생길 수 있는 부작용은 제도권 교육이나 비제도권 교육이나 마찬가지다.

필자가 관찰한 만족도가 높은 홈스쿨링 사례를 살펴보면 부모가 처음부터 홈스쿨링을 하려고 해서 한 게 아니라 여러 가지 사정으로 어쩔 수 없이 홈스쿨링을 하게 된 경우가 많다. 악동뮤지션의 찬혁, 수현 남매도 선교사였던 부모님을 따라 몽골에 간 후 마땅히 갈만한 학교가 없어서 홈스쿨링을 시작했다. 최연소 변호사 손빈희 씨를 키운 황석호, 윤미경 부부도 재혼 가정에 대한 편견이 싫어서 중국으로 갔고 그곳에서 어쩔 수 없이 홈스쿨링을 시도한 경우였다. 유튜브에서 홈스쿨대디로 활동 중인 김용성 교수도 큰아이가 학교생활을 힘들어해서 여러 가지 대안학교를 알아보다가 홈스쿨링으로 방향을 선회하고 이후 두 동생도 동참한 경우다. 이런 경험을 볼 때 홈스쿨링을 생각하고 있는 가정도 우선은 아이가 어린이집이나 유치원, 학교생활을 경험할 수 있게 하고 아이의 적응도나 반응을 지켜보다가 최종적으로 어떤 교육을 선택할지 결정하는 유연성을 갖는 것이 좋다.

어떤 지인은 아이 셋 모두 홈스쿨링을 하려고 준비하고 있었다. 그런데 큰아이는 학교에 가서 친구들과 노는 것을 너무 좋아해서 그냥 학교에 보냈고 얌전한 성향의 둘째와 셋째도 학교에서 내준 숙제를 잘하고 학교 도서관에서 책 보는 것을 좋아해서 역시 포기했다고 한다. 이렇게 아이들이 학교에 잘 적응한다면 뭐가 문제겠는가? 홈스쿨링은 아이들을 행복하게 키우려고 하는 교육 방법의 하나지 그 자체가 목적이 아니다. 홈스쿨링은 우리 가정이 지향하는 올바른 교육적 목적을 이루기 위한 하나의 도구로 활용할 때 의미가 있을 것이다.

2 | 부모가 아이에게 전하려는 확실한 신념과 교육 내용이 있는가?

홈스쿨링을 하면 시간이 많아서 자칫 게을러지기 쉽다. 학교에 안 가면 확실히 아침 기상 시간이 늦어지고 이래저래 낭비하는 시간이 많아질 수 있다. 그리고 아이가 천재가 아닌 이상 학교에서 하는 인지 교육 내용 전체를 홈스쿨링으로 따라가려면 상당한 무리가 있다. 홈스쿨링으로 다양한 체험도 하고 제도권 교육도 따라잡겠다는 것은 욕심일 수 있다. 결국 가정에서 가장 중요하게 생각하는 한두 가지에 집중해야 한다.

아빠가 프리랜서라 시간을 자유롭게 쓸 수 있고 기독교 신앙을 가진 한 지인 가정은 아이 둘과 아주 만족스럽게 홈스쿨링을 진행하고 있다. 아침에 일어나면 우선 모든 가족이 성경을 한글과 영어로 읽으면서 내용을 같이 공부하고 의견을 나눈다. 그리고 함께 성가를 부르고 악기를 연주하면서 노래도 배운다. 이후 체조 등 같이 운동하고 아침 식사는 과일로 대신한 후 정리하면 벌써 11시쯤 된다고 한다.

점심을 같이 먹고 나서 오후 시간에는 각자의 일을 한다. 아빠는 외부 미팅을 가거나 자기 일을 하고 엄마는 집안일을 한다. 아이들은 놀고 싶으면 놀고 본인이 읽고 싶은 책이 있으면 집중해서 읽는다. 태권도학원이나 피아노학원, 수학학원도 이 시간을 이용해서 간다. 그리고 저녁 7시에 가족이 다시 모인 후 같이 식사하면서 하루 동안 있었던 일을 이야기하고 주위를 정리한 뒤 잔다.

아빠가 가장 신경 쓰는 것은 아이들의 신앙적 삶이고 인지적인 면에서 한글 성경과 영어 성경을 함께 공부한다. 자신만의 확고한 신념과 가치관을 가지고 중심 잡고 사는 것 이외에 다른 것은 기대하지 않는다. 대학은 가도 좋고 안 가도 좋다고 한다. 재미있게도 이렇게 홈스쿨링을 해 보니 부모와 아이 모두 바쁘다고 한다. 오전 시간에 매일 가족이 같이 해야 하는 필수 일과가 있으니 자기가 하고 싶은 일은 오후나 초저녁 시간에 집중해서 해야 하기 때문이다.

홈스쿨링이 만족스러워지려면 바로 이런 모습이 있어야 한다. 가족이 함께해야 할 일이 너무 많아서 학교 갈 시간이 없는 게 이상적인 모습이다. "가족이 같이 모여 공부하고, 운동하고, 각자 자기 하고 싶은 일을 해야 해서 학교까지 왔다 갔다 할 시간이 없어요!"라는 말이 나와야 한다.

집단 따돌림이, 학교 폭력이, 학교에서 배워오는 나쁜 것들이 싫어서 홈스쿨링을 시작했는데, 막상 뭘 해야 할지 모른다면 홈스쿨링을 지속하기가 쉽지 않다. 우선 학교에 다녔을 때 문제라고 생각하는 것들의 해결책을 하나하나 찾아보는 것이 나을 수 있다. 결론적으로 말한다면 학교가 싫어서 홈스쿨링을 한다는 회피 목적이나 수동적 동기로 홈스쿨링을 시작하는 것은 문제가 있다. 우리 집에서 해야 할 것이 너무 많아서 학교 갈 시간이 없다는 적극적이고 능동적인 동기로 홈스쿨링을 해야 오래 할 수 있고 만족할 만한 교육적 효과도 얻을 수 있다.

3 | 인성과 가치관 교육에 집중하고 있는가?

언론이나 방송에서 소개하는 홈스쿨링은 언어 영재나 과학 영재, 예술 분야의 신동 등 일반인과 예외적인 사례가 많다. 아무래도 사람들의 관심을 끄는 자극적인 소재를 소개해야 하는 언론의 한계가 있기 때문이다.

홈스쿨링을 하면서 아이가 학교에서 배우는 내용에 뒤처지지 않게 하겠다는 강박관념을 가지면 부모가 해야 할 일이 너무 많아진다. 또한 학년이 올라갈수록 부모가 가르칠 수 없는 과목들도 늘어난다. 따라서 부모가 다 가르쳐야 한다는 부담을 갖기보다 부모가 할 수 있는 가장 중요한 한두 가지에 집중하고 나머지는 적절히 외부 전문가들의 도움을 받는다는 유연한 전략이 필요하다.

《준규네 홈스쿨》의 저자 김지현 작가 가정은 이런 유연한 홈스쿨을 한 사례다. 로봇 영재로도 알려진 준규는 몰입 성향이 강해서 일반 초등학교생활을 힘들어했다. 이런 아이를 위해 부모는 초등학교 과정을 홈스쿨로 진행하고 북촌 한옥마을에서 다양한 지역 사회를 경험하게 했다. 또한 에어비앤비를 통해 전 세계에서 온 사람들을 만날 기회도 만들어 주었다. 이후 아이가 영재학교에 가고 싶은 목표가 생겨 중학교에 다시 입학한 후 입시 준비를 해서 부산의 한국과학영재학교에 진학했다. 홈스쿨을 해도 이렇게 아이와 소통하면서 아이가 스스로 자기 길을 찾아가도록 다양하게 진로를 선택할 수 있다.[+]

4 | 비종교적 홈스쿨링 사례가 아직 부족한 상황임을 인지하고 있는가?

현재 우리나라 홈스쿨링의 주류는 기독교를 비롯한 종교 성향이 있는 가정이다. 아무래도 우리나라 환경에서 홈스쿨링을 하려면 종교적 수준의 강한 신념이 있어야 하는 것 같다. 최근에는 종교가 없는 가정에서도 여러 가지 면에서 필요성을 느껴 홈스쿨링에 대한 관심이 점차 늘고 있지만, 이런 교육적 필요를 채워줄 만한 기관이나 프로그램이 많이 부족하다. 정부나 시민단체에서는 좀 더 적극적으로 이런 가정을 지원하는 노력이 필요해 보인다.

이는 홈스쿨링뿐만 아니라 제도권 교육 안에서 새로운 대안을 찾으려는 부모들의 필요도 있기 때문이다. 예를 들어 우리 아이를 방학 동안 한두 달만 홈스쿨링해 보거나, 학교에 다니지만 공부 쪽으로는 진로가 애매할 것 같아 일주일에 두세 번은 아이가 관심 있는 주제의 교육 프로그램을 시켜보고 싶은데, 어디서 이런 정보를 구하고 도움을 받아야 하는지 막연한 경우가 많다. 검증된 교육 기관들을 연결해주는 애플리케이션이나 좋은 교육 프로그램을 발굴하고 알려주는 기구나 단체가 있다면 각 가정의 이런 필요를 상당히 채울 수 있을 것이다.

✦ 김지현 작가는 비종교적 홈스쿨링의 좋은 사례로, 관심 있는 가정은 작가가 진행하는 홈스쿨 강의를 활용해 볼 수 있다.
김지현 작가의 블로그 '준규네 홈스쿨': blog.naver.com/junkyunet

새로운 미래 교육을 꿈꾼다면?
스토리 교육

스토리 교육의 원동력

지금까지 우리나라 입시 공부가 안 되는 아이들은 학원에 앉아 국영수를 공부하고 입시에 매달리는 궤도에서 벗어나 아이 자신만의 스토리를 만들어 주어야 한다고 계속 강조했다. 이것은 필자가 20여 년간 입시와 교육 현장에서 계속 고민해 온 '과연 지금의 입시 교육으로 우리 아이들의 미래를 제대로 준비할 수 있을까?'에 대한 답이기도 하다.

이 책의 초판에서 앞으로 인공지능(AI) 시대가 펼쳐질 것이라고 예상했는데, 2022년 11월 ChatGPT가 나오면서 인공지능 기술은 우리가 생각한 것 이상으로 빠르게 발전하고 있다. 이제 10년 안에 어설픈 화이트칼라 일자리는 사라질 것이라고 한다. 국영수는 인공지능이 사람보다 더 잘한다. 그래서 빠르고 정확하게 문제를 푸는 능력은 더 이상 중요하지 않다. 사람에게 정말 필요한 것은 문제 해결 능력이고 인공지능에게 일자리를 빼앗기고도 나만의 삶을 찾아갈 수 있는 '주체적 인간'으로서의 역량이다. 그런데 아무리 생각해 봐도 그런 역량을 지금처럼 문제지만 열심히 푼다고 기를 수는 없다.

그러면 어떻게 이런 교육을 할 수 있을까? 지금 현재로서 가장 가까운 방법은 바로 '스토리 교육'이다. 스토리는 '스펙(spec)'의 대비 개념으로 많이 사용한다. 국영수 시험 점수, 수능 등급, 학점, 토익 점수 등 정량화할 수 있는 양적 역량이 아니라 경험, 문제 해결 능력 등의 질적 역량을 말한다. 《학력 파괴자들》이나 《스토리가 스펙을 이긴다》처럼 스토리 교육을 다룬 책에서 소개하는 이른바 스토리를 만드는 사람들의 특징은 '몰입하는 사람들'이다. 그리고 몰입에서 가장 중요한 것은 '자기 주도성'이다. 자기가 좋아하고 하고 싶어야만 몰입 에너지가 나온다. 그리고 체력과 근성이 있어야 한다. 마지막으로 다른 사람과 똑같지 않은 삶을 사는, 이른바 유난 떠는 것에 대해 주변의 몰이해를 견딜 수 있는 '강한 정신력(멘탈)'이 있어야 한다. "미친 것 아냐?", "그렇게 하다 인생 망친다."는 소리를 한두 번 정도는 들어야 제대로 스토리 교육을 하고 있다고 볼 수 있다.

'거룩한 불만족'을 만들자

　스토리 교육에서 필자가 가장 강조하는 것은 바로 '거룩한 불만족 (holy discontents)'이다. 이는 《스토리가 스펙을 이긴다》에서 '뽀빠이 모먼츠(Popeye's moments)'라고도 소개된 내용으로, 눈앞의 말도 안 되는 상황에 대해 '이건 아닌데'라고 생각하고 이 문제를 해결하기 위해 나는 무엇을 해야 할지 치열하게 고민하는 순간을 말한다.

　해마다 서울대 면접 등에서 많이 언급되는 책 중 하나가 장 지글러(Jean Ziegler)의 《왜 세계의 절반은 굶주리는가》다. 유엔인권위원회의 식량 특별 조사관으로 활동한 저자가 전 세계 기아 현장을 돌아보면서 갖게 된 거룩한 불만족이 바로 이 책의 제목(프랑스어 원제: La Faim Dans le Monde Expliquee a Mon Fils. 1999년, 내 아들에게 들려주는 세상의 굶주림)이 되었다. '선진국에서는 식량이 넘쳐서 썩어들어가고 수많은 원조가 아프리카와 기아 현장으로 보내지는데도 왜 여전히 수많은 아이가 굶어 죽어가는가?'가 장 지글러가 던졌던 질문이었다.

　서울대생들이 도서관에서 가장 많이 빌려본다는 재레드 다이아몬드(Jared Mason Diamond)의 《총 균 쇠》에서 다룬 문제 의식도 비슷하다. 생리학과 진화 생물학자였던 저자가 이런 인류 문화사를 쓰게 된 출발점은 뉴기니섬의 짐꾼이 던진 "왜 우리나라 사람들은 이렇게 열심히 사는데도 당신들 백인들과 같은 물질 문명을 이루지 못했나?"라는 질문이었다. 저자는 '왜 이 사람들은 이렇게 열심히 일하고도 서양인들보다 못살까?' 그리고 '백인들이 지닌 비문명 사회에 대한 우월감이 과연 옳은 것일까?'라는 거룩한 불만족에서 연구를 시작했다.

통합사회와 통합과학과 같이 통합 교육이 대세인 요즘 교육에서는 이런 질문을 '빅 퀘스천(big question)'이라고 한다. 이런 큰 질문을 던지고 그 답을 찾아가는 과정에서 기존 지식과 새로운 지식을 통합하는 것이다. 그런데 요즘 아이들은 왜 이런 빅 퀘스천을 스스로 던지지 못할까? 가장 큰 이유는 우리 아이들의 삶에 거룩한 불만족이 없기 때문이다. 태어나보니 먹을 것이 있고, 옷이 있고, 집이 있고, 차가 있고, 유치원에 다니고, 학교에 다니고, 학원에 다니도록 모든 것이 다 정해져 있는데, 무엇이 불만스럽고 무엇을 개선하고 싶을까? 거룩한 불만족은 물질적인 결핍과 부당함을 경험하는 환경에서 생긴다. 비록 그것이 나의 직접적인 가난과 결핍이 아니어도 가난과 결핍으로 고통받는 현장을 가보고 그 사람들을 만나보아야 거룩한 불만족이 생길 가능성이 크다.

자발적 가난과 봉사 활동

하지만 현재 우리 집이 가난하지 않고 부족한 것이 없는데, 이런 환경에서 아이들에게 어떻게 거룩한 불만족을 경험하게 할 수 있을까? 이론적으로는 '어설픈 풍요'보다 '자발적 가난'을 선택해 검소하게 살면서 아이에게 배고픔을 견디고 주위의 수모를 견디는 훈련을 시킬 필요가 있지만, 이것이 말처럼 쉽지 않다. 그래서 선진국의 깨어 있는 부모들이 아이들에게 권하는 것이 적극적인 봉사 활동이다. 선교지나 제3세계로 아이들을 보내기도 하고 해비타트(Habitat)✦ 활동을 하면서 집을 지어주거나 아프리카 오지 같은 곳에서 우물을 파고 식수를 공급하는 프로젝트를 경험하게 한다. 그리고 왜 같은 인간으로 태어나 누구는 이렇게 편하게 물과 음식을 먹고 살고 누구는 깨끗한 물 한 모금 못 먹고 살아야 하는지를 절감하게 한다.

필자는 스토리 교육에 대해 말할 때 피스컬노트(FiscalNote) 창업자 팀 황(Tim Hwang)의 스토리를 자주 인용한다. 피스컬노트는 2013년에 창업한 스타트업 회사로, 인공지능을 기반으로 법률의 통과 가능성을 예측해 주는 서비스를 제공하고 있는데, 주요 글로벌 기업이 고객이고 기업 가치가 2조 원에 이를 것으로 평가되고 있다. 팀 황은 CNN이 선정한 미국을 이끌 30대 청년 CEO로도 뽑힌 인물이기도 하다. 팀 황도 12살 때 과테말라에 봉사를 갔다가 비참하게 살아가는 아이들의 모습을 보고는 앞으로 어떻게 살아야 할지 고민하게 되었다. 그는 이후 학교로 돌아와 엄청난 봉사 활동을 펼치면서 학생 활동가로 역량을 쌓았고 이렇게 쌓은 몇 년의 경험이 20대에 창업할 수

✦ **해비타트(Habitat):** 1976년 미국에서 시작된 국제적인 민간 기독교 운동단체. 전 세계 무주택 서민들의 주거 문제를 해결하기 위해 자원봉사자들이 건물을 지어 필요한 사람들에게 보금자리를 제공하는 국제 비정부 기구(NGO)다.

있는 큰 자산이 되었다.

2013년 팀 황이 창업한 피스컬노트. 인공지능을 기반으로 한 법률 분석 서비스로, 2014년 CNN '세상을 바꿀 10대 스타트업'에 선정되었다.

흔히 요즘 아이들에게는 꿈이 없다고들 한다. 하지만 당장 해결해야 할 문제가 눈앞에 없는데 무슨 생각을 하고 무슨 꿈을 꾸겠는가? 먹고 싶은 것을 먹게 해 주고 사고 싶은 것을 사게 해 주면서 어설프게 물질을 채워주기보다 결핍을 느끼며 나는 왜 살고 어떻게 살아야 하는지에 대해 깊게 고민할 기회를 주는 것이 현명한 부모들이 해야 할 일이다. 특히 이것은 앞으로 다가올 인공지능 시대에 아이들이 길러야 할 가장 큰 역량이기도 하다.

디톡스 교육 - 앤드류 프로젝트

필자는 2013년부터 뜻있는 가정과 함께 매년 5월과 11월에 필리핀 선교지의 어린이 성경학교를 지원하기 위해 필리핀 오지를 방문하고 있다. 이 일을 하게 된 계기는 나름 중2병에 걸려 있던 친척 아이 앤드류(영어 이름)에게 생긴 놀라운 변화를 직접 보았기 때문이다. 스마트폰을 손에서 놓지 못하고 음악만 듣던 앤드류는 스마트폰, 게임, TV가 없는 필리핀 정글 속에서 일주일을 지내고 나더니 얼굴이 확 피었다. 마지막 날 이곳 생활이 어땠느냐고 물으니 앤드류는 여러 가지 소감을 이야기했다.

"가장 놀란 것은 이곳에 사는 아이들 표정이었어요. 제대로 먹지도, 입지도 못하는데, 어떻게 그렇게 행복한 표정을 짓고 웃는 얼굴을 할까라는 생각이 들더라고요. 한국에 있는 제 친구들은 좋은 집에서 잘 먹고 잘사는데도 너무 불평불만이 많아요. 그리고 욕을 너무 많이 해요. 여기서는 스마트폰도 없고 TV도 없으니까 너무 심심해서 일주일 동안 나는 뭐 해야 하나 걱정했는데, 저녁에 벌레 소리와 개울 물 흐르는 소리를 들으면서 방에 누워 있으니까 처음으로 진지하게 '생각'이라는 것을 해 봤어요."

"생각? 무슨 생각?"

"아, 나는 앞으로 어떻게 살아야 하나? 그리고 한국에 돌아가서 뭐 할까? 아, 한국에 가서 먼저 자전거 타고 싶다, 부대찌개 먹고 싶다,

이런 생각이요."

앤드류와 이런저런 이야기를 나누면서 필자는 우리나라 교육의 근본적 문제가 무엇인지 깨달을 수 있었다. 아이들이 중2병에 빠지고 점점 무기력해지는 이유는 우리가 무언가를 덜 해 주고 덜 가르쳐서가 아니다. 머릿속에 '디지털 쓰레기와 경박한 즐거움'이 가득하고 마음속에 '불평불만'이 가득하니 아무리 좋은 프로그램을 넣어주고 좋은 교육을 해도 그 내용이 아이들 머릿속에 흡수될 수 없었다. 그래서 시작한 것이 '앤드류 프로젝트'다. 앤드류가 경험한 것처럼 필리핀 오지의 힘든 삶을 직접 체험하면서 부모와 아이가 같이 고생하는 '고생 교육', '디톡스(Detox) 교육'을 해 봐야겠다고 생각했다. 그리고 코로나 팬데믹 이전까지 매년 5~6가정과 함께 '고생 교육'을 하는 프로그램을 같이 진행해 보았다.

꼭 힘들게 고생을 해야 할까?

한 번은 모 도서관 강연에서 스토리 교육과 학생부 종합 전형, 그리고 방금 말한 디톡스 교육과 거룩한 불만족에 대해 말했더니 한 어머니가 이렇게 질문했다.

"그런데 선생님, 꼭 그렇게 고생해야 하나요? 제 주변에는 비슷한 환경에서 사는 친구들과 함께 영어유치원을 다니고, 사립초등학교에 가고, 국제중학교에 가고, 외고에 가는 아이들도 많은데요. 저는 애를 고생시키기보다 이런 무난한 길로 키우고 싶거든요."

　이런 질문을 받으니 솔직히 기운이 쭉 빠졌다. 그렇게 아이를 키우고 싶으면 그렇게 하는 수밖에 없다. 하지만 그렇게 해서 아이가 비슷한 친구들만 보고 비슷한 친구들과 경쟁해서 특목고와 명문대에 가면 공감 능력이나 사회적 문제 의식이 잘 길러질 수 있을까? 최근 몇 년 사이에 일어난 일만 해도 우리나라에 그런 인재들이 넘쳤을 때 어떤 일이 벌어지는지를 잘 보여준다. 열심히 공부해서 20대에 사법고시에 합격하고 판사로, 검사로 승승장구한 사람들이 이 사회의 지도층이 되어서 어떤 일을 했는지 수많은 사례에서 분명히 보아왔다. 반면 본인이 가난하고 힘들게 공부했기에 그 어려움을 공감하고 운 좋게 사법고시에 합격했지만, 돈과 명예를 포기하고 억울한 이들과 가난한 이들을 위해 일한 사람들은 우리 사회와 역사에 어떤 영향을 미쳤는가?

　물질적으로 편하게, 실패 없이 살아야 공감하는 리더가 되기 쉬울까, 아니면 본인이 어려움을 겪어보고 낮은 자리에도 가봐야 공감하는 리더가 될 수 있을까? 최근의 경험과 인류 역사 5,000년의 경험에 비춰볼 때 어느 쪽이 진실에 더 가까울까? 최소한 이런 질문을 던지면서 아이를 국제중-특목고-명문대로 인도해야 아이도 더 크게 성공하고 더 행복한 삶을 살 수 있을 것이다.

우리 전통 교육으로 실천하는 유대인 자녀 교육 원리

부모가 교육에 대해 잘 모르니까 자녀 교육은 학교와 학원에 보내 전문가들에게 맡겨야한다고만 생각하는 부모님들에게 소개하고 싶은 미래 교육 모델이 있다. 바로 전통적인교육 원리를 변함없이 지키면서도 인공지능(AI)이나 첨단산업에서도 세계를 이끌어갈인재들을 배출하는 유대인 자녀 교육이다. 이런 유대인 자녀 교육의 핵심 원리는 다음과 같다.

첫째, 가정 중심의 교육을 통해 내가 왜 살고 어떻게 살아야 할지를 철저히 가르친다.
정통파 유대인 가정에서는 안식일을 철저하게 지키면서 안식일에는 가족과 함께 식사하고 아이들과 함께 그들의 경전인 토라(Thrah, 구약성서의 첫 다섯 편)와 탈무드를 공부하면서 왜 살고 어떻게 살아야 할지를 교육한다. '인성 교육'과 '가치관 교육'은 절대 학교나 학원에 아웃소싱하지 말라는 원칙을 가장 잘 지키는 모델이기도 하다.

둘째, 기본적인 교육 방법은 '암송'과 '토론'이라는 전통적인 아날로그 방식이다.
아이들에게 단편적인 정보나 지식을 주입하기보다 경전이나 기도문을 암송하면서 계속묵상하게 한다. 그리고 둘씩 짝지어 토론하는 '하브루타(chavruta, havruta)' 토론을 통해자기 생각을 정리해서 발표하는 훈련을 시키고 경청하고 배려하는 사회성을 길러준다.

셋째, 몸과 마음, 머리로 이루어진 전인적인 교육을 한다.
유대인의 율법에 따라 '코셔(Kosher)'라는 음식 규정을 지키고 손을 자주 씻는 정결 의식을 통해 자신의 몸을 지킨다. 가족이 식탁에 자주 모여 아이들이 정서적인 안정감을 느끼게 하고 암송 토론 교육을 통해 깊이 생각할 수 있는 공부 머리를 길러준다.

사실 이런 모습은 유대인뿐만 아니라 우리나라 명문 사대부 교육이나 좋은 전통 교육에서도 발견할 수 있다. 다만 우리와 대부분의 서구 사회에서는 이런 전통을 잃어버렸지만, 유대인들은 꾸준히 지키고 있다는 점이 다르다. 필자는 이런 유대인 교육의 한국적실천을 《사자소학》과 《명심보감》을 중심으로 실천해 보고 있다. 《뿌듯해 사자소학》과《뿌듯해 명심보감》을 중심으로 부모와 자녀가 하루 10~15분 정도 같이 인문 고전을공부하고 하브루타식 나눔을 하는 실천이다. 2023년부터 본격적으로 시작했고 3개월마다 새로운 기수를 모아 공동체 형식으로 실천하고 있으니 관심 있는 가정은 필자 블로그의 모집 공고와 오리엔테이션을 거쳐 언제든지 함께할 수 있다.

AI 시대에 살아남을 학교
① 미네르바스쿨

미래 시대의 인재상

표준화되고 순응적인 삶에서 벗어나야 한다는 내용을 담은 《이카루스 이야기》의 저자인 세스 고딘(Seth Godin)은 이제 기존 질서에 충성하고 복종해서 보상받는 시대는 끝났다고 말한다. 새로운 시대의 진짜 일은 '널리 유행하는 아이디어를 만들어 내는 일'이나 '따로 떨어진 것들을 하나로 연결하는 행동'인데, 이런 일을 하는 사람을 세스 고딘은 '아티스트(artist)'라고 부른다. 이런 개념으로 아티스트가 아닌 사람들을 정의해 보면 '기존 질서에 순응하고 용기와 통찰력, 창조성과 결단력이 없는 사람들'로, 이런 사람들은 인공지능 시대에 쉽지 않은 삶을 살게 될 것이다.

우리의 고민이 바로 여기에 있다. 가능하다면 한 명의 아이라도 더 아티스트에 가깝게 교육해야 하는데, 현재 우리 교육은 여전히 정해진 시간에 문제지 잘 푸는 기술로 아이를 평가하고 기존 질서에 순응하는 아이로 키우려고 한다. 그리고 용기와 통찰력, 창조성과 결단력을 길러주는 게 아니라 오히려 학교와 학원, 문제지의 틀 안에서 이 모든 것을 억누르고 있다.

세스 고딘의 논리에 따르면 미래 시대에 살아남는, 또는 미래 시대를 주도할 아이들의 핵심 역량은 바로 '창의성'과 '소통'이다. 창의성은 사람들의 새로운 요구를 읽고 이를 채워줄 새로운 제품과 서비스를 만드는 핵심 역량이고 소통은 다른 사람들과 아이디어를 연결하는 능력이다. 이런 의미에서 필자가 주목하는 인공지능 시대에도 살아남을 교육 모델은 바로 미네르바스쿨, 에콜 42, 유대인 자녀 교육✦, 이렇게 3가지다. 유대인 자녀 교육에 대해서는 426쪽에서도 잠깐 이야기했으니 이제 미네르바스쿨과 에콜 42에 대해 자세히 설명해 보겠다.

✦ 유대인 자녀 교육에 대해서는 필자가 집필한 《질문이 있는 식탁, 유대인 자녀 교육의 비밀》, 《탈무드식 역사 토론》, 《1% 유대인의 생각훈련》 등에서 자세히 정리해 두었다.

국경 없는 혁신 대학, 미네르바스쿨

2015년 개교한 미네르바스쿨(Minerva School)은 대학 건물이 별도로 없다. 학생들은 전 세계 7개국(미국, 영국, 독일, 아르헨티나, 인도, 대만, 한국)의 글로벌 기숙사를 돌면서 지역 기반 과제(location based assignments)를 수행한다. 수업은 미국에 있는 교수진과 15~20명의 학생이 한 반을 이루어 온라인에서 토론 형식으로 진행된다. 개교한 지 얼마 되지 않았지만, 하버드대보다 더 들어가기 힘든 대학(미네르바스쿨 약 5만 명 지원 vs 하버드대 4만 명 지원), 세계적인 기업인 구글과 아마존, 우버가 인턴사원으로 데려가고 싶어 하는 학생들이 다니는 대학으로 발돋움했다.

원서 접수부터 입학 인터뷰와 수업이 모두 영어로 진행되므로 영어를 잘해야 하지만, 토플이나 SAT 점수는 필요 없다. 미국 학교이지만 전 세계에서 우수한 인재를 선발하는 것에 중점을 둔다. 미국인을 우대하지도 않고 인종 쿼터도 없다. 그래서 미국 학생 비율은 15% 미만이고 85%가 유럽, 중남미, 아시아 등 전 세계에서 온 학생들로 구성되어 있다. 개교 이후 매년 한국계 학생들이 3~4명 이상 진학하는 것으로 알려져 있는데, 미국 유학을 염두에 둔 학생이라면 꼭 한번 도전해 볼 만하다.

1 | 미네르바스쿨이 지향하는 미래 교육 핵심 역량

미네르바스쿨은 다음의 사항을 지향하면서 미래 교육의 핵심 역량을 기르는 데 중점을 두고 있다.

❶ 여행과 경험이 중요하다

학생들이 일반 대학처럼 세계를 이해하기 위해 대학 건물 강의실에 앉아 강의를 듣거나 책을 읽고 조사해서 발표하지 않는다. 대신 전 세계를 돌면서 직접 살아보고 그 나라를 경험한 후 그 지역 사회가 직면한 중요한 문제를 발견하고 이를 해결하는 훈련을 한다.

❷ 소통과 협업이 중요하다

수업은 기본적으로 온라인에서 소규모 토론을 중심으로 이루어진다. 수업 중 학생의 참여도를 바로 확인할 수 있는 시스템이어서 교수가 끊임없이 학생의 수업 참여를 유도할 수 있다. 그리고 여러 국가를 옮겨 다니며 함께 생활하고, 프로젝트를 진행하며, 더불어 살아가는 방법과 다른 사람과 협력하는 방법을 익힌다.

❸ 온라인과 소프트웨어에 집중한다

오프라인 캠퍼스가 없어서 외부의 투자금이나 기부금을 건물 유지 관리 대신 교수진과 프로그램 같은 소프트웨어적인 부분에 투자한다.

2 │ 비용

등록금은 1만 6천 달러 정도(2021~2022학년도 기준)이고 기숙사 비용 등 모든 비용을 합치면 연 3만 달러(약 4천만 원) 수준으로, 학비도 그리 비싼 편은 아니다. 우리나라 대학 학비에 비하면 비싸지만, 웬만한 미국 명문 대학 학비에 비해 훨씬 싼 편이다. 또한 다수의 학생이 장학금을 받고 있고 다양한 재정 지원 프로그램이 있다.

3 │ 전형 방법

다음은 미네르바스쿨에 입학을 지원할 때 필요한 준비 사항이다. 학교 입학처 사이트(www.minerva.edu/undergraduate/admissions)를 통해 지원하고 전형은 크게 3단계로 이루어진다. 자신의 기본 정보를 제공하고 서류가 통과되면 2단계 온라인 전형을 치른다. 그리고 3단계에서 자신의 성취 업적을 서류와 함께 제출하고 입학 여부를 통보받는 방식이다.

❶ 1단계: Who you are – 자신이 누구인지 설명하는 과정

이름, 국적, 나이, 기본적인 교육 이력, 자신의 성취 이력 등 자신에 관한 기본 정보를 설명한다.

❷ 2단계: How do you think – 지원자의 사고 능력을 확인하는 과정

• SAT나 ACT 같은 공인 점수를 보지 않고 자체 질문을 통해 학생

의 수학 능력을 평가한다.

- 5가지 도전 과제는 ① 창의력 ② 수학 ③ 이해 능력 ④ 추론 능력 ⑤ 작문, 표현력이다.
- 온라인에서 정해진 시간 안에 주어진 문제에 답하는 방식으로 평가가 진행된다.

❸ **3단계: What you have achieved – 지원자의 성취를 검토하는 과정**

고등학교생활 전반에 걸쳐 자신이 성취한 것을 제시한다.

- 성적
- 자신의 열정과 헌신을 보여줄 수 있는 다양한 비교과 활동
- 개인 프로젝트, 각종 학술 대회 참석 경력, 모의 UN 대회 참석, 문학, 예술 작품 활동, 리더십, 취업 경험 및 기타 본인이 자랑스러워하는 활동을 제시한다.

미네르바스쿨 사이트(www.minerva.edu)

미네르바스쿨과 관련된 정보

1. 한국판 미네르바스쿨, 태재대학 개교 – www.taejae.ac.kr

한국판 미네르바스쿨을 목표로 2023년 9월 태재대학이 사이버대학으로 개교했다. 1기로 한국 학생 100명, 해외 학생 100명을 선발하려고 했지만, 실제로는 410명이 지원하여 최종 32명(한국 27, 해외 5)만 선발했다. 사이버대학이어서 수시 6개, 정시 3개의 지원 제한이 없지만, 9월 입학이라 우리나라 고3 재학생은 재학 중 지원할 수 없다. 따라서 다른 대학을 1학기 다니거나 재수하면서 지원할 수 있다. 2학년 1학기까지 온라인 수업을 하고 2학년 2학기부터 4학년 1학기까지는 미국, 중국, 일본, 러시아 등 나라를 옮겨다니면서 프로젝트 수업을 진행한다. 학비는 연간 900만 원대이고 장학금 기회가 많다. 우리나라 명문대와 태재대학에 동시 합격했을 때 어디를 가겠냐는 신생 학교에 대한 우려도 있지만, 학교의 전폭적인 지원으로 1~2기 학생들에게 큰 기회가 있을 것으로 기대된다.

2. 하얼빈 만방국제학교 – manbangschool.org

미네르바스쿨은 2015년 개교 이래 우리나라 유명 특목·자사고 학생들도 많이 지원하고 있다. 그리고 2022학년도 입학에서 가장 많은 한국인 합격자를 낸 학교는 중국 하얼빈에 있는 만방국제학교였다. 이 학교는 중국에 위치한 국제학교로, 한국 학생 비중이 10% 정도다. 한국 학생의 경우 영어, 중국어, 한국어로 수업을 진행하고 전원 기숙사생활을 한다. 만방국제학교의 교육 목표는 다른 사람을 섬기는 리더(servant leadership)를 양성하는 것으로, 미국 및 중국 명문대의 입학 실적이 아주 좋은 학교이기도 하다. 한국 학생은 초6~중3 학생 중에서 선발하고 면접과 필기 시험이 있다.

3. 미네르바스쿨 진학생이 쓴 책

- 《미네르반》: 서울에서 태어나 채드윅국제학교에서 공부한 후 미네르바스쿨에 입학한 김선의 성장 과정과 미네르바스쿨의 입학 과정을 기록한 책(꼬레아우라 출간, 2021년)
- 《학교는 하루도 다니지 않았지만》(개정판): 학교에 다니지 않고 전 세계를 다니며 혼자 공부하고 2020년 미네르바스쿨에 입학한 임하영의 성장과 미네르바스쿨의 생활을 기록한 책(천년의상상 출간, 2021년)

AI 시대에 살아남을 학교
② 에콜 42

창업 사관학교 에콜 42

두 번째 미래 교육 모델은 코딩 창업 학교인 프랑스의 에콜 42(Ecole 42)다. 2013년에 개교한 이 학교에는 교수도 없고, 커리큘럼도 없으며, 학비도 무료다. 오직 학생과 매킨토시 컴퓨터 수천 대, 그리고 공간만 있을 뿐이다. 그런데 이곳에서 조 단위 벤처기업이 나오고 구글, 페이스북, 에어버스 등의 세계적 기업에서 이 학교의 인재를 모셔가고 있다. 학부에서 4년, 대학원에서 수년간 공부해도 원하는 직장에 취업할 수 없다고 푸념하는 우리나라와 많은 선진국의 교육 현실 속에서 에콜 42는 새로운 교육 모델로 주목받고 있다. 에콜 42는 다른 혁신 대학처럼 학벌이나 스펙을 요구하지 않고 오직 18~30세의 나이만 맞추면 된다.

에콜 42는 2018년 프랑스 파리 캠퍼스와 미국 실리콘밸리 캠퍼스를 시작으로 2023년 현재 26개국에 47개 캠퍼스로 확대되었고 전 세계에서 1만 8천 명의 학생들이 공부하고 있다. 우리나라에서도 에콜 42와 미네르바스쿨을 참조하여 2018년 과학기술부 주관으로 이노베이션아카데미(강남구 개포디지털혁신파크)를 설립하고 '42 서울'이라는 혁신 교육 프로그램을 운영하고 있다. 정부에서는 행정과 재정을 담당하고 서울시에서는 공간을 제공하는데, 에콜 42에 로열티를 내고 프로그램을 가져와서 프랑스의 에콜 42와 같은 체제로 운영되고 있다. 다른 캠퍼스와는 달리 멘토링 시스템이 강화되어 있고 2년 동안 월 100만 원의 생활 지원금도 제공한다.

1 | 에콜 42가 지향하는 미래 교육 핵심 역량

교수진도, 커리큘럼도 없이 학생들만 모여 스스로 공부해 가는 에콜 42의 성공이 시사하는 것은 다음과 같다.

❶ 단편적인 지식이나 정보보다 태도와 근성이 중요하다

미네르바스쿨도, 에콜 42도 토플이나 SAT 같은 기존의 계량화된 시험 점수를 중요시하지 않는다. 기본적인 논리적 사고 능력만 있으면 세부적인 지식이나 기술은 학교에서 배울 수 있다고 본다. 그리고 전형 과정에 포함된 4주간의 합숙 훈련과 매일 과제를 해결해야 하는 스트레스 상황을 견딜 수 있는 체력과 회복 탄력성이 요구된다.

❷ 소통 능력과 친화력이 중요하다

4주간의 합숙 훈련과 이후 자율적인 공부 과정에서 중요한 것은 동료들과의 협력이다. 코딩 기술은 와서 배우면 되고 동료들과 소통하고 협력하는 데 문제가 없는 학생들이 잘 적응하고 성과도 낼 수 있다.

❸ 자율성과 문제 해결 능력이 중요하다

에콜 42는 교수진도, 커리큘럼도 없이 학생들 스스로 공부하고 문제를 해결해가면서 서로 배우고 실력을 기른다. 이런 과정을 거치므로 이들은 사회에 나와서도 생존할 수 있는 경쟁력이 있다. 따라서 학교에서 몇 년간 이론을 배우고 취업 후 또 몇 년간 현업 지식을 따로 배워야 하는 시간 낭비가 없다. 앞으로는 추상적인 이론 교육뿐만 아니라 교육을 위한 교육은 점점 자리를 잃고 바로 현장에 투입될 수 있는 실력을 길러주는 교육만 살아남을 것이다.

이렇게 보면 미네르바스쿨과 에콜 42에서 강조하는 미래 교육 핵심 역량의 공통점은 결국 동료와의 소통 능력과 창의적인 문제 해결 능력이다. 즉 세스 고딘이 말한 아티스트(artist)적 역량인 것이다.

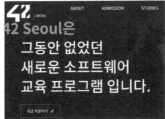

에콜 42 사이트(www.42.fr) 42 서울 사이트(www.42seoul.kr)

2 | 전형 방법

에콜 42는 코딩 스쿨이지만 코딩 전문가만 응시할 수 있는 것은 아니다. 우선 온라인으로 1차 컴퓨터 능력 테스트를 통과하면 '라 피신(La piscine)'이라는 4주간의 합숙 서바이벌 게임을 통해서 자신의 실력을 입증해야 한다. 라 피신에서는 4주간 매일 주어지는 코딩 과제를 수행해야 하는데, 개인 과제만 하는 게 아니라 동료들과 팀을 이루어 함께 과제를 수행하고 서로를 평가한다.

42 서울의 현황과 전망

2020년 모집이 진행된 42 서울에는 1차 시험에 1.1만 명이 지원했고 520명이 한 달 합숙 과정인 라 피신을 거쳐 최종 250명이 선발되었다. 2023년에 보도된 42 서울 학생들의 설문에 의하면 설문 응답자인 수료생 191명 중 125명(65.4%)이 취업 또는 창업을 했다고 한다. 이런 수치는 1,000명 모집에 5만 명이 지원하고 교육생의 100%가 취업하는 파리의 에콜 42에 비하면 아직 부족하다. 우리나라 채용 시장에서는 여전히 대학과 전공을 많이 보는 풍토가 있기 때문이다. 그리고 아직 42 서울 출신으로 시장을 바꿀 만한 스타트업이 등장했다는 소식은 없다. 하지만 근성과 태도가 좋고 코딩과 프로그래밍을 제대로 배워서 일하고 싶은데 국영수 문제지 푸는 공부를 하기 싫은 학생들에게 42 서울은 확실한 하나의 대안이 될 수 있다. 또한 외국어가 가능하다면 파리나 미국의 에콜 42나 일본, 싱가폴, 베트남 등의 전 세계 캠퍼스에서 교육과 취업, 창업의 기회를 잡을 수 있다.

tip

어릴 때 코딩과 디지털 교육이 도움이 될까?
- 미국 알트스쿨의 실패 사례

미네르바스쿨과 에콜 42의 모델을 보면 역시 4차 산업혁명 시대와 인공지능 시대에는 온라인 교육과 코딩이 대세이므로 디지털 교육을 강화해야 한다고 생각할 수 있다. 또한 우리 아이들에게 어려서부터 코딩 중심의 프로젝트 교육을 하고 학생 중심, 코칭 중심으로 교육하면 상당한 교육 효과를 얻을 수 있다는 단순한 생각이 들기도 한다. 하지만 기본적인 아날로그 방식의 교육이나 인성, 지혜 교육이 안 된 상황에서 성급하게 디지털 교육을 하면 오히려 상당한 부작용이 나타날 수 있다.

미국 알트스쿨(Alt School)의 시행착오는 유치원과 초등학교 때부터 코딩과 IT 중심 교육을 했을 때 어떤 결과가 나타나는지 보여주는 좋은 사례다. 알트스쿨은 페이스북 창업자 마크 저커버그(Mark Zuckerberg) 등 실리콘밸리 인사들이 1,000억 원 이상을 투자해서 만든 신개념 디지털 학교였다. 유치원 때부터 아이패드와 각종 첨단 디지털 기기를 이용해 과제를 하고 학생 중심으로 교육을 진행했다. 대단한 교육적 성과를 기대했지만, 읽기와 쓰기 등 기본적인 영역에서는 기초 학력이 떨어졌고, 자기가 하기 싫은 것은 안 하려고 했으며, 숙제하라고 하면 인터넷 자료를 베껴서 프레젠테이션만 화려하게 만

드는 모습이 나타났다. 이 사례에서 보듯 결국 인공지능 시대와 4차 산업혁명 시대에도 변치 않는 교육의 핵심은 다음과 같다.

- 내가 왜 사는지에 답할 수 있는 인문학적 소양과 철학
- 내가 무엇을 선택해야 하는지 판단할 수 있는 분별력
- 다른 사람들과 올바로 소통하고 관계를 맺을 수 있는 사회적, 정서적 능력
- 깊게 생각할 수 있는 힘을 길러주는 아날로그적인 독서와 토론 교육

고등학교까지 졸업하고 근성과 인성, 논리력과 문제 해결 능력을 갖춘 아이들을 선발해 코딩 교육을 한 에콜 42는 성공했다. 하지만 알트스쿨은 왜 사는지, 어떻게 살아야 할지에 대한 가치관이 정립되지도 않고 잘 읽고 쓰지도 못하는 아이들에게 디지털 교육을 시켜 실패했다. 사람은 컴퓨터 프로그램과 같은 0과 1의 조합이 아니라 몸—마음—머리로 이루어진 전인적인 존재라는 가장 기본적인 사실을 간과했기 때문이다.

그래서 수많은 실리콘밸리 인사들이 자신의 아이는 중학교 때까지 컴퓨터를 쓰지 않는 발도르프 계열의 그린우드스쿨에 보낸다고 한다. 이 학교는 디지털보드가 아닌 블랙보드(칠판)에 필기하고 디지털 기기의 사용을 최소화하여 모든 것을 손으로 하게 한다. 결국 디지털 중심의 새로운 혁신 교육보다 더 중요한 것은 아날로그적인 감성을 갖게 하고 아이가 기본적인 인성과 근성, 독서 토론 능력을 갖추게 하는 것임을 다시 한번 확인할 수 있다.

'학교알리미' 자료를 한 전국 주요 중학교의 2023학년도 졸업생 진로 현황을 특목·자사고 진학자 순으로 정리한 자료들. 몇몇 학교에서는 담임이 입력 실수로 '과학고'라는 이름을 쓰는 영재학교에 서울과학고, 경기과학고 등 진학자를 '기타자영재학고, 해외고 등으로 분류하기 싫고 '과학고' 항목에 넣은 경우도 있었는데, 실수인지 확인하기 어려우므로 우선 공개된 통계 자료를 기초로 해서 정리했다.

1 | 서울 주요 학군

대치동권 중학교에서는 8대 진학을 목표로 전국 100위권의 대치동 일반고에 진학하는 경우가 많아 학업 성취도 기준으로는 전국 100위권 중학교에도 특목·자사고 진학자가 많지 않은 학교들이 있다. 또한 서울에는 16개고 6,400명대의 광역 선발 자사고가 있어서 전국적으로 비교하면 자사고 진학자 수를 빼고 과학고, 외고, 국제고의 특목고 진학자 수의 진학 비율을 살펴볼 필요가 있다.

대치, 강남 학군(8학구)

(단위: 명)

중학교	졸업생수	과학고	외고·국제고	자사고	기타자영체해외	특목자사	특목자사고비율%고	특목·자사고2비율%
휘문(사립, 남)	274	6	2	118	11		1.1	135	49.1
대청중	373	4	9	86	9		0.0	108	29.0
중동중(사립, 남)	269	3	1	98	1	17	6.3	105	39.0
대청중	140	10	9	76	0		5	1.5	95	27.9
신사중	167	2	4	73	12		2	1.2	91	54.5
학성중	373	4	10	50	11		8	2.1	75	20.1
구룡중	325	7	7	54	5		6	1.8	65	20.0
압구정중	142	1	5	52	1		1	0.7	59	41.5

<table>
<tr><td colspan="9">(단위: 명)</td></tr>
</table>

중학교	졸업생수	과학고	외고·국제고	자사고	기타자영체해외고	특목자사	특목자사고비율%고	특목·자사고2비율%
압구정중	142	1	5	52	1		1	0.7	59	41.5
개원중	270	1	6	43	7		0	1.8	57	21.1
언주중	326	2	11	42	1		6	1.8	56	17.1
대왕중	297	1	3	41	4		6	2.0	49	16.5
도곡중	297	8	13	26	6		7	2.4	47	15.8
진선여중(사립, 남)	201	3	1	26	7		7	1.5	37	18.4
세곡중	358	2	7	20	2		23	6.1	31	8.7
진선여중(사립)	132	0	0	12	1		7	2.1	21	6.3
세곡마중(사립)	299	1	0	9	2		10	3.3	20	6.7

반포, 서초 학군(서초구)

(단위: 명)

중학교	졸업생수	과학고	외고·국제고	자사고	기타자영체해외고	특목자사	특목자사고비율%고	특목·자사고2비율%
경원중	356	1	7	119	5		8	2.3	132	36.9
세화여중(사립)	264	1	10	116	7		3	1.1	129	48.3
신동중	261	4	8	103	7		1	1.1	122	46.7
원촌중	332	1	10	100	1		5	1.5	115	34.6
반포중(대치, 남)	228	3	0	79	4		6	2.6	86	37.7
서일중	343	2	14	60	4		7	2.0	80	23.3
신반포중	202	3	1	65	2		3	1.5	71	35.1
서운중	344	2	1	43	7		3	0.9	55	16.0
서초중	222	2	1	24	2		5	2.3	30	13.5

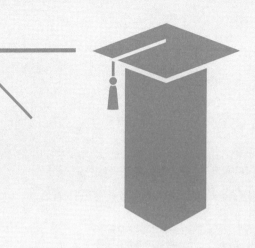

부록 1

전국 100위권
중학교 입시 결과
(ft. 특목고 & 자사고 & 일반고)

우리 아이를 위한 입시 지도

부록2
전국 100위권
고등학교 입시 결과
(ft. 서울대 & 의대 & 기타)

우리 아이를 위한 입시 지도

2023년 10월에 '2028 대학입학제도 개편 시안'이 발표되었고 12월에 확정안이 발표되 수업은 인문에서는 수능 선택 과목 축소 및 폐지와 상대 평가 내신 5등급 제 등을 개편 방향의 핵심으로 보였다. 하지만 앞으로 대학 입시의 방향성을 결정할 가장 큰 키워드는 상위권 대학 정시 비율을 이전과 같이 40% 유지하겠다는 발표이 다.

1 | 정시 40% 유지가 가장 큰 변수!

우리나라 대학 입시의 본질은 의대와 서울대를 꼭짓점으로 하는 등수 경쟁이다. 그리고 이 등수 경쟁을 가장 '공정'하게 할 수 있다고 전 국민이 받아들이는 방법이 바 로 수능 점수에 의한 합격, 불합격 판단이다. 의대와 같은 최상위권 학과의 학생부 종 합 전형에서 내신 전교 1등이 떨어지고 전교 2등이 붙었다고 하면 있을 사람이 받아 들이기 힘들다 전교 2등은 의대 전교 적합도가 더 높은 생활과 학창 과목을 수강했 고 내신 성적을 받기 어려운 과목을 선택 1등에 비해 질적으로 더 우수한 학생부를 강점기에 합격시킨다고 해도 수긍하기 쉽지 힘지 하지만 수능에서 4개 통일 학생은 의대에 붙고 3 5개 틀린 학생은 불합격했다고 하면 쉽게 받아들일 수 있다.

내신도, 학생부도 부풀려지고 꺼진 분노가 있다는 불신이 강한 분위기 속에서 수 능 등수만이 모든 입시 당사자가 받아들일 수 있는 공정한 기준이 된 것이다. 그리고 이 '수능'이라는 학교 밖 시험이 건재하는 한 고교 학점제로 상징되는 고교 교육 정상화나 미래 대비 역량 강화 교육은 설 지리 없게 되었다.

인서울 선호 대학에 가려면 수능 점수가 중요하다

다음은 서울권 상위 15개 대학(서울대, 연세대, 고려대, 서강대, 성균관대, 한양대, 중앙대, 경희대, 한국외국어대, 서울시립대, 이화여대, 홍익대, 동국대, 숙명여대, 건국대)의 2023~2024 학년도 정시 선발 비율이다. 2023학년도의 경우 최초 선발에서 모두 전체 선발 인원 의 40% 이상을 정시로 뽑았는데 수시에서 수능 최저를 맞추지 못해 이월된 인원이

포함된 정시 최종 선발 비율이 42%에 육박하고 있다.

상위 15개 대학 정시 선발 비율

(단위: 명)

계열	2024년도			2023년도			정시 최종	
	수시 인원	정시 최초		수시 인원	정시 최초		정시 최종	
		인원	비율(%)		인원	비율(%)	인원	비율(%)
인문	11,965	8,073	40.3	11,969	8,053	40.2	8,327	41.6
자연	11,752	9,050	40.7	11,783	8,146	40.9	8,477	42.5
계	23,717	16,123	40.5	23,752	16,199	40.5	16,804	42.5

*자료 출처: 여러대 등 각 대학

여기에 일부 수시 전형에서도 대부분의 상위권 대학이 학생부 교과 전형이나 학생부 종합 전형에서 수능 최저 점수를 요구하는 경우가 많다.

수능 최저 요건도 그리 만만치 않다 서울 상위권 대학의 수능 최저 요건은 3개 과 목 합이 7인 경우가 많다. 수능 수리 영역에서의 경우 1등급의 90%는 의대와 이공 계 최상위권 학생들이 차지하고 있고 재수생이 60% 이상이어서 대부분 학생은 2등 급 이하에서 출발해야 한다 또 언어(국어) 영역도 계속 어렵게 출제되고 있어서 1등 급 받기가 쉽지 않다. 탐구는 선택 과목에 따라 다르지만, 2과목 이상 틀리면 1등급을 받기 힘들 수 있다. 2021학년도 수능 세계지리에서는 50등 안팎이가 13.64%로, 한 문제만 틀려도 3등급이었다.

수능 최저를 맞출 수 있는 제일 안만한 과목이 말대 평가로 전환된 외국어(영어)이 었는데. 2024학년도 수능에서 90등 1등급 비율은 4.71%로, 상대 평가 1등급이 4%대 별 차이가 없었다. 보통 상위권 학생들의 경우 영어 1등급, 수학 2~3등급, 언 어나 탐구 2~3등급을 목표로 하는 경우가 많은데, 시험장에서 어느 한 과 목이라도 제꿋하면 재수나 삼수를 가야 할 수 있다. 그리고 이 정도 성적이 나오려면 전국 300위권 이하 일반고에서는 전교에서 10등 안에는 들어야 한다. 결국 Top 30

1

2

'2028 대입제도 개편안'
해독법

(1+1 전자책)

우리 아이를 위한 입시 지도

| 참고 문헌 |

1 | 입시 정보

구체적인 고입, 대입 입시 정보는 해마다 조금씩 바뀌므로 진학을 원하는 학교 홈페이지의 입시 요강을 참조하고 희망하는 학교에 대한 진학 실적이 좋은 1, 2위 학원을 방문하여 책자 형태로 정리된 최근 입시 요강 자료를 받아보는 것이 가장 좋은 방법이다. 학원 설명회나 상담은 기승전 학원 수강으로 이어질 수 있다. 하지만 학원 설명회나 상담을 잘 활용하면 필요한 정보를 얻을 수도 있고 필요하면 적절히 학원 강의를 활용해 볼 수도 있다.

(1) 고입: 특목고, 자사고 관련 서적
- 변문경, 《영재교육원, 영재학교, 과학고, 특목고 자기소개서 면접 합격 시크릿》, 다빈치북스, 2020년
- 최이권, 《합격 사례를 통한 특목고, 자사고 자기소개서 작성법》, 올드엔뉴, 2021년
- 황원식, 송호종, 《2024 합격하는 특목고, 자사고, 자기소개서와 면접》(개정 7판), 시대교육, 2023년

(2) 대입 수시 관련 서적
대입 수시와 관련해서 분량이 가장 방대하고 일선 고교 교사들이 많이 참고하는 책은 '수박먹고' 시리즈다. 전형별, 대학별 입시 정보를 총정리한 입시 전문서로, 매년 개정판이 출간되고 있다. 수박은 '수시 대박'의 준말이다.
- 박권우, 《2024 수박먹고 대학간다 기본편 (2023년)》, 리빙북스, 2023년
- 박권우, 《2024 수박먹고 대학간다 실전편 (2023년)》, 리빙북스, 2023년

(3) 학생부 종합 전형 관련 서적
- 신홍규 외, 《학생부 종합전형 핵심전략》, 지노, 2020년

- 이지원 외, 《학생부종합전형 합격공식 2022~2024년 수시 합격 솔루션》, 애플북스, 2022년
- 장정현, 《중3, 고1을 위한 확 바뀐 학생부종합전형》, 경향비피, 2020년
- 전용준 외, 《NEW 자개소개서&면접 핵심 100문 100답》, 미디어숲, 2020년
- 전용준 외, 《NEW 학교생활기록부 핵심 100문 100답》, 미디어숲, 2020년
- 최철규 외, 《합격자 학생부로 살펴본 Top19 대학 학종 합격로드맵》, 올드엔뉴, 2020년

(4) 전공별 입시 전략

- 김완, 《2024 교대입시의 모든 것 (2023년)>, 맑은샘, 2023년
- 송민호 외, 《NEW 따라하면 합격하는 교대면접》, 미디어숲, 2020년
- 송민호, 《따라하면 합격하는 실전 의대 입시》, 미디어숲, 2023년
- 이해웅, 《의대입시 팩트체크》, 타임북스, 2022년
  → '타임에듀' 이해웅 소장의 실전 의대 입시를 다루었다.
- 정유희 외, 《고교학점제를 완성하는 진로 로드맵 세트》, 미디어숲, 2023년
  → 1. 공학, 미디어 계열 진로 로드맵 2. 의대, 약대, 바이오 계열 진로 로드맵 3. 교대, 사범대 계열 진로 로드맵 4. 경영, 빅데이터 계열 진로 로드맵으로 구성되어 있다.

2 | 교육 일반

(1) 입시 교육, 사교육의 실상

- 이승욱 등, 《대한민국 부모》, 문학동네, 2012년
  → 입시 위주 교육 속에서 병들어가는 우리나라 가정의 부모와 아이들의 생생한 모습을 담았다.
- 이유남, 《엄마반성문》, 덴스토리, 2017년
  → 입시 위주로 자녀를 교육하던 현직 교장선생님의 자녀 교육 반성문이다.
- 학교란무엇인가제작팀, 《학교란 무엇인가》, 중앙북스, 2011년

→ 우리나라 교육의 문제점을 제기하고 대안을 제시한 EBS 다큐멘터리를 묶은 책이다. 출간된 지 13여 년이 지났지만, 우리나라 교육은 크게 바뀌지 않았다.
- 미래교육집필팀,《대한민국 미래 교육 트렌드》, 뜨인돌, 2023년
  → 36명의 현장 교육 전문가가 미래 교육의 전망과 해법을 제시했다.
- 방종임,《우리 아이 미래를 바꿀 대한민국 교육 키워드7》, 21세기북스, 2023년
- 배혜림,《교과서는 사교육보다 강하다》, 카시오페아, 2023년
- 분당강쌤,《스카이 버스, 명문 대학으로 직행하는 초등 공부 전략서》, 다산에듀, 2023년
- 사교육걱정없는세상,《아깝다! 영어 헛고생》, 우리학교, 2014년
- 사교육걱정없는세상,《아깝다 학원비!》, 비아북, 2010년
- 이범,《문재인 이후의 교육》, 메디치미디어, 2020년
- 정승익,《어머니, 사교육을 줄이셔야 합니다》, 메이트북스, 2023년

(2) 미래 교육, 대안교육
- EBS 학교란무엇인가제작팀,《학교란 무엇인가 1, 2》, 중앙북스, 2011년
- 박왕근,《수학이 안 되는 머리는 없다》, 양문, 2014년
  → 수학 연구 중심의 대안학교를 설립한 박왕근 박사의 아이 역량을 끌어낼 수 있는 몰입 교육 이론서다.
- 이성근 외,《이우학교와 친해지는 중입니다》, 페이지원, 2023년
- 최하진,《파인애플 공부법》, 스타라잇, 2023년
  → 혁신 대학 미네르바스쿨에 가장 많은 한국 학생을 진학시키는 중국 하얼빈 만방국제학교의 설립자 최하진 박사가 말하는 인성과 근성 중심의 공부법(파워, 인성, 애정, 플랜)을 소개했다.
- 최하진,《세븐파워교육》, 나무&가지, 2019년
- 최하진,《자녀를 빛나게 하는 디톡스교육》, 나무&가지, 2017년

(3) 홈스쿨링

- 김다윗,《마가복음 영어로 통째로 외우기》, 살림, 2007년

  → 8명의 자녀를 모두 홈스쿨링으로 키운 김다윗 선교사의 낭독 암송 영어 교육의
    이론과 실천을 담았다.

- 김지현,《준규네 홈스쿨, 영재발굴단 꼬마 로봇공학자의 성장보고서》, 진서원,
  2019년

- 김용성,《홈스쿨 대디》, 소나무, 2019년

- 서덕희,《홈스쿨링을 만나다》, 민들레(품절, 중고샵에서 구입 가능), 2008년

- 이현지,《홈스쿨링》, 교육과과학사, 2015년

  → 홈스쿨링의 현황과 개론서

- 진경혜,《엄마표 읽기, 쓰기》, 센츄리원, 2013년

  → 영재 아이들을 홈스쿨로 키운 저자의 교육 방법을 소개했다.

- 황석호, 윤미경,《세 자매 15살에 대학 장학생이 되다》, 이지북, 2010년

  → 홈스쿨러 출신 최연소 변호사 손빈희 씨 부모의 자녀 양육 스토리

(4) 강점 강화 교육, 스토리 교육

- 갤럽 프레스(Gallup Press),《위대한 나의 발견 강점혁명((Strengths Finder 2.0 from
  Gallup)》, 청림출판, 2021년

- 김정태,《스토리가 스펙을 이긴다》, 갤리온, 2010년

- 손주은 외,《채용 대전환, 학벌 없는 시대가 온다》, 우리학교, 2022년

- 정선주,《학력파괴자들》, 프롬북스, 2015년

- 토드 로즈(Larry Todd Rose),《평균의 종말(The End of Average)》, 21세기북스,
  2018년

(5) IB 교육

- 김나윤, 강유경,《국제 바칼로레아 IB가 답이다》, 라온북, 2020년

→ 해외 국제학교에서 학생들을 가르치고 있는 두 명의 교사가 직접 경험한 IB 교육의 내용과 효과를 다루었다.

- 이혜정, 《서울대에서는 누가 A+를 받는가》, 다산에듀, 2014년
  → IB 전도사로 알려진 이혜정 교수가 IB의 한국 도입을 검토하게 된 우리나라 주입식 교육의 한계와 문제점을 다루었다.
- 이혜정, 《대한민국의 시험》, 다산4.0, 2017년
- 이혜정 외 공저, 《IB를 말한다》, 창비교육, 2019년
- 최종홍, 《뜨거운 감자 IB: 한국 교육 혁신의 대안인가, 유행인가?》, 에듀니티, 2023년
  → 현직 초등학교 교장선생님이 IB 도입과 관련한 주요 쟁점을 정리했다.

(6) 부모 내공 쌓기

- 강민정, 《기적의 북토크》, 생각의뜰채, 2023년
- 김민정, 《역행 육아: 어느 강남 엄마의 사교육과 헤어질 결심》, 월요일의꿈, 2023년
- 김유라, 《아들 셋 엄마의 돈 되는 독서》, 차이정원, 2018년
- 김주환, 《내면소통: 삶의 변화를 가져오는 마음근력 훈련》, 인플루엔셜, 2023년
- 박재연, 《엄마의 말하기 연습》, 한빛라이프, 2018년
- 박혜란, 《다시 아이를 키운다면》, 나무를심는사람들, 2013년
- 박혜란, 《믿는 만큼 자라는 아이들》(개정 3판), 나무를심는사람들, 2013년
- 서진규, 《꿈꾸는 엄마로 산다는 것》, 알에이치코리아, 2015년
- 서형숙, 《엄마학교》, 큰솔, 2006년
- 수 클리볼드(Sue Klebold), 《나는 가해자의 엄마입니다(A Mother's Reckoning)》, 반비, 2016년
- 이임숙, 《엄마의 말공부》, 카시오페아, 2015년
- 이지안, 《초보 엄마 심리학》, 글항아리, 2019년
- 전혜성 《섬기는 부모가 자녀를 큰 사람으로 키운다》, 랜덤하우스, 2006년
- 전혜성 《엘리트보다 사람이 되어라》(개정판), 중앙북스, 2009년(절판, 도서관에서 대출)

- 전혜성, 《생의 목적을 아는 아이가 큰 사람으로 자란다》, 센추리원, 2012년
- 정재영, 《왜 아이에게 그런 말을 했을까》, 웨일북, 2019년
- 조미란, 《내 아이를 있는 그대로 보는 연습》, 봄름, 2023년
- 최성애, 《내 아이를 위한 감정코칭》, 한국경제신문, 2011년

(7) 교육 기타

- 강소진, 《미라클 잉글리시: 하루 1문장 나를 바꾸는 셀프톡의 기적》, 황금열쇠, 2021년
- 고리들(고영훈), 《인공지능 VS 인간지능 두뇌사용설명서》, 행운출판사, 2015년
- 고리들(고영훈), 《인공지능과 미래인문학》, 행운출판사, 2017년
- 김수영, 《꿈을 요리하는 마법카페》, 꿈꾸는지구, 2019년
- 김은정, 《공부그릇과 회복탄력성》, 바이북스, 2022년
- 김주환, 《그릿 GRIT》, 쌤앤파커스, 2013년
- 김주환, 《회복탄력성》, 위즈덤하우스, 2019년
- 김혜경, 《하브루타 부모 수업》, 경향비피, 2017년
- 데이비드 호킨스(David. Ramon Hawkins), 《의식혁명(Power vs. Force: The Hidden Determinants of Human Behavior)》, 판미동, 2011년
- 마셜 B. 로젠버그(Marshall B. Rosenburg), 《비폭력대화(NVC, Nonviolent Communication)》, 한국NVC센터, 2017년
- 만프레드 슈피처(Manfred Spitzer), 《디지털 치매: 머리를 쓰지 않는 똑똑한 바보들》, 북로드, 2013년
- 매슈 워커(Matthew Walker), 《우리는 왜 잠을 자야 할까(Why We Sleep)》, 열린책들, 2019년
- 성유미, 《돈을 아는 아이는 꿈이 다르다》, 잇콘, 2020년
- 악동뮤지션, 《목소리를 높여 high!》, 마리북스, 2014년
- 이성근, 주세희, 《오늘 행복해야 내일 더 행복한 아이가 된다》, 마리북스, 2014년

- 장진철, 《초3, 처음부터 스스로 공부하는 아이는 없습니다》, 다산에듀, 2021년
- 조엘 펄먼(Joel Fuhrman), 《아이를 변화시키는 두뇌음식(Disease-Proof Your Child)》, 이아소, 2008년
- 진향숙, 《초강 집공부: 고교학점제, 강점찾기가 진짜 선행학습이다》, 유아이북스, 2023년
- 최승필, 《공부머리 독서법》, 책구루, 2018년
- 최원일, 《한 권으로 끝내는 초등 독서법》, 라온북, 2017년
- 하워드 가드너(Howard Gardner), 《다중지능(Multiple Intelligences and Adult Literacy: A Sourcebook for Practitioners)》, 웅진지식하우스, 2007년

(8) 저자 심정섭의 다른 책
- 《1% 유대인의 생각훈련》(개정판), 매경출판, 2023년
- 《강남에서 서울대 많이 보내는 진짜 이유》, 나무의철학, 2014년
- 《공부머리의 발견》, 거인의정원, 2023년
- 《공부보다 공부그릇》, 더디퍼런스, 2020년
- 《스무 살 넘어 다시 하는 영어》, 명진출판, 2011년
- 《심정섭의 대한민국 학군지도》(개정판), 진서원, 2023년
- 《심정섭의 학군상담소》, 진서원, 2021년(전자책)
- 《언스쿨링 가족여행》, 더디퍼런스, 2021년
- 《질문이 있는 식탁, 유대인 교육의 비밀》, 예담프렌드, 2016년
- 《탈무드식 역사토론》, 더디퍼런스, 2023년
- 《학력은 가정에서 자란다》, 진서원, 2020년

3 | 네이버 블로그와 카페

- 더나음연구소, cafe.naver.com/birthculture
- 심정섭의 나누고 싶은 이야기, blog.naver.com/jonathanshim

- 심정섭의 학군과 교육, cafe.naver.com/newcre

4 | 유튜브 채널 및 영상

- EBS 육아 학교 출연 영상, '유대인에게 배우는 밥상머리 교육법', 2016년 4월 1일 방송, www.youtube.com/watch?v=pCS5pys39Xk&t=2602s
- 손주은 회장 월급쟁이 부자들 TV 인터뷰, '아직도 대치동? 학벌이 중요한 시대는 끝났다', www.youtube.com/watch?v=atehEXhk6T4&t=829s
- 심정섭TV www.youtube.com/channel/UC7cZrVYmD8L9vvOmBDZV1kA
- 심정섭TV, '입시와 학군의 의미_학군과 사교육을 고민하기 전에 꼭 알아야 할 입시현실', www.youtube.com/watch?v=jWx-MV5pAEQ&t=9s
- 심정섭TV, '공부그릇 키우기와 동기부여라는 환상_공부머리테스트'(영상 20분부터), www.youtube.com/watch?v=SW68avqud7Y

5 | 교육, 입시 관련 유튜브 채널

- 교육대기자TV, www.youtube.com/watch?v=pPZ73lmDhl4
- 스터디코드, www.youtube.com/watch?v=5OR1lmvnZfA
- 입시왕, www.youtube.com/watch?v=lu2SlECjYXI
- 피기맘, www.youtube.com/watch?v=Bo7acJRBoVc

6 | 저자 출연 유튜브 채널

경제읽어주는남자(김광석TV), 교육대기자TV, 김유라TV, 다독다독, 두꺼비TV, 매부리TV, 바다별에듀, 부읽남TV, 부티플, 월급쟁이부자들TV, 웅달책방, 자녀공부연구소TV, 흔한엄마

| 찾아보기 |